WIZARD

FX トレーダーの大冒険

トレーディングの心理と知識と正しい行動を学ぶ

Adventures of a Currency Trader

A Fable about Trading, Courage, and Doing the Right Thing　by Rob Booker

ロブ・ブッカー［著］　ブラッドリー・フリード［監修］　スペンサー倫亜［訳］

Pan Rolling

Adventures of a Currency Trader : A Fable about Trading, Courage, and Doing the Right Thing by Rob Booker
Copyright © 2007 by Rob Booker

Japanese translation published by arrangement with the John Wiley & Sons International Rights, Inc. through The English Agency (Japan) Ltd.

監修者まえがき

私が最初にFXトレーディングに対して興味を持つようになったのは2007年の秋でした。そのときの私は、トレードで生計を立てるために一体何が必要かということについてまったくく分からない状態でした。

最初の数回のトレードでは、一時的に利益が出ていました。しかしその後、最初の負けトレードを経験するまでにほとんど時間はかかりませんでした。

それは非常に怖い体験でした。つまり、もしトレードについて教えてくれる人を見つけられなければ、自分は絶対にプロのトレーダーになるという夢をかなえられないのはもちろんのこと、いずれはトレードで資産をすべて失ってしまうことになるだろうということが分かったからです。

そこで必要な知識を得るためにまず、いつものようにアマゾンのウエブサイトにアクセスし、トレード関連の書籍のカスタマーレビューを参考にしながらリサーチをしていたところ、FXトレードの初心者ならまず最初に読むべき本として、非常に多くの読者が勧めていたのが本書の『Adventures of a Currency Trader』でした。

私は早速、『Adventures of a Currency Trader』を購入しました。そしてページを開いて読み始めてすぐに、私はハリー・ベインズの世界に一気に引き込まれ、トレードで生計を立てるというハリーの挑戦と成功までの冒険の旅へと出発しました。

本書のなかのハリーに自分が重なり、私が実際のトレードでした失敗とまったく同じ失敗をハリーがしていることに驚きました。この本を読むことで、トレードとは一体何なのか、またトレーダーとして成功するためには何が必要なのかについての真実を垣間見ることができました。

そして何よりも、この本は、私がロブ・ブッカーの生徒となってロブの教えを学ぶという決断をするきっかけとなったものです。その数年後には、ロブのユニークな手法とテクニックを日本のトレーダーたちに紹介するという目的のため、ロブと一緒に Rob Booker Japan（https://www.robbooker.co.jp）を設立するに至ったのでした。

みなさんがこの本を読んで、私が初めてこの本を手に取ったときと同じような感激を体験していただけることを、そしてハリー・ベインズとハーベイ・ウィンケルシュタインと一緒に、トレーディングにおいてさらに高い次元へと到達するために必要なことをみなさん自身が発見できることを心から願っています。

ハッピートレーディング！

ブラッドリー・フリード

クリスへ
いつも２階へ行って本を執筆するように言ってくれてありがとう。

contents

目次

contents

序文

トレードの技術は過去10年で急速に進歩した。もはや為替を取引するのに銀行で働く必要もなければ、インテル株を買いたかっただけなのに仲買人からファイザー株が上昇する理由を一方的に聞かされることもない。近ごろは自宅のコンピューターですべてができてしまう。この自立と自由の概念こそが、大勢の人々をトレード市場へといざなっている。

「９割のトレーダーが最初の１年以内に破産する」という古くからある統計は――そう、数字に多少のずれはあるにせよ、まだ生きている。だがロブ・ブッカーは自身の使命として、必ずしもそうならないことを証明してきた。彼は世界中にトレードを学んでいる生徒たちのネットワークを築き、集中力と自制心さえあれば成功するトレーダーになれるということを教えてきた。システム自体は二束三文でも（なかには3000ドルするものもあるが）、雑念を取り払うことのできる自制心のあるトレーダーだけがシステムを使ってお金を稼げるようになるのだ。

トレードで生計を立てる方法や、トレードを通して自由を手に入れる方法を教える本、講座、講義、セミナー、オンラインセミナーなどが市場にはあふれかえっている。問題は、そういったものを提供している専門家たちがみんな躍起になって自分の方法こそが最高で、おそらく唯一有効なトレードシステムだと証明しようとしている点だ。ロブは「トレードという難題を解く最も重要な鍵はシステムにあらず」ということを教えてくれる。最も重要な鍵は、自分が何を探しているのかを明確に理解し、それが現れるまで我慢強く待ち（あるいはイラ立ちながら待ち――実際に待ちさえすればどちらでもよい）、そしてそれに飛びつく能力である。そしてこれを何度も繰り返し行う能力である。

トレードは退屈でダラダラと長引くことがある。だがトレードとはお金を稼ぐことであって、楽しむことではない。またトレードとはお金を稼ぐことであって、正しくあろうとしたり賢くあることではない。さらに、トレードとは取引をすることですらないのだ。トレードとは、われわれが望む自由を手に入れるためにお金を稼ぐことにすぎない。この自由を手に入れて初めて、楽しみが生まれる。自由は結果として手に入るものだ。努力、自制心、集中力――これらはすべて手段である。下手で使い古された決まり文句のように聞こえるが、それが真実であることに変わりはない。その真実を見失い、自分が天才トレーダーかのような気になり始めると、人は失敗してしまう。まるで、金脈のほんの一歩手前で掘るのをあきらめてしまう金鉱採掘者の物語のように、大勢の人が途中であきらめてしまうのだ。

ロブにはこれまでいろいろと助けられてきたが、そのなかでも特に大切なことがある。それは、私が損失を出して財政的にトレード以外のことをしなければならなくなりそうだったとき、私があきらめないように助けてくれたことだ。彼のおかげで私は立ち直り、成功するトレーダーになるという強い姿勢を再認識し、そして長い道のりで成功するための土台を築いて再出発できた（感謝しているよ、ロブ）。

本書のなかでロブは、トレーダー人生の浮き沈み、われわれが望む自由を得るために多くの者が直面する葛藤、そしてついには成功するという開放感を、ハリー・ベインズの物語を通して探っていく。

本書は一風変わった形式で書かれているが、考えさせられる深いテーマをトレーダーに示してくれる――トレードの基準となる土台と、だれもが共感できる手本というものを。

2006年８月　南太平洋にて

マクスウェル・フォックス（為替トレーダー）

まえがき

トレードは自立をもたらしてくれる。私は為替トレードで自立を果たした。そして読者の皆さんも同じようにトレードで自立ができればよいと願っている。

これは簡単なことではない。時間と自制心が必要だ。

これは冒険なのだ。だが、あなたならできる。

私の友人ハリー・ベインズの力を借りて、その方法をお見せしよう。

今あなたが手に取っているこの物語は、ハリーの視点で語られている――彼はすべてのトレーダーの象徴だ。ハリーのなかには、私たち全員がそれぞれ少しずつ住んでいる。物語を読み進めていくうちに、あなたは、ハリーが彼の友人や指導者のそばで世界屈指のトレーダーたちから学んでいく姿を見ることになる。

ハリーのことが分かってくると、彼に好感を持つようになるだろう。彼は大金を持ってトレードを始めるわけではない。そして自身の能力を超えた野望を抱いている。彼の経験を知ることで、人がどのような状態でトレーダーとしての生活を始めるのかがよく理解できる――それは不安、興奮、未熟、未完成といったものだ。彼の財政状態、本業、新人トレーダーとしての生活、そして周りの人々との関係は、昔の私のものとよく似ている。もしかすると今のあなたにも似ているかもしれない。彼が直面する問題や壁を見ているうちに、あなたも自分が今直面している困難について考えるかもしれない。だが彼は、たとえどんな壁にぶつかろうともトレーダーになることを固く決意している。

世界一控えめな人だって偉大なトレーダーになれる。三流トレーダーだって一流になれる。借金持ちだって経済的に自立できる。

ハリーは早い段階で自分が初心者トレーダーであることを認めるが、ここでそう言ったところで彼がどれほどひどいトレーダーかは読者に伝わらないだろう。彼は、私が今まで知るなかで最悪のトレーダーだ。だが彼はウォール街の路肩から立ち上がり、彼を指導することに同意したある熟練トレーダーの賢明な助言を実行し始める。私たちは、その様子をハリーのかたわらで見守っていく。ハリーの経験を通して、あなたは壊滅的な損失から立ち直る方法、フルタイムトレーダーとして独立する方法、そして家族に自分のしていることを話して理解してもらう方法を学ぶだろう。だがそれだけではない。

ハリーの指導者の最高の生徒と最悪の生徒がそれぞれどのようにしてチャートを見て、分析を行い、トレードをするかを、あなたはハリーと一緒に学んでいく。さらに、どのようにしてハリーが最終的に同様のテクニックを使い、勝てるトレーダーになって経済的自立を果たしていくかも学べる。そして何よりも重要なのは、彼がどのようにその利益を上げたかだけではなく、どのようにその利益を維持することができたかも学べるということである。

さらに２点、強調しておきたい――あなた自身の姿と重なって見えることが多少あるかもしれないが、この本の登場人物はすべて架空の存在である。ハリーと彼の指導者や仲間たち、そしてこの本に関するその他の情報は、ハリーのホームページ http://www.HarryBanes.com/ でご覧いただける。

それではハリーとの冒険の旅へとあなたをご招待しよう。

さあ出発しましょう。

2006年12月　ウェストバージニア州ホイーリングにて

ロブ・ブッカー

謝辞

この本を書くのに20年かかった。いや、この本というよりは、ひとつの本を書き上げて出版社の手に渡すという一連の行為に、20年かかった。私はトレードで生計を立てているが、実は10歳のころから作家になることを夢見ながら、カリフォルニア州ラバーンでホームズ先生担任の５年生のクラスの後方に座っていた。だが作家になるという夢を持っていたからといって、その夢を追い求めるのが簡単だったわけではない。過去20年間、いろいろな人や経験が私の夢の前に立ちはだかってきた。

反対に、そういう壁を取り払う手助けをしてくれた人たちもいた。彼らには感謝している。

ホームズ先生は、私にとって最初で最高のインスピレーションだった。彼女がいなかったら、小さな黄色いノートに鉛筆をなぞらせることなどなかっただろう。彼女は私を励ましてくれて、書くことへの道を開いてくれた――彼女なしには、私は自分自身を信じることはできなかっただろう。私があんなに小さかったのに、彼女は私を信じてくれた。そのことを、この本を執筆中に何度も思い出した。そうすると、もう１行、もう１ページと書き進めることができた。彼女にはまだ返しきれていないたくさんの借りがある。

私がマクスウェル・フォックスに会ったのは、フロリダ州フォートローダーデールで私が初めてセミナーを開催したときだった。彼は私にとって最高のトレード仲間だ――物語の筋に行き詰まったときにはそれを切り抜ける手助けをしてくれたし、キャラクターの名前（ハリーを含めて）も一緒に考えてくれた。それに、一番最初にこの本の原稿を全部読んでくれたのも彼だった。フォックスと知り合えたおかげで、私は前よりましな人間になれた。彼に会った人は皆、前よりましな人間になれるのだ。また彼は、私が今まで教えたなかで間違いなく、唯一最高のトレーダーである。自分を律し、バックテストに熱心に取り組んでいて、チャートパターンに関する最高に面白いeブック（英語）も書いている。このeブックは http://www.HarryBanes.com でダウンロードしていただける。

エリック・ボイトラーは、私が困っているときに手を差し伸べてくれた。しかも絶好のタイミングで。そしてその後も、何度も、何度も、何度も、私を助けてくれた。

デビッド・マーフィーはこの本を捧げるに値する。彼は、20年以上もの間私のそばにいてくれて、私の人生の大きな節目でいつも助けてくれた。一生かけても到底報いきれないほど、彼は、私のエゴ、過ち、欠点を我慢してきた。

ワイリー社のエミリー・ハーマンとケビン・カミンズは辛抱強く私に付き合い、最初から最後まで支えてくれた。ケビンを紹介してくれたのはキャシー・リーエンとボリス・シュロスバーグで、２人は私のことをいつも励ましてくれた――私が彼らの励ましを必要としているなんて、彼らは知るよしもなかったのに。ジェシー・トーレスは、私に快くトレーディングフロアを見せてくれたドイツ銀行のベッツィーを紹介してくれた。

私は、世界中の一流トレーダーと共に働いてきたことを光栄に思う。彼らはみんな世界中のどんなトレーダーにも劣らないほど、素晴らしいトレーダーだ。。全員の名前を挙げることはできないが、過去数年間にかかわりのあった人たちをご紹介しよう――クレイグ・テイラー、デビッド・エリオット、スコット・クッシュ、デレク・マグワイア、ローマン・ジャクバス、ベス・マクナブニーナ・ヘルナンデス、ルイス・クーパー、アンジェラ・ニトキン、ベン・マクドナルド、アンディ・イースタブルック、ダン・ジムビエンスキ、ジョン・ロウ、ゲイリー・ヤング、クリス・エニーコ、トーマス・ギブズ、マリー＝ソフィー・ブランシェット、トッド・ブライアント、ノーナ・ベイツ、ネーダー、アレックス・セマーン、エレイン・セケイラ、ジョナサン・ウォー、ジェフ・ポリティス、アイリーン・ベレグザチ、スティーブン・ニエリ、チャック・スモーリー、ジョセフ・ブルゴス、ジョニー・リーム、ダリン・カーライル、マット・フォーサイス、ジョージ・ロイ、ダモダル・パトロラ、グレッグ・ウォーカー、ギタ・アル＝ブードア、ナパポーン・ノザワ、ダリル・マーティンズ、クリス・ピョール、カルロス・アンヘル、スティーブ・トレハンとデイブ・トレハン、サイモン・ピップとジェリー・ピップ兄弟、ジーン・ミラー、クレイグ・ブリントン、ウェイジル・シェレメタ、フランク、ポール・クルツ――などである。

ほかにもたくさんいるが、ここで挙げたのは私が知るなかで最高の人たちだ。彼らと知り合えた私は本当に幸運だ。彼らの助けがあったから、私はこの本を書くことができた。

私の人生における成功はすべて、親友でもあった妻と結婚したから可能になったものだ。妻のクリスは、困難や試練に直面したときに勇気を持って立ち向かっていく素晴らしいお手本だ。そして私が彼女を支えてきたよりも、彼女のほうが私のことを多く支えてきてくれた。ロースクールに最後まで通わせてくれてありがとう。そして私が法の道を辞めて夢に向かう後押しをしてくれてありがとう。

最後に、息子アイザックにお礼を言いたい。私が精神的にボロボロになる寸前に、君はその手を伸ばして私を救ってくれた。私たちが一番君を必要としていたときに、君は私たちのもとへとやってきた。君はまだ小さすぎて読めないけれど、この本は君のために書いたものでもあるんだよ。

ロブ・ブッカー

はじめに

僕の名前はハリー・ベインズ。かつては世界一ダメなトレーダーだった。正真正銘の三流さ。売るべきときに買い、絶対に市場に手を出しちゃあいけないときに売っていた。そんな経験、君にはあるかい？まさかないだろう。

僕は、大敗けから大勝ちにトレードが転換するちょうどその瞬間に取引を手仕舞うプロだった。トレードの神様は僕を苦しませようとしているに違いないと思い込み、何度もあきらめそうになった。さっき「三流」と言ったけど、実は「超」が付く三流だったのさ。僕は何千ドルものお金を失った。僕と妻にはそんな余裕などなかったのに。

でもあきらめなくてよかった。この本に登場するある素晴らしい友人のおかげで、僕は大きな利益を上げられるトレーダーになれたんだ。トレードをすることで窮地から脱出したというわけだ。

もしトレードがなかったら、僕は今でもマンハッタンの59番街にある法律事務所ウエークマン・バターマン・アンド・ベイリーの文書管理室で働いていただろう。あれは僕の人生で一番つまらない仕事だった。11年もの間、まるでひもにつながれた犬のように僕はそこで働いたんだ。２年前に、僕はそのひもを引きちぎりその仕事に別れを告げ、そして犬から再び人間に戻った。

つまり、僕は自分のトレード独立記念日を迎えたんだ。あれ以来、一度も振り返ったことはない。

君にも同じ経験を味わってほしい。だからこの本を書くことにした。

第1章

びっくりするような大きな利益を求めて

In Search of Amazing Profits

僕がトレードを始めたきっかけは、あるテレビコマーシャルでFX取引をして簡単にお金を稼ぐ方法が紹介されていたからだ。世界の金融拠点であるニューヨーク市にあるらしいアメイジング・フォレックス・プロフィッツという会社が、プロトレーダーたちのすごい秘密を一般人の僕に驚くべき破格の値段で教えてくれるというのだ。僕はすぐさまその会社のソフトウエア購入を決断した。すぐにお金を用意さえすれば、あとは簡単に使えるシステムを買って毎日大金を儲けるだけ――その宣伝はそう約束しているようだった。僕はフリーダイヤル番号に電話をかけて、その場で、真夜中だというのに、2000ドルをはたいてそのソフトウエアを購入した。あとはソフトウエアが小包で郵送されてくるのを待つだけだった。FX（外国為替）市場で得た利益でお金持ちになる。僕はその一歩を踏み出したんだ。

このことは妻には一言も伝えなかった。僕には考えがあったからだ。まずはソフトウエアを手に入れて、僕のアシスタントのスコットに頼んで仕事場のコンピューターにソフトをインストールしてもらう。そして大金を稼ぎ始める。そこまでしたら、妻に何か素敵なプレゼントでも買ってやって、伝えるんだ――僕はこれからフルタイムのFXトレーダーになって、億万長者、ひいては家族のヒーローになるんだと。おお、なんて完全無欠な計画なんだ！

僕は今か今かという思いでソフトウエアの到着を待った。35歳にもなって、その日に何の郵便物が届いたかを家に飛んで帰って確かめる自分がいた（どうして49.95ドルの追加料金を払って速達便にしてもらわなかったんだ？　親切なインド人の販売オペレーターが、すぐに始めたほうがいいとあれほどしつこく勧めてくれたのに、どうして僕は耳を貸さなかったんだ？）。小包が届くまで、まるで永遠とも思える時間が流れたが、その品物はようやく到着した。すぐに始めたくてたまらない僕は（テレビコマーシャルでFX市場が１日24時間開いていることを学んでいたこともあって）、スコットに電話をしてその晩に会社のあるダウンタウンまで来てくれと頼んだ。妻には会社で大事な話し合いをしなければいけないからと伝え、彼女と子供たちに行ってくるよとキスをして、そして地下鉄に飛び乗って59番街へと向かった。

すべてがうまくいっているように思えた。僕たちはたくさん借金をしていたけれど、この新しいトレードという道さえあれば相当の利益を上げることができそうだ。コマーシャルに出演していた人のなかには、１日に何千ドルも稼いでいる人もいた――それにこれは「すぐにお金持ちになれますよ」的な詐欺まがいの商法でも何でもない。僕は株式市場でデイトレードをしている人たちに会ったことがある。彼らはきちんと下調べをしてトレードをまるでちゃんとした仕事のように考えていて、かなりのお金を稼いでいた。なかには1990年代後半に大儲けをして、市場が下落したにもかかわらず、いまだに市場で生き延びている人もいた。１日わずかの時間しか働かずにお金を稼げる集団に自分が仲間入りをするんだ、と思いをめぐらすのは気分のいいものだった。

オフィスに着いたときにはすでに夜９時を回っていて、みんなとっくに帰宅したあとだった。パーティションで仕切られた僕のデスクでスコット・ニードルウエーが待っていた。彼は文書係助手で、僕と同じ高校の出身だった（といっても彼は僕の７年後の卒業生だが）。長髪でハイテクに明るい男で、高校卒業記念アルバムのなかで「最も警察の世話になりそうな人」賞に輝いていた。

「それで、今晩は何をするんだい？」と彼が聞いてきた。彼が酒を飲んできたか、たばこより強い何かを吸ってきたことは一目瞭然だった。でも彼が法律事務所をクビになるのはどうせ時間の問題だったので、そこは大目に見てやった。それに、その晩の僕は彼の助けを必要としていたからなおさらだった。

「ソフトウエアを持ってきたんだ。どうすれば使えるようになるかやってみせてほしいんだ」

過去５年間、基本的にスコットが僕のコンピューターを動かしてきた。幸い僕の仕事はコンピューターを使うようなことはほとんどなかったし、弁護士が僕に連絡を取るときはスコットにメールを送ってくれれば事足りた。スコットはそれを見て僕に状況を知らせてくれるのだ。だが今晩の僕は、自分がパソコンをいじることにワクワクしていた。

スコットはCDを何枚か取り出して、難なくソフトウエアをインストールした。コマーシャルの宣伝文句にあったとおり、ソフトウエアはかなり分かりやすくできていて、まるでニュースの速報のようだった――画面に見出しが現れて、特定の通貨ペアを買うか売るかを教えてくれる。画面の別の場所では、現在の保有ポジションがすべて表示されていた。ほとんどが緑色になっていて、プラスであることを示していた。

一連の作業はたったの10分で終わったのに、スコットは見るからに帰りたそうにしていた。家へ帰るのか、ほかにどこか行くところがあるのかは分からないけれど、また明日な、と僕が彼に告げると、彼は何も言わずにそそくさとオフィスから出て行ってしまった。これが何のソフトウエアなのかを聞きもせずに！　彼は自分の財政事情を改善する機会を自ら逃したんだ。まあ、残りの人生ずっとウエークマン・

バターマン・アンド・ベイリーで働けばいいのさ。僕はそんなのごめんだ。

僕は家に帰らずにすぐさまソフトウエアに飛びついた。じっくりと画面のあちこちをクリックしてみた。ヘルプマニュアルを二度読み、ソフトウエアのすべての画面をクリックしていろいろな取引の方法を学び、通貨ペアの提示方法に関する項目を読んだ。そこで通貨はペアで取引されることを知った。つまり、通貨を取引するときは常に、ある通貨を買って別の通貨を売っているか、またはある通貨を売って別の通貨を買っているということだ。通貨を単独で金融商品として取引することはできない——それはうなずけた。僕が読んだのはこれだ。

「ドル高だと思うときは自分自身にこう問いただしてみましょう——何に対して高いのか？　当然、もうひとつの通貨に対してです。そこで、そのドル高に対する通貨を選び、その通貨を買います。このときドルを支払って買うので、それはつまりドルを売りもうひとつの通貨を買っていることになります」

理解するのに少し時間がかかったが、数時間もしないうちに僕は文書係からFXの達人へと成り替わった。主な通貨はユーロ（EUR）、ポンド（GBP）、円（JPY）、それからもちろん米ドル（USD）だということを知った。為替レートの読み方も分かった。こんなふうに提示される。

GBP/USD 1.8000/1.8005

この意味は、ポンドがドルに対して1.8000で売れる、もしくは1.8005で買えるということだ。簡単じゃないか。加えて学んだことは、もしポンドが1.8000から1.8001に１ポイント動いたら、これを

「１ピップ（pip）動いた」と言う――ピップとは、外国為替用語で、Percentage In Point（ポイントで示す割合）のことだ。そして僕が何をすればいいかは、ソフトウエアが全部教えてくれるというわけだ。

翌朝、アメイジング・フォレックス社お薦めの業者で取引口座を開くために、必要書類をすべて送った。24時間もたたないうちに、クレジットカードによる口座入金の承認が下りた。そして口座開設終了までまた待つことになるのだが、これがソフトウエア到着を待ったときよりもずっと耐え難い。儲け損ねている利益のことを考えてしまうじゃないか！　一晩中、僕はソフトウエアがいくつもの通貨ペアに対して買えだの売れだの指示しているのを見ていた。トレードは次から次へと利益を出していた。コンピューターの横に置いた紙に、ソフトウエアの言うとおりにしているだけで何ポイント増えていたかを書いて計算してみた――110ポイント以上だ。そんな利益を見過ごしていることを知りながら、今日１日仕事に集中するのは難しそうだった。問題なのはお金を稼げるかどうかではなく、できるだけ多くトレードをする方法を見つけられるかどうかだった。

その夜は眠れなかったが、起きていたかいはあった。これまで以上にトレード開始にやる気満々になった僕は、その日の昼休みに１日のうちでトレードができる時間の予定を立ててみようとやる気と決意がわいていた。たとえ睡眠時間を削ることになろうとも、雇用主から仕事時間を盗むことになろうとも、その見返りは大きかった。そのためならどんな犠牲でも払う覚悟だ！

財政問題の対処法

大抵の人間は自分の問題を解決しようとしない。僕は10歳のときに「トミー・ベースボール・ホームラン・チャレンジ」という小型電子ゲーム機を壊してしまった。振っても、電池を逆向きに入れ直しても、神に祈っても、壊れたゲームを元どおりにできないと気づいた僕は、それを自分の部屋のクローゼット奥深く、冬物の毛布の陰のティーボール（バッティングティーの上に置かれたボールを打つ野球に似た競技）のユニフォームの下に隠した。そこに置いた理由は２つある。ひとつは、ホームランを打った喜びのあまり、まるでフットボールを扱うようにその高価なおもちゃを床にたたきつけて壊してしまったなんてことが、両親にばれないように。もうひとつの理由？　それは、お守りと魔法の力を持ったティーボールのユニフォームの下なら、野球の神様がおもちゃを直して生き返らせてくれるかもしれないと思ったから。

それが問題の解決法としては役に立たないことに、僕はすぐに気がついた。しばらくしてその同じ年に僕の両親が離婚をしたとき、父親をティーボールのユニフォームの下に隠したところで両親が怒鳴り合いのけんかをやめるわけじゃないってことを僕は悟った（それに壊れたゲーム機がまだユニフォームの下にあって、父親を隠す場所すらなかったし）。でも、問題を隠すこと、つまり最大の試練をクローゼットにしまい込むことは、僕が人生で困難に直面したときに一番よく使う対処法となった。

だけど、アメイジング・フォレックス・プロフィッツ社のソフトウエアを買ったとき、僕は自分の財政状態を自らコントロールし始めたんだ。僕は問題を解決しようと行動していた。それは本当に気分の良いことだった。妻が怪しむことは分かっていたから、最初は彼女にこの決断を知られないようにすることが重要だった。この小さな偽りはお金持ちになるために必要で、最終的には取るに足らないことになる。僕がいくら稼げるかを彼女が理解すれば、それはウソではなく驚きに変わるだろう。

「驚き」という言葉は、僕たちがこの後どのように感じたかを表すのに、まさにぴったりの表現だった。

自分の才能を確信する

1週間が過ぎた――取引口座を開くのは、僕が思っていたよりもずっと難しかった。何と言ってもFX仲介業者にパスポートや公共料金請求書、その他もろもろのコピーをファクスしなければいけなかったから。送らなくてよかったのは前立腺検査の結果ぐらいだった。その間僕は、アメイジング・フォレックス・プロフィッツ社のソフトウエアがその名のとおり驚くほどの利益を上げるのをじっと見ていた。勤務時間中だけでも、毎日何百ポイントもの利益を上げていた（勤務時間以外にも昼間は目を離さなかったし、夜も毎晩遅くまで起きて見ていた）。それがドル計算でいくらになるかに気づいた僕は、もう我慢の限界にきていた。

口座開設が終了したらFX仲介業者（フロリダに拠点を置くユニバーサル・カレンシー・ブローカー）がメールで知らせてくれることになっていたので、このもったいないトレード開始までの時間を利用してもっとメールを使いこなせるようになろうと決めた。そうすれば、口座が入金可能になったことがすぐに分かる。それにスコットが、僕がどこにいてもメールを受信できるように、まる1日かけてブラックベリーの使い方まで教えてくれた。メールやコンピューター、アメイジング・フォレックスのソフトウエア、ブラックベリーなどを使えば使うほど、僕はこのハイテク技術というやつがどれほどすごいかに気がついた。もしかすると、ブラックベリーでソフトウエアを実行してどこでもトレード、なんてこともできるのかもしれない。可能性は無限大だった。トレードを通して経済的自立を図るという考えが非現実的だとはまったく思わなかった。

2004年3月16日、東部標準時の午後12時6分ちょうど、そのメールは届いた。僕は会議に参加していて、保険訴訟をしている弁護士チームが15分単位ではなく6分単位でウエークマンのクライアントに課金する利点を議論しているところだった。僕は喜んで会議に出席していた。だって会議ならブラックベリーを見ることも簡単だし、オフィスで大変な仕事をしなくてもいい。ただ単に、「文書管理」を「調査」として分類してしまえば事務手続きに要する時間として弁護士料を少し追加請求できる、といった内容の短いプレゼンテーションをするだけだ。そのプレゼンテーションが終わりに近づいてきたころ、僕のブラックベリーが鳴ってその瞬間が訪れたことを知らせてくれた。

「失礼、ちょっと重要な連絡が入ったもので」と席を立ちながら言った。「僕の娘が救急外来に行ったようなので、ちょっと様子を確認しないと」

弁護士たち、特に小さな子供を持つ弁護士たちは皆、僕が緊急事態で席をはずすことをすぐに許してくれた。もちろん僕は大ぼらを吹いていたわけだが、やはりこれも「小さな悪行」にすぎず、お金持ちになるというもっと重要な目標の達成には必要なものだった。

会議室の外で僕は最高の知らせを読んだ——取引口座の開設手続きが終了したので、クレジットカードでいつでも入金できるということだった。僕は自分のデスクへ急いで行き、クレジットカードを取り出してFX業者に電話をした。

ほんのつかの間のことだったが、口座に1000ドルを入金することに夢中になっていた僕は、自分が見られていることに気がつかなかった。ジョン・マーフィーという名前の契約書関連を主に扱う若い弁護士が、僕のパーティションの入り口近くで立っていたのだ。

「クレジットカード番号を読み上げているのが聞こえたけど」と彼は言った。「詮索するつもりはないけど、大丈夫かい？」

「ああ、大丈夫だよ。ありがとう」と僕はうなずいた。しまった！　娘が病院に行ったなんてウソだったことがばれてしまった。謝らないといけないだろう。

「そうかい。困ったことがあったら何でも言ってくれよ。緊急外来の費用を自己負担で支払わなきゃいけなかったのかい？」

やったぞ！　僕がウソをついたことに気づいていない！

「そうなんだ」

僕はそう言ってまた小さなウソをついた。「お金持ちになるために犯した小さな悪行」という名のリストが、こうしてどんどん増えていく。

「困ったことがあったら何でも言ってくれよ。保険が適用されるはずだからな。この会社の福利厚生に問題があることは僕も知っている。だから僕にできることなら手を打ってみるよ」

僕は彼に礼を言って、その次にウソがばれなかったことを神に感謝した。そうしたらジョン・マーフィーのことも、救急外来のことも、自分がついたウソのことも、すっかり忘れてしまった。さあ、取引をするときが来た。アメイジング・フォレックスのソフトウエアと取引口座を立ち上げ、「昼休み外出中」と書かれた札をパーティションの外側に貼り、パソコンのモニターが自分だけに見えるようになっているかどうか位置を確認した。

アメイジング・フォレックスにログインした直後（ログインID SUPERTRADER_2000、パスワード　G$TRICH）、僕はスコットが自分の後ろに立っていることに気がついた。

「口座は開けた？」

彼の声を聞くのもうっとうしく感じた。今はプライバシーが必要なのに！　時間はどんどん過ぎていき、昼休みはあと37分しか残っていない。この間にできるだけ多く取引をしなければ。

「ああ、スコット。口座は開けたよ。どうなってるかちょっとのぞいてみようと思ってな。昼休みの間にさ」

彼はうなずいた。「オフィスで小遣い稼ぎか！　いいなあ」

「そんなんじゃない」。僕はいらついた口調で返事をした。「今日は焦らずにただ見るだけだ」と、また思ってもいないことを言った。ウソをつくことはどんどん簡単になってきていた。それに今は、少し真実をゆがめれば迷惑な邪魔者を追い出せるのでありがたかった。
「そうかい、ならおれもここで見せてもらおうかな」
僕はため息をつき、そしてスコットと議論したところで貴重な取引時間がなくなるだけだということに気がついた。
「いてもいいけど静かにしていてくれよ。こいつを覚えようとしてるんだから。僕には難しいんだ」
「ジー、ビー、ピー（GBP）に買いシグナルが出てるみたいだぜ」とスコットは言った。
彼の言うとおりだった。あったぞ、初めての注文シグナル！　すぐに取引用システムに切り替えて、GBP/USDの表示レートをクリックすると、注文画面がポップアップで表示された。
一瞬のためらいもなく——だってこの後もどんどん取引チャンスが現れるかもしれないから——「OK」ボタンをクリックしたら、なんと、シューッという滑らかな音とともに僕の取引は始まった。その取引は「ポジション一覧」画面に確かに表示されていたが、すでに50ドルもマイナスになっていた！　何でだ？
「何でだ？」。気がついたら声に出して言っていた。
「早くも最悪だな」とスコットは言った。ペンで奴の両目をくりぬいてやろうかと思ったが、そんなことをしていたらまた貴重な時間が失われる。僕には時間を無駄にしている暇なんかないんだ。
アメイジング・フォレックスのソフトウエア画面に戻ってみた。すると、今僕が注文したものと同じGBP/USDの取引は、その時点で５ポイント（僕は１ポイント＝10ドルで取引していたので50ドル）のマイナスということだった。ふう！　アメイジング側も同じように早くも損失を出していると知って安心できた。そういえばこのシステムの取引のほとんどがマイナスで始まっていたな。よし。僕はデスクの下でしっかりと床に両足をつけ、次の注文が現れるのを待った。
そのとき、携帯電話が鳴った。それが妻のジーニからであることを着信音が知らせていた。彼女からの電話を取り損ねないように、スコットが着信音を設定してくれたのだ。

「出ないのかい？」と、妻からだと分かっているスコットはそう聞いた。今度は彼の口をテープでふさいでしまおうかと思ったが、セロテープしかそこになかったのでそれでは無理だとあきらめた。

携帯電話を開く僕の両手は汗ばんでいたが、冷静さと落ち着きを見せるために電話に出た。そして僕はイライラしながら話し始めた。

「何だい？」

「あら、あなた」と彼女はうれしそうに甲高い声で言った。「お仕事の調子はどう？」

順調だよと答えたものの、その声の調子は、妻が都合の悪いときに電話をかけてきたことを暗黙のうちに察してほしいと願う夫の言い方だった。

「今は都合が悪かったかしら？」と彼女は聞いた。「夕食は何がいいかと思って」

「何でもいいよ」

「な、ん、で、も」とまるでそれをメモしているかのように、ゆっくりと彼女は答えた。「分かったわ。スーパーで『なんでも』を探してみるから。坊やと話す？」

「あとでな」と僕はすぐに答えた。携帯電話を耳元で持ちながら画面を取引口座に切り替えるのは至難の業だった。試してはみたが、メール画面に切り替えるのがやっとだった。でもこれじゃあ取引の様子すら見えないじゃないか！

「そうね。ちょっと声を聞きたかっただけだから。愛してるわ」と彼女は言った。本当はもっと話したがっていることは分かっていたけれど、僕が強く言えば、彼女は気を利かせて電話を切ろうとしてくれていた。だから僕は強く言った。

「あとにしてくれ」と、大きな声で言った。「じゃあ切るぞ」

すぐに胸が痛んだが、それでも電話を切った。彼女に応えるスキも与えなかった――僕は汗だくになっていて、床についた右足を揺らすのをなかなか止められなかった。足を揺らすのは緊張したときにする僕の癖だった。

スコットは、僕が妻の電話をそんなふうに切ってしまったことに何も言わなかった。僕は取引用ソフトウエアをクリックして、口座を表示させた。保有ポジションの現在の利益を見た――300ドル。300ドル！　スコットの口が驚きであんぐりと開いた。僕の汗は冷や汗に変わる。自分の心臓音が聞こえ、床をトントンと踏んでいた右足は止まった。10秒くらい過ぎたと思うが、僕とスコットは時間のことなど忘れ、僕はうっとりと放心状態になってしまった。

僕はその日に仕事を辞めることを想像していた。妻が新車のスポーツセダンに乗っている姿が脳裏に浮かんだ。そしてハンプトンの別荘へ向かう途中の高速道路で、速度を上げてパスを使って料金所を走り抜ける彼女に、子供たちがうれしそうに声援を送る姿。さらに、レゲエ音楽がBGMで流れ、脚の長い金髪の女の子たちが楕円形のプールの周りで日光浴をしているなか、ミッドナイトブルーの水の中に飛び込む自分の姿。これこそが人生だ！　トレードが僕にもたらしてくれた人生！

スコットに肩をつかまれて揺さぶられたせいで、僕はその白昼夢から現実に引き戻された。「なあ、なあ、そのお金取らないと！」。彼の言うとおりだった。アメイジング・フォレックスがどんな指示を出したのかはまったく分からなかったが、300ドルのチャンスを逃すつもりは毛頭なかった。「ポジション一覧」の画面を一度クリックすると、メッセージ画面が現れてポジションを決済するかどうか聞いてきた。

「当然だろ！」と、僕は大声でそうつぶやいた。

「やったぜ！」。スコットは叫んで僕の快挙を喜んでくれて、１週間前よりもずっとアメイジング・フォレックスのソフトウエアに興味を持っていた。

決済ボタンをクリックしたら、突然、僕の口座評価額は1000ドルから1300ドルへと変わった。何てこったい、というのが僕の感想だった。これは本当に簡単だ。これがあれば、本当に僕の財政問題は解決する。１分足らずで、僕は妻に新しいiPodを買ってやれるだけのお金を儲けた。そうだ、トレードのことを妻に全部話すときには、iPodを彼女にプレゼントしてあげよう。そう心に決めた。

ソフトウエアが今度は何を指示しているかを見てほしいとスコットが催促するので、ソフトウエアの画面に戻ってみた。ところが何かがおかしい。さっきの取引はまだ残っていたが、利益ではなく34ピップスの損失を示していた。

「一体どうなってるんだ」とスコットが聞く。「反対に動いたのか？」

僕は何か手がかりを得ようと、しばらく画面を見渡した。そしてすぐに分かった。

「おい、スコット。売りシグナルが出ていたときに僕は買ってたんだよ」

スコットは言葉を失った。

僕は間違って取引をしたんだ！　すぐに取引口座をもう一度確認した。よし、うれしい利益は今でも「口座資産額」の画面にちゃんと残っている。つまり、GBP/USDを売れと言っていたアメイジング・フォレックス・プロフィッツの提案は最悪のアイデアだったということだ――だが僕たちは間違って逆の取引を行って、利益を上げた。売りのポジションがさらに損失を膨らませているのを横目に、僕は正直うれしく思った。

僕は笑みを浮かべた。僕たちは、アメイジング・フォレックスのソフトウエアを欺いたんだ！　僕たちは勝者だ。完全に舞い上がっていた僕は、自分がソフトウエアよりすごいんだと思った。僕はそれほどの腕利きなんだと。

スコットもそんな僕に同意して、ソフトウエアが売りを勧めていたのに彼が最初に買いだと読み間違ったことを、いみじくも自分の手柄にした。僕は彼の背中をたたき、そのうち利益の一部を彼と共有することを約束した。彼ならハイテク方面の助手として使えるかもしれない。当然、アメイジング・フォレックス・プロフィッツのソフトウエアと同じようなプログラムはほかにもあるだろうから、それをいくつかインストールしたっていい。

僕は、これ以上取引するよりも、妻に電話をすることにした。それは正しい行動だった。妻は喜んで僕を許してくれた。家に帰ったらちょっとしたお楽しみがあるよと彼女に伝えた。彼女は電話先でクスクスと笑い、それを聞いて僕は、自分がトレーダーとしてどんなにすごくても、さすがに自分の「人を操る能力」のすごさにはかなわないもんだと考えていた。

第2章

明るい未来

The Future Looks Bright

その日の仕事帰り、僕は妻にあげるiPodを買って地下鉄に飛び乗り、家に着くまでずっと上機嫌だった。もちろん、仕事を辞めるにはもっとたくさん稼がなければいけないが、その日はまるで辞表を提出したあとのような気分だった。

家に着いたときにはトレードのことで頭がいっぱいになっていて、妻にお楽しみのプレゼントを渡すことすら忘れてしまっていた。だからといって妻の顔を見るうれしさまで忘れてしまったわけではない。台所にいた妻を見つけ、彼女の腰に両腕をまわしてぎゅっと抱きしめた。

「そんなに強くしちゃだめよ」と、彼女は笑いながら言った。「キャロラインがお腹の中にいるんだから！」

妻は妊娠５カ月で、お腹の中ではキャロラインが予定どおり健やかに育っていた。お腹がだんだんと大きくなり始めていた妻は、相変わらず美しかった。僕が彼女の首筋にキスをすると、彼女は振り向いて僕の顔を見た。

「私だってあなたが帰ってきてうれしいわ。でも私たち、また家賃を滞納しているのよ。幸せなひとときに水を差すつもりじゃないんだけど」

彼女が僕を愛していることは分かっていた。そして僕に家賃を滞納していると念を押す必要があったことも。そうでもしてくれないと、僕はその事実を見て見ぬふりをするだけだから。僕たちは借金で首が回らなく――もしくはそれ以上のひどい状態に――なっていた。僕はそれを直視するのが心底嫌だった。前に話したとおり、お金の問題のことなんか無視して、その問題が消えてなくなることを願う、というのがいつもの僕のやり方だ。問題があることを認めてしまうとその悲しい現状についてくよくよ悩んでしまい、しまいには胃がキリキリと痛みだし、頭痛まで患ってしまう。でもその晩は、生まれて初めて、家賃を滞納しているという事実をそれほど苦痛もなく受け入れられた――昼休みの60秒ほどの間で家賃の大半を払えるだけのお金を儲けたことを思い出すと、この問題を直視することができた。

夕食後、子供たちが寝ついたあと、僕は小ぢんまりとした居間に閉じこもって自分の財布を開けてみた。なかに入っていたのはこんなものだ。

●何の変哲もない身分証明書
●クレジットカード６枚

僕はカードを１枚ずつ取り出した。そしてそのカードを指で動かしてみた。もうすぐこんなものはいらなくなる！　妻が部屋に入ってきてそんな僕の様子を見た。

「家賃のことであなたを心配させるつもりじゃなかったのよ」と彼女は言った。

「心配なんてまったくしていないよ」。僕は機嫌よく答え、カードをしまった。

床に就く前、僕は自分たちの借金が全部でいくらなのかを頭の中で計算し始めた。数百ドル前後しても合計は２万4000ドルになる。月々のクレジットカードに支払う額は金利が下がっていたこともあって少なく、あまり大きな負担ではなかった。月によっては家賃をクレジットカードで支払うことすらあった。でも優遇金利の期間が終わってしまったらどうなる？　クレジットカードの限度額を超えてしまったら？　トレードなしでは、僕たちの人生は終わりだ。トレードというものを見つけた自分は何て幸運なんだろう――しかも最高のタイミングで。妻はできるだけ僕を支えてくれようとしていた。けれど、借金という気の重い話し合いが避けられないことは分かっていた。そしてその話し合いが簡単には進まないことも。僕は楽観的に考えたかったんだ。でも問題を無視することは楽観的になることとは違う。僕は自分にウソをつき続け、漫然と問題を無視しようとしてきたんだ。

でも今はもう何も無視しなくていい。問題に立ち向かっていける。300ドルごとに！

最初の悪夢

真夜中の２時、僕は隣で寝ていた妻が激しくうなされているのに気づいて目が覚めた。僕たちと一緒にベッドで寝ていたゴールデンレトリバーのフランクリンも、心配でどうしたらいいか分からないものだから、どうにかしてくれと言わんばかりに前足で僕をつついていた。目をこすって妻を見てみると、左右にのたうちまわりながら寝言を言っていた。明らかに悪夢を見ているようだった。

「ちゃんと払いますから」と彼女は言った。ずっと目を閉じたまま声を出してもぞもぞと動く彼女の姿を見るのは、何だか気味が悪かった。

「ちゃんと払いますから。ちゃんと払いますから」

もう２回そう言った彼女が床に転がり落ちないように、僕は彼女の肩に手を添えて、そして怖がらせない程度の大きな声で彼女の名前を呼んだ。

彼女は飛び上がるように上半身を起こし、彼女の肩に添えていた僕の手を握り締めて大きくひと息ついた。彼女は汗だくになってガタガタと震えていた。
「悪い夢を見ていたんだよ」。僕は彼女を抱きしめてそう言った。
数秒たってようやく彼女は口を開いた。
「そうだわ。私、悪い夢を見てたの」
僕は彼女に水を持ってきてやり、そしてベッドにいる彼女の隣に腰かけた。彼女は僕をひざ枕にして横になった。
「寝言を言ってたよ」と彼女に教えてやった。「だれかに支払うとか何とかって」
「私、お金のことが心配で、ハリー」
「分かってる」
フランクリンはすっかり目を覚まし、立ってハアハアと息をしていた。まるで妻のためにいつでも戦うぞと言わんばかりに。
「いいんだよ、フランク」と僕は言い聞かせてやった。「もう大丈夫だから。起こしてごめんよ」
「家賃が払えないわ」とジーニは僕にクギを刺した。悪夢を見て目覚めてからまだそれほどたっていないのに、まるで寝ていなかったかのようにはっきりとした口調で彼女は話していた。開いた窓の外からは、車の行き来する音が聞こえてくるものの、涼しい風はあまり入ってこなかった。僕はベッドのシーツを足で蹴り落とした。
自分の心臓が高鳴るのを感じた。いつもとは何か違う感覚。ジーニは続ける。
「それにジュディにガールスカウトのユニフォームを買ってやらないといけないし」
「クレジットカードを使えば？」。僕はその言葉を口に出すことすらうんざりだった。
彼女は首を横に振り、鼻をすすりあげた。街灯が部屋の中に差し込み、彼女の顔を照らし出すと、反射で涙が見えた。彼女は鼻をぬぐってまたすすりあげた。

「もうクレジットカードは使い切っちゃったと思う」

たぶん彼女の言うとおりだろう。彼女に買った250ドルのiPodもクレジットカードで支払ったんだ。

クレジットカードが使えない。これはまずい。フランクリンは、オンラインで犬用ビスケットを買う計画が台無しになってしまったかのように少し奮い立った。僕ははっきりとした声で話し始めた。この状況を何とかしなければ。そして無関心でいるかのように振る舞うのをやめなければ。

「この状況から抜け出す手立てを考えたんだ」

彼女の顔が少し明るくなった。あまりにも動揺していたものだから、その「手立て」が何であれ、聞かずとも名案のように思えたのだろう。たとえ自宅のクローゼットの中でクスリを作るつもりだと僕が言っても、ほんの一瞬くらいは賛成したかもしれない。彼女にとっては、娘にガールスカウトのユニフォームを買ってやれないことがまるで家族を養えないことのように後ろめたいことだった。井戸の奥深くまで落ちて、もう上の光が見えない――僕たちはそれくらいのピンチに陥っていた。

「どんな？」

「トレードをしようと思ってる」

彼女はぱっと顔を上げた。鼻をぬぐい、そして笑みを浮かべた。

「本当？」

彼女の瞳は輝いていた。

「どういうふうに？　お金がたくさんかかるの？」

「かからないよ」と僕は含み笑いをしながら言った。「それどころか、今のところは元が取れているくらいだよ」

僕は、深夜のコマーシャルのこと、内緒でソフトウエアを買ったこと、そのソフトウエアの使い方を学ぶために会社で徹夜をしたこと、そしてもうすでに儲けが出始めていることを彼女に説明した。

「いくら？」と彼女は聞いた。

「300ドル」

僕のひざに横たわっていた彼女は、頭を持ち上げた。

「300ドル？」。彼女は明らかに驚いていた。驚き――それこそあのソフトウエアが約束していたものだ！　これはいいぞ！　これは給料を上げてくれと会社に頼むというような下手な計画とは違う。それに僕は、法律事務所の文書管理者としてはおそらく全米一の高給取り（つまりもらいすぎ）だろう。トレードは副業でお金を稼ぐ方法だ！　これは理にかなっているぞ！　これこそ一家の大黒柱がすることじゃないか！　だって妻が納得できる現実的な解決策を考えるのが、大黒柱なんだから。

その瞬間、僕はiPodのことを思い出してさらに鼻が高くなった。

妻の次の質問は決まっていた。

「どんなトレードなの？」

僕は答えるのをためらった。妻がせっかく乗り気だというのに、トレードにまつわるリスクの話を延々としたくなかったからだ。正直言って、コマーシャルでもリスクに関する免責事項にはほとんど耳を傾けていなかった。でも真剣に聞かなくてかえってよかったと思う。聞いていたらソフトウエアすら買っていなかったかもしれない。

それでも、僕は彼女にウソはつけない。

「FXトレードだよ」

「エフェックス？」。彼女は混乱していた。

「いや、エフ・エックス。外国為替、外貨のことだよ。株の取引みたいなものだけど、株ではなくて通貨を取引するんだ」

「へえ。そんなのがあるなんて知らなかったわ」。彼女がすぐに僕のアイデアを否定しなかったことがとてもうれしかった。そこで僕は調子づいた。

「本当のこと言うと、僕も知らなかったんだ」と認めた。「でも今日なんか、ほんの１分間トレードしただけだよ」

「じゃあ会社でできるの？」

「昼休み中にね。それから家に帰ってからも」

「夜ってこと？」

僕はうなずいた。

「そうさ。FX市場は24時間開いているんだ。だからいつでもトレードできる。仕事をしながら副業としてやるにはぴったりさ」

「毎日それくらい稼げるの？」と、おそらく僕以上に期待を膨らませた彼女が聞いた。少しブレーキをかけたほうがよさそうだ。

「いや、毎日とはいかないよ。それだけの稼ぎは。もうちょっと少ないかな」

彼女は頭の中で計算をしていた。

「それってひと月に9000ドルよ」。僕がそれほどのお金を稼げるなんて、彼女にはなかなか理解しがたいようだった。

「いや、土曜日には取引ができないから、それよりは少なくなるよ」

「それにしたって……」と彼女は頭を僕のひざに再び横たえながら言った。

「それってすごい額だわ。ほんの数カ月で借金をすべて返し終えちゃう」。その後彼女は数分黙っていたが、次に何の質問が来るのかは想像ができた。彼女は再び頭をもたげて言った。

「リスクはあるの？」

僕は冷静を装って肩をすくめた。

「初心者にはね。訳も分からずやってる人にはリスクがあるさ、当然。でも僕にはソフトウエアがあるし、それに慎重にやるから」

「あなたが入金した1000ドルがなくなってしまうこともあるの？」

「ないと思うよ。僕はソフトウエアが合図を出したときだけトレードするから。このソフトを使って大金を稼いでいる人たちがいるんだ。１週間見ていたけど、宣伝どおり本当にすごかったよ――本当に驚くような取引をいくつもしていたんだ」

まだ疑いながらもどうやら満足した彼女は、もう寝たいと僕に告げた。僕はその前に渡したい物があるんだと言って、廊下に行き、置いてあったブリーフケースを開けてプレゼントを彼女に渡した。

包みを解いてiPodを見た彼女は、両腕を僕に回してキスをしてくれた。

「こんなの買う余裕があるの？」と彼女は言った。

「これからはね」。僕はそう言って笑った。そうして僕たちは、手に届くほどに近づいた明るい未来への希望を胸に、安心して再び眠りについた。

第3章

31階への旅

A Trip to the Thirty-First Floor

僕はマンハッタンのミッドタウンで11年間働いてきた。ウエークマン・バターマン・アンド・ベイリーという法律事務所の社員として僕がやってきたことと言ったら、本当の話、文書を整理することだけだ。申立書、準備書面、質問書、和解調書などなど、どんな書類でもファイルした。こうして聞くとつまらない仕事みたいだろう。実際、つまらない仕事だった。『ゆかいなブレディ家』（1960年代のホームコメディードラマ）の再放送を見ながらフォークで目ん玉をくりぬくようなものさ。クビにしてもらえるならどんなことでもしようと思うほどつまらない仕事だ。僕だっていろいろ試してみた。本当さ。自分の足を食べれば１日が面白くなるかもと思ったことすらあるんだから。

実際に足を食べることはなかったけれど、時間をつぶすためにいろいろなことをした。弁護士たちのオフィスと文書管理室を何度も行ったり来たり――当時は145人の弁護士がいたから、だれかに会いに行けばたっぷり25分は時間を無駄にできた。それでも仕事をすべて終わらせることができたんだ。

そもそもそこで仕事に就くことができたのは、ある男――僕の父親――のコネだった。父ハロルド・ベインズはニューヨーク市都市交通局で働いていた。父はエンジニアでもなければ、トンネルを掘ったりするようなかっこいい仕事をしていたわけでもない。父は清掃作業員だった。これがどういう仕事かを理解するには、アメフト競技場くらいの広さを清掃することを想像してみるといい。そしてそれが秘密の通路で作られていて、気温はいつも凍えるような寒さか、うだるような暑さのどちらか。そしてドブネズミがあちこちにいても気にしない。さらに週に一度は、自分の作業場にだれかが住み着いている（あるいはそこで死にかけている）ことを喜んで警察に通報する。そんな仕事だ。父はもう退職したけれど、ベトナム戦争帰還兵や虐待されたペットと同じように悪夢を見ているんじゃないだろうか。

父が作業をしていたのは、たまたまウエークマン・バターマン・アンド・ベイリーで働くほぼ全員の弁護士が毎日通ってくる駅だった。父は長年の間にそんな弁護士たちひとりひとりと言葉を交わしていた。なかにはかなり仲良くなった弁護士もいて、そんな関係が功を奏して、僕は高校生のときにその法律事務所の文書管理室で三度も夏休みのアルバイトをさせてもらった。

当時は大した金額をもらっていなかったけれど、そんなことは知る由もなかった。1992年に時給15ドルだったかな。そのころの僕にとっては大金だった。でも、そう思った割にはそのお金をとっておくということをしなかったんだ。まるで消火栓からとめどなくあふれ出る水のように僕はそのお金を使い、毎年時給が上がるのが当然と思っているような生活をしていた。しばらくの間はそれでも良かった。僕は独身だったし、実家に住んでいたから。

でもその後すぐに高校時代から付き合っていた彼女と結婚することになって、それから間もなく僕たちは子供を授かった。もっと詳しく言うと、結婚して７年間で３人の子供ができたんだ。そして今も４人目の子供が妻のお腹の中にいる。

過去11年間、僕は毎日エレベーターに乗ってピカピカのマンハッタン超高層ビルの44階へと通勤した。大して好きでもない仕事をするために、そして僕の目の前に立っていなければ顔も思い出せないような人たちのために、そして働いてもまだ300ドル足りない生活費（これからは違うけど。エヘン！）を稼ぐために。エレベーターで上に行く途中、ほかのオフィスがある階をいくつもいくつも通り過ぎて行った。どんな人がその階で働いているかなんて立ち止まって考えたことすらない。

僕が自分のパーティションに着いたら、そこでスコットが僕を待っていた。過去５年間、毎日繰り返されてきた風景だ。

今日のスコットは心配そうな顔をしている。これはいつもと違う。彼はだれよりものんびりした奴なのに、今の彼はまるでフロントデスクの裏で隠れてたばこを吸っているのをだれかに見つかってしまったかのようだ。一瞬、それがトレードと関係があるのかと思い、僕は心配になった。

「僕の口座でトレードしたりしなかったよな？」

彼は頭を横に振った。安堵感が打ち寄せた。僕の口座やソフトウエアを彼に触ってほしくなかった。彼がトレードに興味を持ったこと自体は別に気にならなかったけれど、彼を全面的に信頼しているわけではなかった。

「よう、ハービーが会いたがってたぜ」と、彼はできるだけ事務的に言った。でも彼が心配していることは目に見えて分かった。

「ジョンソンさんが？」

スコットはジョンソンさんのことを“ハービー”と呼んでいた。それはいつも本人のいないところでのことだったけれど、僕はそれが嫌だった。“ハービー”という名前を聞くと、それが僕の頭のなかで何度も繰り返し流れて、いつかはジョンソンさん本人の前で口走ってしまうんじゃないかと気になっていた。

スコットは、まるで子供がするように素早くうなずいた。

「何の用事だか言ってたかい？」。僕はそう聞きながら、ジョンソンさんに会うのをすでに恐れていた。今日中にやらなければいけない書類整理がたくさんあるし、それにまたトレードもしたい。今日も利益を出して妻に見せてやりたかった。今日は30ポイントではなく31ポイントを取って、310ドル稼げるかもしれない。そうなったら最高だ。

「いいや、何の用事かは言ってなかった」。スコットはそう返事をして、僕を白昼夢から引き戻した。

「っていうか、留守電に入ってたんだよ。留守電をチェックしないあんたに代わって、いつもみたいに僕がチェックしたからさ」

僕は弱々しく笑った。

「今日は仕事を始める前に市場の様子を見ておきたかったんだ。だから早く来たんだよ」

スコットはうなずいた。

「少しなら時間あるだろ。さあ、やろうぜ」

そうして僕たちは始めた。すると市場のなんとも活発なこと！　アメイジング・フォレックスのシグナルはすでに７つも出ていて、２つ以外は全部利益になっていた。僕は一番新しい注文を見てみた。それは対米ドルでポンドを買う注文――つまりGBP/USD――で、そのトレードシグナルはたったの５分前に出されたばかりだった。それが現在10ポイントという小さなマイナスになっていた。

スコットは元気になって言った。

「今トレードすれば、シグナルが出たときよりも良い値で注文を入れられるぜ」

ちょっと考えてみると、確かに彼は正しかった――ソフトウエアはGBP/USDを1.8100で買うように指示を出したのに、それが今は1.8090になっていた。ということは、最初に指示されたよりも安い値で買いのトレードに入って利益を出せるということだ。僕は自分の取引用システムを立ち上げて、その注文を出した。

シューッ！　いい音だ。あとは利益が出るのを待つだけ。それからアメイジングのソフトウエアに目を光らせて、取引を終了する指示がいつ出るかを見ていなければいけない。昨日は初めての利益に喜び大混乱しながら取引を終えた。でも今回はソフトウエアが知らせたときに終了しようと決めていた。僕は両手をこすり合わせた。やらなければいけない書類整理のことも忘れていた。昨日のようにさっさと利益が出ることを期待していたのに、少し時間がたってもほとんど動かなかった。僕は50ドルのマイナスだった。

「どうして最初からマイナスなんだろう？」と僕は声に出して不思議がった。

スコットがすぐに答えてくれた。

「スプレッドを払わなきゃいけないからだろ。買いの値段は売りの値段よりも高くなってる。仲介業者はそうやって稼ぐんだ」

「なるほど」と僕は答えた。スプレッドか。うん、それは納得だ。ということは、取引をするたびに必ずマイナスで始まるということか。アメイジング・フォレックスのするトレードはあまりにもうまくいっていたから、そんなことには今まで気づかなかった。それからまた数分が経過した。

午前８時29分だった。

廊下の先から、とどろくような声が聞こえてきた。ジョンソンさんだ。僕の名前を呼んでいるのが聞こえて、上司である彼が僕に会いたがっていることを思い出した。まずいな。トレード中なのに！　今ごろには終わっているだろうと思っていた。僕はまだこのトレードが続いているということにあせり始めていた。本当ならもう利益が出ていてもいいはずなのに！

「ハリー。出勤したらすぐに会いに来いって言われてたんだぞ」

「分かってるよ」

「それにあの人、あんたが毎日８時15分に来ることを知ってるし」

「分かってる」

どうしたらいいんだ？

スコットは僕に向かって笑みを浮かべて言った。

「ソフトウエアが指示を出したらすぐにおれがトレードを終了してやるからさ。あんたはハービーの所へ行って話をしてきなよ。ほら、怒鳴られてる間にメモを取れるように紙とペンを持って。それからつばを吐かれたときのためのちり紙も」

まるで戦場へ赴く僕の支度を整えるかのように、これらの物を僕に渡してくれた。

スコットに自分のトレードを任せたくはなかったけれど、やむを得なかった。

「余計なことはするなよ。ソフトウエアがやめろと言ったときにやめるだけだぞ」

「分かってるさ。何もしないよ」

僕はジョンソンさんのオフィスへと歩き始めた。パーティションから出るときに、ちらっと上からのぞいてみたものの、モニターの場所を動かしておいたので画面は見えなかった。ジョンソンさんとのミーティングが30秒で終わるのか、1時間かかるのかは分からなかった。

ハーブ・ジョンソンはこの法律事務所の業務執行役員に選出されたばかりだった。彼がこの地位を得た理由は、物事を成し遂げる能力を持っていたからだった。彼は優秀なやり手だった。ナポレオンのような体格のこの男は、折り返し電話を同時に2つかけながらメモ帳に弁護戦略を走り書きし、さらに同僚弁護士に向かってどなりつけるという行為をすべて同時にできたのだ。彼の弁護料がこの法律事務所にもたらした利益は事務所の歴代弁護士のなかでも最高で、また彼は依頼人をだれよりも多く連れてきた。同時に自分の意見をはっきりと大声で言うことで知られていて、彼の下で働く人をみんな縮み上がらせていた。僕が彼のオフィスに着いたとき、彼はすでに叫び声を上げていた。まだ僕に向かってではなく、電話口のだれかに向かって。

普通の人間ならここで電話を切るところなのに、彼はただ単に受話器を置いて――切るのではなくて机の上に置いて――そしてたっぷり30秒は僕のことをじっと見つめた。

クビにされるのかな？　可能性はある。

昇進は？　あり得ないな。

書類が見つからないと僕を怒鳴りつけるのか？　そうだな。それは間違いないだろう。

「ベインズ、おまえまたやってくれたな」と、うなるようにジョンソンさんは言った。彼の言葉は聞こえていたけれど、僕は自分のトレードのことを考えていた。まさかもう利益が出ているなんてことがあるかな？　ああ、お金か。なんて素晴らしいものなんだ。早くトレードがどうなっているかを見たい！　今ごろはかなりの利益が出ているに違いない。アメイジング・フォレックス・プロフィット・システムが出した取引が利益目標に達するのに、いつもならどれくらい時間がかかるんだろう。あとで会社に電話して聞いてみようかな。パーティションから運ばれてくる利益の香りが今にもかげそうだった――それは甘い香りで、今日何度もまたかぎたいものだった。

僕は、ミッドナイトブルーの水面の脇に置かれたラウンジチェアに背もたれを倒して横になっている自分を想像した。気が利く給仕人が僕に近づいてくる。

気が利く給仕人　ベインズ様。お飲みもののお代わりはいかがですか？

僕　ああ、そうだな。バージン・ストロベリー・ダイキリをもう一杯もらおう。

気が利く給仕人　かしこまりました。

僕が現実に戻ったとき、ジョンソンさんはまだ怒鳴っていた。彼はファイルがなくなっただの、事務所の依頼人が被った不法行為を正すように求めた手紙などなどについてしゃべり続けていた。

ジョンソンさんは怒ると声がうなり声になるのだけれど、そのうなり声が話しているうちにどんどん大きくなっていった。

「その書類はこのクソ事務所で一番大事なファイルなんだぞ、ベインズ。トレーダーのアンダーソンの訴訟なんだ。ボーナス差別のな」

彼はそう言ったけれど、僕はアンダーソンのことも訴訟のことも、あるいはそのファイルが、ジョンソンさんが愛人に購入したプレゼントの領収書ごとシュレッダーにかけられてしまったかもしれないなんてことも、まるで関心がなかった。でも僕はトレードには関心があった。だからジョンソンさんが「トレーダー」と言ったとき、スコットのところへ戻ってどうなったか確かめたいと一層強く思った。

僕は、ジョンソンさんが延々と僕を非難している間にも、スコットが渡してくれた紙に落書きをしていた。ジョンソンさんはかなり詳細に訴訟について説明をし始めたけれど、その訴訟のことをメモする必要なんて僕にはなかった。この訴訟はニューヨーク中の新聞のあらゆるビジネス面のトップ記事になっていたからだ。うちの会社はウォール街にある世界有数の証券会社の弁護を引き受けていた。その企業は身体障害者のトレーダーに対してほかのトレーダーよりも少ないボーナスを支払い、そのトレーダーを会社から追い出そうとしたという理由で告訴されていた。詳細は知らないけれど、その訴訟がジョンソンさんの担当で、膨大な書類管理業務とさらに膨大な弁護料を生み出していることは知っていた。僕はジョンソンさんの似顔絵を描くのをやめて彼に聞いた。

「具体的にどの書類を見つければいいんですか？」

彼は話すのをやめ、まるで永遠かと思えるほど長い間、再び僕をじっとにらんだ。彼が今にも襲いかかってきて、そのダニー・デビート風の小さな体をデスクによじ登らせて僕ののどをかっ切るんじゃないかと思ったくらいだ。僕は一歩後ずさりをした。

電話の受話器はまだデスクの上に置きっぱなしで、ジョンソンさんがどこへ行ってしまったのかが分からず彼を呼んでいる声がかすかに受話器から聞こえた。ジョンソンさんは、僕が話を遮ったことを心のどこかで喜んでいたのかもしれない。また３人同時にお金を請求する仕事に戻れるから。

「手紙を探してるんだ」と彼は答え、机の周りを歩いてブリーフケースを手に取った。手紙の説明をしながらも、彼はまったく別の作業をすでに始めていた。何を探しているのかを僕に知らせたあと、彼は僕の顔を見てこう言った。

「その手紙をおまえ自身の手で31階のアンダーソン氏に渡すんだ。そしておまえがきちんと届けた確認の電話をアンダーソン氏からこの私にするように伝えてくれ」

つまりこれはお仕置きか——朝の使い走りだ。でもそんなのは別によかった。それなら我慢できる。今日はどうせ１日中、僕たち文書管理係は山のようなアンダーソンの書類整理をしなければいけないんだから。それにやっとトレードがどうなったのかを見に行けるぞ！

文書管理室に走って戻って手紙を探してみたら、それはすぐに見つかった。ほんの24時間前にちゃんと正しい場所に僕が自ら保管したものだった。戻る途中、スコットがオフィスから離れた廊下を歩いているのを見かけた。15メートル以上離れているので大声で叫んでも彼には聞こえないだろう。これがどういうことかって、彼が僕のトレードを見ていないってことじゃないか！

僕は最新情報を見るために自分のデスクへと駆け込んだ。でも画面には何もなくて、スクリーンセーバーが表示されているだけだった。アメイジングのソフトウエアは閉じられていて、取引用口座のプログラムも閉じられていた。そしてスコットはどこに行ったのかまったく分からない。それにこの手紙を急いで届けなければいけない。

そのとき、ジョンソンさんの声が廊下の先から響いてくるのが聞こえた。仕方なく僕はデスクを離れたけれど、これからは取引中は絶対にデスクを離れまいと心に誓った。結果がどうなったかが分からないままなんて、つらすぎる。

僕は目覚めた

エレベーターを31階で降りるには特別な暗証コードが必要だった。エレベーターの外に出ると、目の前にあったのは小さなロビーで、一度も使われていなそうな家具が置いてあるだけだった。デスクにいる秘書の頭の上には真ちゅうで作られた文字で“ERNEST WELLINGTON AND COMPANY(アーネスト・ウエリントン・アンド・カンパニー)”と書いてあり、秘書の背後にあるスチールドアは、木の装飾が施されたその小さな部屋によく溶け込んでいた。何の用事で来たかを告げると、彼女は僕の身元を確認するために電話をかけ、それが終わるとくるりと後ろを向いて機械にカードを通した。するとスチールドアの鍵が開き、彼女はドアを押し開けて僕を通してくれた。僕に背を向けて立ち去るときに彼女は何かを言ったけれど、よく聞こえなかった。それどころか、その場の騒々しさに僕は耳を覆ってしまいたくなった。

扉がお尻にぶつかったので僕の背後で扉が閉まったことが分かったけれど、僕はほとんど動かなかった。ウォール街の大手企業のトレーディングフロアを見つめていた僕は、別の惑星に降り立ってしまったのかと思った。

少なくとも20列に並べられたデスクが巨大な半円形を描き、それが僕のいる場所から建物の反対側までフロア全体に広がっていた。少なくとも200人の男性と少数の女性が叫びながらコンピューターを激しくたたいては画面を見つめていた。その場所——僕が11年間働いてきた場所の数階下——では、あまりにいろいろなことが起こっていた。

僕はアンダーソンのことをすっかり忘れてフロアを歩き始めていた。ガラス張りの窓からはミッドタウンを西側から見渡せて、その反対側にはガラス張りの会議室がいくつも並んでいた。ほとんど使われていないそれらの会議室の上方にはスクリーンがいくつか置かれていた——株や債券などの取引価格が表示されていたり、世界中で行われている記者会見らしきものが音声なしの字幕で映し出されていたり。まるで僕だけ時間が止まって、周りは猛スピードで時間が動いているように感じた。

その場所は混沌としていた。

僕はほんの少しだけ前に進んで、おそらく21歳くらいであろう男の隣に立ち止まった。彼は、11月に株をいくらで売るだの何だのと、電話口に向かって叫んでいた。その隣にいた男はその若い男よりも少なくとも２倍以上の年齢で、両手で頭を抱え込んでいてあまりうれしそうには見えなかった。さらにもうひとつ隣の席にいた女性は、指で取引画面をつついては、彼女の横にいた男にCOTリポート（米商品先物取引委員会が週１回発表する建玉明細）について何かを言い、ビールを１ケースおごってくれる約束でしょ、というようなことを言っていた。

そしてこのような光景はあちこちで繰り返されていて、僕は目が回ってしまった。何百万ドルという金額を人々が口にするのを聞いた。そのフロアの真ん中辺りまで歩いて行く途中で、あるトレーダーが隣の男に、たった今GEの株を100万株売ったと言ったのが聞こえた。ゼネラル・エレクトリックを100万株？　何千万ドルもの価値があるに違いない。そんな株をどうやって手に入れたんだろう？　そしてだれに売ったのだろう？　買った人の理由は？　そしてその心境は？

人は人生のなかで警鐘を聞くことがある。これは僕にとっての警鐘だった。

警鐘というものはだれにでも鳴るものではないのかもしれない。トレードのことを初めて知ったときや、友人がトレードをしているのをその肩越しに見たときに警鐘が鳴ったという人もいるだろう。まるで冬眠から目覚めたばかりのような感覚で、一生とは言わないまでも少なくとも人生を何年か見過ごしてしまったことに気がつくような、そんな瞬間だ。僕は取引中だったGBP/USDのことなど完全に忘れてしまい、こう考えていた――ここにいる人たちは、トレードで莫大な金額を稼いでいる。僕なんか300ドルですごいと思っていたのに。

でも違うんだ。この目の前の光景こそがすごいことだ。こんなにすごいことはほかにない。

これほど多くの人がここまで生き生きとして、興奮して、落ち込んで、そして夢中になっているのを、僕は見たことがない――そして彼らは皆、同じ部屋で働いていて、何千万ドルもの株をだれかに売るなんていう話をしているんだ。僕のなかで何かがピンときた。いや、ビビビときたと言ったほうがいいだろう。

僕がするべきことはこれなんだ。自分がトレードをしたいことは、すでに分かっていた。僕にその才能があることも。でもこのトレーディングフロアは、そしてこのすさまじい数の混沌とした売り買いは――これこそが、僕が一生やっていきたいことだった。

その時点でこれ以上突飛な考えなどなかっただろう。僕自身はたった一度しかトレードをしたことがない。しかもニューヨークの法律事務所で働く文書管理者で、数学は中学３年生レベルだし、学歴はベン・カードーゾ高校卒というだけ。そのとき僕の周りを取り囲んでいたのは、全米の優秀な大学で学んできた男女たちだ――たぶん僕の周りにはハーバード・ビジネススクールの卒業生が100人以上いたかもしれない。法律の学位どころか大学の学位すら持たないこの僕が、勤め先の法律事務所で今すぐに共同経営者になってしまうくらい、あり得ないことだ。

でも僕は自分のやりたいことが何か分かっていた。ここにいる人たちがしていることを僕もやりたい。

そうしたら僕は自分のトレードのことを思い出した。ここの人間が自分たちのトレードのことで激しく心配している様子を見ていたら、僕もこの集団の一部のような気になった。僕と同じように、自分のトレードが利益を生んだかどうかを心配するトレーダーの仲間たち。僕はその一員なんだ。

「よう、そこのあんた、だれか探しているのかい？」と僕を呼びとめる声があった。

その声がどこから来ているのか分からなかったから、僕は部屋をただ見渡しながら答えた。

「アンダーソン。アンダーソンさんを探しています」

「その先をまっすぐ歩いていったところにある会議室だよ。あんた、まるで何かとんでもない場所に足を踏み入れちまったような顔をしているな」

その声の主さえ見つけることができれば、ポンドの今のレートを聞きたいところだった。

ウォール・ストリート・ジャーナルが何部もあちらこちらに置いてあったけれど､そのほとんどが開かれてもいなかった。ニューヨーク・デーリー・ニューズとニューヨーク・ポストのスポーツ面は少なくとも３台に１台のデスクの上で開かれていた。ほとんどのトレーダーはカジュアルな服装をしていた。ブレザーなどの上着を持っている人は、その上着をいすの背もたれか床に放り投げていた。

トレーディングフロアを見渡すと、あちこちにコンピューターの画面があって、その画面にはチャートが映し出されていた。テレビでビジネス関連のニュースを見ているときに見かけるようなチャートとそう変わらないものだったが、僕はそういうニュースはほとんど見なかった。僕が見たトレーダーは（というよりも全員か）、薄型のモニターを少なくとも３台は持っていて、なかには４台持っている人もいた。

各デスクに置いてあるそのモニターの少なくともひとつには、何らかの金融チャートが表示されていた。チャートの意味は僕にはまだ分からなかった。でもそれが必要なものであることは明らかだった。またひとつ、勉強しなければいけないことが増えたな。

これ以上トレード業務をぽかんと見ているのをやめ、僕はアンダーソンにさっさと会って、そして上階に戻って自分のトレードをチェックしたほうがいいだろうと考えた。

会議室へと急いで行くとそこにはやせた金髪の男がいた。その男は細いフレームの眼鏡をかけてちょうネクタイを締め、書類がたくさん広げられたガラスの会議用テーブルの横に立っていた。見た目は少年のようだったが、片手であごをこすりながらテーブル脇で深く考え込んでいるその様子から、ここで重要な地位についている人物であることは一目瞭然だった。ガラス張りの会議室の外側があれほど騒々しいのに、こんなに落ち着いていられるのは、この人物の才能なのかもしれない。

僕がドアを開けると、彼は僕を見て微笑した。

「君がハリー・ベインズだね」と静かな声で言った。ガラス張りの会議室の壁は驚くことに防音だった。そうでなければ彼の声は聞こえなかっただろう。

「はい、そのとおりです。ジョンソンからの手紙をお持ちしました」

彼は手を伸ばして手紙を受け取り、そして温かく微笑んだ。

「君は何年そこの事務所で働いているのかね？」

「10年くらいです」

「ハーブと働くのはどんなものかい？」

下手なことを言ってクビになるつもりはなかったから、可能な範囲で正直に答えた。

「彼は共同経営者になったので、これまで以上に密接に仕事をすることになると思います」

「そうだな。君は学校はどこに行ったんだい？」

質問の意図がよく分からなかった。

「カードーゾです」と僕は答えた。

「ああ､それは素晴らしいロースクールだ」とアンダーソンは言った。

一瞬、彼の勘違いを指摘しようかと思った――僕が行ったのはベンジャミン・カードーゾ大学のロースクールではない。ベンジャミン・カードーゾ高校だ。でも、それを知らなくても別に彼が困ることはないだろう。

「ニューヨーク市出身なのかい？」と彼は聞いた。

「はい。生まれも育ちも」

「会社法はだれだった？」と彼は僕から一度も目をそらさずにそう聞いた。

その瞬間、僕は目玉が飛び出してしまうかと思った。彼が何のことを話しているのか僕がまったく理解していないことは、だれが見ても分かっただろう。だから僕は聞こえなかったふりをして、窓の外を見つめた。

「今日のトレーディングフロアは忙しそうですね」と僕は彼に言った。まるで自分がトレーディングフロアによく来ていて、みんなが忙しく働いている姿を見て満足しているかのように、事務的な口調で。

「まったくだ。CPI（消費者物価指数）のおかげで今朝の市場は大きく動いた。株式なんて急上昇したよ」

株のことなんてどうでもよかった。僕のGBP/USDの買いポジションのほうがよっぽど重要だ。

「ドルはどうでしたか？」

彼はニヤリと笑った。

「ふむ、君も市場を勉強しているようだな、なるほど」

僕はうなずいた。

「僕も少しトレードをしているもので」

「それなら、今日はドルをショートしているといいだろうな」と彼は言った。

ドルをショート？　つまりドルを売るということか。僕はポンドを買ったんだった。そんなに混乱するべきことじゃなかったけれど、でも僕は混乱していた。僕は今日GBPを買ったんだから、それはつまりUSDを売ったということで、それはつまり僕はドルをショートしているということだ。そして彼はドルが下がったと言っている！　ということは、上階ではうれしい利益がまた僕を待っているということだ。

「実は今ちょうど僕はドルをショートしているんです」と僕は彼に言った。

これを聞いた彼は非常に喜んだ。

「そうか、そうか。これからも連絡を取り合おうじゃないか。それはさておき、会社法だが、だれだったんだい？」

今度は逃げられなかった。

「お恥ずかしい話ですが、覚えていないんです」

彼は静かに含み笑いをして見逃してくれた。

「どうやらトレードのしすぎのようだな！　分かるよ。私も会社法はサボったからね。３年生のころには授業をサボっては仲介業者に電話をしてトレードの注文をしていたもんだ。その年は、毎回のトレードで出た利益よりも手数料を多く支払っていたよ」。そう言って彼は僕の肩を軽くたたいた。ありがたいことに、僕のありもしないロースクール時代の会話はもうすぐ終わろうとしていた。彼は続けて言った。

「まあ、会社法についてまた少し勉強しておくといい。社内でFXファンドを結成する予定だから、君たちにいろいろ助けてもらわないといけないんでね。投資家をあちこちから集めたんだぞ――中国大陸から中東まで。おそらく抜き打ちで身元調査をする必要があるだろう。これは普通の設立とはわけが違うぞ。これを立ち上げるのに50億ドルも注入するんだからな」

50億ドル？　すごい！　僕が自分のトレードをいくらでやっているか、彼に聞かれなくてよかった。

「帰ったらハーブにこのことを伝えておくれ。ファンドのことで世話になるかもしれないから私に電話をしてくれとな」

「分かりました」と言うのが精いっぱいだった。そして僕は足がもつれるくらい早足で会議室を出た。

僕はトレーディングフロアを端から端まで横切って帰った。さっきと同じように、まるで僕だけ時間が止まって、周りでは時間が動いているように感じた。何だか自分が人間輸送車に乗せられているか、あるいはディズニーランドの乗り物にでも乗っているかのような気持ちになった。自分が見ていること、聞いていることがあまりよく理解できなかった。本当はゆっくりしていったっていいんだ。自分のトレードが大丈夫なことは分かったし、こんな経験からなるべく多くを吸収したかったから。

この興奮をまた味わいたい。

オフィスに戻りながら、僕はアンダーソンとまた話をしたいと思っていた。彼からどれだけFXトレードのことを学べるだろう！

自分のトレードがうまくいっていることが分かっていたので、先にジョンソンさんのオフィスに立ち寄った。彼のオフィスにちょこっと顔を出して、親指を立てて見せて、頼まれていた手紙をきちんと渡し終えたことを彼に知らせた。彼は電話中で、オフィスにはもう２人別の弁護士がいたにもかかわらず、それを中断して僕に言った。

「今度書類を置き違えたりしたら、クビにしてやるぞ」

その瞬間、一体僕のなかで何が起こったのだろうか。もしかすると31階で見たあの叫び声や激しい男性ホルモンに刺激されたのかもしれない。僕は彼の目を見つめてこう言っていた。

「今度間違った場所を探したりしたら、また僕を呼ぶはめになりますよ」

そうして僕はその場を立ち去り、絶対にクビになるだろうけれど、毅然とした態度を取ったことに気を良くしていた。やったぞ！　あの大勢のトレーダーのなかにほんの数分身を置いただけで、僕は昔の楽観主義を取り戻してしまった。それがあまりにも大きな衝撃だったものだから、僕は背筋がゾクゾクした。

僕だって31階で働けるかもしれない、そう自分に言った。もし本当に希望すれば僕だってあそこで働ける。もしジョンソンさんにクビにされたら、単に自分自身でトレードを始めればいいんだ。本当ならすでにトレードで生計を立てているべきなんだ。トレードこそが僕の居場所だ。

仕事なんてどうでもよかった。滞納している家賃なんてどうでもよかった。クレジットカードの負債額も急に少なくなったように思えた。たとえこれが突然開かれた新しい道であろうと、その道は正しい方向へと導いてくれていた。そして僕はその道を進むことを選ぶんだ。

廊下を歩いていると、ジョンソンさんがほかの弁護士に大声で言うのが聞こえた。

「まあ、あいつがアンダーソンにあんな物言いをしなかったことを願おうじゃないか。会社のトレード部門のトップに向かって、あいつならずかずかと入って行って『今度から自分の手紙は自分で探せ』とでも言いかねないからな」

僕は急に立ち止まった。トレード部門全体のトップ？　アンダーソンさんが？　あのか細くて蒼白な顔におたくっぽい眼鏡をかけていたあの男が？　そんな人と僕は話をしたのか？　何てすごいことなんだ！　31階にいる僕の新しい知り合いはトレードの達人だったのか！

僕の頭の中で車輪が回転し始めた。またあそこに行ってもいいだろうか？　為替のことについて、たくさん質問してもいいだろうか？　彼は僕に仕事をくれたりするだろうか？　そうしたら僕は何て答える？　究極の自信を手に入れたこの瞬間、それは最高のアイデアのように思えた。

もちろんアンダーソンさんは忙しい人だから、彼自身が僕と座って為替の話をするのは無理だろう。でも僕があそこでトレーダーたちを観察して彼らから学ぶことなら、もしかすると許してくれるかもしれない。そうだ！　それは良いアイデアだった。僕は文字どおり倒れないようにパーティションで身を支えた。今どれくらいの時間がたっただろう？　下に行ってから今まで20分くらいか？　長くても１時間か？　すぐに31階に戻って今日１日ずっとトレーダーたちを見ていてもいいか聞いてみるべきかもしれない。

でもまずは自分のトレードを確認しなければいけない。いったいどれだけの利益を上げただろう？　また300ドルか？　それとももっと？　有頂天で楽観主義になると、僕は世界の王者になった気分になり、人類全体が僕の前に頭を垂れて僕の命令に従うべきだと思ってしまう。

僕はスコットが休憩室で大きなコップにコーヒーを注いでいるのを見つけた。

彼は僕を見て、そして笑みを浮かべた。

「あんた、きっと喜ぶぜ」

「やっぱりな！　やっぱりな！　良い知らせなんだろ、教えてくれよ」

「20ピップス取ったんだ！」

「ピップス？」

「ポイントさ。FX市場ではピップスって呼ぶんだよ」

「たったの20？　それ以上じゃないのか？」

彼はまるでこれから秘密を暴くかのように声を低くして言った。

「いいかい、利益にして400ドルくらいになったんだぞ」

彼はウソをついているに決まっている。たったの20ポイント、いやピップスで400ドルも稼ぐのは不可能だった。僕は１ポイント10ドルでトレードをしていたから、20ピップス取ったら200ドルだ。400ドルじゃない。僕は彼にそう言った。

「ああ、確かにそうさ。でもな、おれはソフトウエアが手仕舞うように指示を出してきたときに、10ピップス取ってあんたの取引を終了した。そうしたらすごい速さで上昇し始めたもんだから、また取引をしたんだ」

僕は心配と、喜びと、動揺を同時に感じていた。

「また取引をした？　ソフトウエアがそう指示したのか？」

「いいや。でもすごい速さで上昇してたんだ！　あんたのために取っておかないといけないと思ってさ」

「それで10ピップスまた取ったのか？」

「そのとおり。各ポイントごとにもっと稼げるように、あんたのいつもの取引量の３倍で取引したよ」

なんてこったい、そう思った。そんなこと考えたこともなかった。市場が速く動いていると本当に思ったら、各ポイント、いやピップごとにもっと大きな金額を取引できるんだ。スコットが取ったその行動は、間違いなく正しかった。それでも、ソフトウエアの指示なしに彼がトレードをしたことが気に入らなかった。

彼はコーヒーをゴクゴクと飲んで、明らかに今朝の自分の仕事ぶりに興奮しているようだった。そして僕はそんな彼を怒ることはできなかった。だって１日前は1000ドルで始めた口座が、今は1700ドルに膨れ上がったんだ。２日ごとに口座を２倍近くに増やせるとしたら、こんなに簡単に稼げる方法はほかにないじゃないか。

第4章

明るい2つの会話

Two Promising Conversations

ジョン・マーフィーが信頼できる人物だと知っていた僕は、彼のオフィスへ立ち寄ってみた。

彼は僕のために喜んで時間をとってくれた。

「娘さんはどうだい？」と彼は聞いた。

「元気だよ」と僕はぽかんとした顔で言った。何でそんな変な質問をするのか分からないといった顔で。昨日、緊急外来のことでウソをついたことを忘れてしまっていた。

「いいオフィスをもらったようだね」

僕たちが座っている場所からマンハッタンのミッドタウンが見渡せて、その景色はとても素晴らしかった。

「ありがとう。実はこの部屋はもともと相棒のオフィスだったんだ。チャーリー・フランクのね。あいつはイーストサイドで開業するんでこの仕事を辞めて、今はペットに全財産を相続させたいっていう金持ちの遺言状を書く日々を送ってるよ。それでそのチャーリーが先週会社を辞めたときに、ハーブが僕にこの部屋をくれたんだ」

マーフィーが慌ただしくこの部屋に移動したのは明らかだった。ドア周辺の床にはフランクの所有物が置かれていたからだ――ブルームバーグ市長とフランクの写真、“MS Walk 2002”と側面に書かれたマグカップ、名刺が入った箱。マーフィーはさらに続けて言った。

「そりゃあハーブにはこの部屋をくれって必死で頼んださ。良い景色だからね。で、君はどうしたんだい？　この会社の福利厚生のことで来たのかな？」

このときになって僕は自分のついたウソのことを思い出した。

「ああいや、違うよ。娘はだいぶ回復して、すべて丸く収まったんだ。心配してくれてありがとう」

彼はうなずき、本当はありもしない僕の問題についてとても気にしてやったことに満足しているようだった。

「実はトレードのことを聞きたかったんだ。君は下の31階に行ったことがあるかい？」

「ああ。あそこで働いている友人がいるんでね。あそこはすごいよな」

そこで僕はその日に所用で31階へ行ってアンダーソンさんに会ったことをマーフィーに話した。

「アンダーソンさんが新しいFXファンドを設立するって教えてくれたんだ」

「そのことをハーブには伝えたのかい？」

僕は頭を横に振った。

「どうしてこの話を僕に？」

「ハーブはおっかないからね」と僕は素直に認めた。「だからまだこの知らせは教えてあげない」

マーフィーは大きな笑みを浮かべた。どうやら気に入ったようだ。

「それに……」と僕は続けた。「アンダーソンさんが言ったことで分からないことがあったんだ」

「言ってごらん。僕で分かれば力になるよ」

僕は大きく息を吸った。

「本当に50億ドルも調達できるのかい？」

彼は僕を横目で見た。

「ああできるさ。もちろんだ。奴らがその気になればその２倍だって調達できるだろう。FXは……為替は今アツいからな、ものすごく。彼らはおそらく、他社のFXファンドを自分の顧客に売るんじゃなくて、自分たちのファンドを作って運営しようと資金を集めているんだろう。ほかの会社でも同じようなことを今やっていて、大きな事業になってきている。そういう会社は、高い自己資本を持つ個人の顧客や時には企業すら取り込んで、そいつらの資金を国際通貨の取引を専門にするファンドにつぎ込むのさ」

「あそこの人たちの仕事は何なんだい？　いったいどんなことをしているの？」

「トレードだよ。あそこにいる奴らのなかには、僕のロースクール時代の同級生もいる」

「トレードを？　ロースクール出身で？」。アンダーソンさんと同じだ。

「そうさ。ロースクールの仲間のなかには法律事務所で弁護士業務をしたくない奴らもいた。そういう奴らは代わりにウォール街で就職活動をしたのさ。ウォール街の企業は名門校の出身者を探しているから、ハーバード・ビジネススクールでもハーバード・ロースクールでもいいんだ。法律を学んできた奴らにとっては厳しいかもしれないけど、もともとあそこで叫んだり怒鳴ったりする仕事がしたい奴なんてそれほどいない。本当のこと言うと、ロースクールのクラス最下位の奴らがウォール街に働きに行くんだ」

「それは何でさ？」。僕なりにその理由を推測するなら、頭の良い奴らは良い仕事に採用され、クラス最下位の奴らはウォール街の仕事で妥協しなければいけないからか。まるでトレーダーとして働くことは最善の就職先じゃないみたいだ。それを聞いたマーフィーは、それは違うと否定した。

「確かに彼らは、ある意味では最善じゃないかもしれない。ロースクールであんな奴らがさえなかったのは、憲法を勉強する代わりにいつもレッドソックスの試合を見に行ってたからさ。もしくは朝寝坊していたか。あるいは新聞のビジネス面や株価欄を読んでいたかCNBCを見ていたか。才能を生まれ持ってる奴もいる。僕の友人で31階のフロントデスクの子と付き合ってた奴がいてさ。２週間も毎日そこのトレーディングデスクに座って忙しいふりをして過ごしたんだ。コンピューターまで設置してさ。そいつは人目を引くようなことやだれかと外に昼食を食べに出ることはしなかったけど、まるでその場所の主のようにそこに２週間座り続けたんだ。１日に何度か僕に電話をしてきては、電話口で叫んだりして何かをしているふりをしてね」

「その彼はどうなったの？」

「アンダーソンに見つかった」

「追い出されたのか？」

マーフィーは笑った。

「違う。そいつはすぐにその場で採用されたんだ。アンダーソンは初日から見抜いていたのさ。あの男には何だって見破られちまう」

僕が弁護士じゃないということ以外はな。マーフィーは続けた。

「アンダーソンは、クレイグが２週間そこに座ってトレーダーのように振る舞い、それらしい服を着てキーボードをたたき、電話に向かって怒鳴るのを見ていたんだ。そしてクレイグは抜かりなくやっていたよ。あいつは賢くて、そして通貨のことをよく知っていた。アンダーソンはそれに気がついたんだ。彼はその場でクレイグと面接をした。トレーディングフロアのど真ん中でね」

僕はあぜんとした。僕にも同じことができるかもしれない。このアンダーソンという男は理解のある人物のように思える。仮に追い出されてしまったとしても、あそこで仕事をもらえなければ困るというわけじゃない。１日に400ドルのペースで稼いでいれば僕のトレードは十分だ。するとマーフィーは続けて言った。

「実はクレイグは最初、追い出さないでくれってアンダーソンに頼みこんだんだ。警察に引き渡されると思ってな。でもアンダーソンがしたかったのは仕事の話だ。彼はクレイグに、ユーロの対円の価値についてどう思うかと聞いた。クレイグは金利や貿易収支のこと、現時点におけるそれぞれの国の経済見通し、それに自分のテクニカル分析を基にすると今が絶対に最高の買い時だと熱弁を振るった。するとアンダーソンはクレイグのコンピューターにログインして、その場で対円で500万ユーロを買ったのさ」

「へぇ」

「すごいだろ。それでそれが勝ちトレードになったものだからクレイグは採用されたってわけさ。良い話だろ。それで……」彼は続けて言った。この話をして明らかに満足しているようだったけれど、時間が気になっているらしかった。「君は何の用事だったっけ？」

「クレイグと話がしたい。もしくはアンダーソンと。いや、トレードのことを知っている人ならだれでも」

「どうして？　トレーダーになりたいのかい？」。彼は僕のことをからかって言っているわけではなかった。どちらかというと親身になってくれているように見えた。

「そうなんだ。僕はトレーダーになりたいんだ。31階でじゃなくても、ひとりで独立して」

「トレードに取りつかれたんだな？　そりゃ結構なことだ」

「じゃあクレイグに会わせてくれるかな？」

いくら僕を助けたいという気持ちがあっても、行きすぎたお願いをしていることは分かっていた。クレイグが僕の質問に答えてくれるかどうかなんて、おそらくマーフィーには分からないだろう。

「聞いてくれ」と僕は言った。

「僕はこの仕事に夢中になったことなんて一度もないんだ。僕は会社のためにちゃんと仕事をしているよ。11年間、君がこの会社に入る前から、僕はずっとちゃんと仕事をしてきた。でもあの階に行ったとき、何かが起こったんだ。君も面接で大きな法律事務所のなかに初めて入ったときに、同じように感じただろう」
「それはどうかな。でもまあ続きを聞こうか」と彼は言った。
「僕はただ彼と話がしたいだけなんだ。あのトレーディングフロアで何が起こっているのかを知りたい。断言するけど、もし僕に勇気さえあれば、僕だってあそこに忍び込んでクレイグのしたようにするさ。でも僕にはそんな勇気はない。僕だったら初日にデスクの上に吐いちゃうよ」
僕はできるかぎりのお願いをしていたのだけれど、マーフィーはそれを買ってくれなかった。何かが彼を悩ませているようだった。たぶん、わざわざ僕を助けても彼には何の見返りもないという事実なんだろう。そうか、見返りか。
「このFXファンドの案件で、うちの会社にはいくらくらいお金が入るんだい？」と僕は聞いた。
彼は肩をすくめた。
「大金さ。書類の準備だけじゃなくて、登記やコンプライアンス問題、継続的な法的支援。それに、もしかするとうちの会社のクライアントに紹介したり、それからもちろんアンダーソンが君に話していた身元調査もするんだ。おそらく200万ドル以上の手数料を取ることになるだろうよ」
「ハーブはまだこのことを知らない」
マーフィーは肩をすくめるのをやめて僕の目をまっすぐに見た。
「何が言いたいんだ？」
「僕のためにクレイグとのランチの約束を取り付けてくれ」
「そしたら？」
「君のためにアンダーソンとFXファンドについてのミーティングを取り付けてあげるよ」
「本当にアンダーソンとのミーティングなんて手配できると思うの

かい？」

僕はうなずいた。

「絶対にできるよ。彼はその場で僕を雇って仕事に取り掛からせようとしたくらいなんだから」。細かく言えば少し事実とは違ったけれど、完全にウソというわけでもなかった。

「それでハーブは？」

今度は僕が肩をすくめる番だった。

「ハーブが何だっていうんだい？」

「彼がそのことを知ったらどうする？」

僕はニヤッと笑った。

「僕はどっちにしろもう長くはここで働かないんだからいいよ。それに君はどうせハーブの所へ行ってこの件について知らせることになるだろ。ハーブは君の手柄にしてくれるだろうよ。しかも大きな手柄にね」

こうして僕たちは握手を交わし、交渉が成立した。マーフィーはその場でクレイグ・テイラーに電話をした。電話口から——１メートル近くも離れていたのに——トレーディングフロアのわめき声が聞こえた。それはまるで心地よく響く音楽のようだった。

もっとリスクを負えるのに何で利益を確保する？

少し控え目に言っても、妻は僕の上げた利益に感心してくれた。僕たちは一生忘れられない会話をした。一言一句、６年後にだって完ぺきに思い出せる。

妻　お金を少し引き出すべきじゃないかしら？

僕　そんなの絶対ダメだよ。

妻　どうして？

僕　今ならトレードの量を増やせるから。

妻の顔はこの戦略の明らかな英知を理解していないことを物語っていた。僕が大物FXトレーダーになる過程にいることや、連勝の波に乗っていること、それからミッドナイトブルーの水をたたえたプールを所有することになってそこで給仕人が飲み物を出してくれることなど、そういったもろもろの込み入った詳細を彼女に説明しなければいけないのはもどかしかった。今はピップスごとにもっと大きな金額をトレードする必要があって、そのためには口座にできるかぎりのお金が必要だった。

彼女に31階での出来事も話した。

「そこで雇ってもらえそうなの？」

「それはないと思う」と彼女に言った。

「あそこにいる奴らはみんなハーバード卒なんだ」

「あなたならできるわ。あなたならきっといい仕事をするに違いないもの」と彼女はそう言って僕を喜ばせてくれた。僕がうまくやっていることを妻も分かってくれてとてもうれしかった。

「あそこで働くこと自体は気に入ると思う。今まではそんなこと期待をしたことも、考えたこともなかった。でもあのスチールドアを開けてなかに入って、あのトレーディングフロアを見たときに、何かが僕の中でピンと来たんだ。怒鳴り声と叫び声しか聞こえなかったのに、この数カ月間で――いや数年間かもしれない――初めて僕たちの財政問題について穏やかな気持ちになれたんだ。アパートの家賃を毎回払う方法が見えてきてさ。何かにひらめいたんだよ。僕は立ってたんだ――うーん、下手な言い方かもしれないけど、自分のいるべきところに立ってたのさ。まるで最初からずっとそこが僕の居場所だったみたいに」

彼女は僕を見ながら笑みを浮かべていた。僕が今まで仕事に対してこんなふうに感じたことがないことに気がついたからだ。

「最初から僕はトレーダーとして働いているべきだったんだ。学位もなければ数学も得意じゃないけど、僕には秘密兵器がある」

「それは何？」と、彼女はクスクスと笑いだしそうだった。僕の妻が！　うれしそうに！　妊娠中の、貧しい、平凡な文書管理者の妻が、喜んでいる！

「コネだよ。明日、クレイグ・テイラーっていうアーネスト・ウエリントンのトレーダーと一緒に昼食をとるんだ。僕がこれまで以上にうまくトレードできるように、彼が助けてくれるのさ」

その晩もまたトレードをしたかったけれど、子供たちと妻に邪魔をされたのでその機会を逃してしまった。明日はもっとトレードをしようと心に決めた。本気で勢いに乗ってお金を稼ぎたいのなら、毎日もっとトレードをする必要があった。一度や二度のトレードではどうにも足りないんだ。

第5章

教訓を学ぶ

Lessons Learned

次の日、昼食を取るためにクレイグはオープンテラスで食事ができるところへと僕を連れて行ってくれた。彼は180センチを少し超えるほどの背丈でたくましい体格をしており、明るくカリスマ的な顔立ちをしていた。学級委員に選ばれたり、学生寮で行われるポーカーのトーナメントを毎週計画しては徹夜で友人からお金を巻き上げて、そのすぐ翌日には陸上競技会で走者を務めたりするようなタイプの男だ。僕はすぐに彼が気に入った。

さらにうれしいことに、クレイグは僕に会った瞬間からとても協力的だった。僕は完全に彼を利用しているのに、彼はそんなことを気にしている様子もなかった。山ほどあった僕の質問に彼は答えようとしてくれていた。彼が答えている途中で僕が話を遮って別の質問をしたりしても、彼は気にもしなかった。僕はとても良い予感がした。トレードの内側を知る友人ができたんだ。昼時だったのでその日はまだトレードをしていなかった僕は、クレイグと話をすることで、トレードの話をするだけじゃ物足りず、またお金を稼ぎたいと今まで以上に強く思った。

「トレードを始めてどれくらいになるんですか？」というのが僕の最初の質問だった。

クレイグはサンドイッチを一口かじって、口の中をいっぱいにして言った。
「4年だよ。ジョン・マーフィーが法律事務所で人生を無駄にしているのと同じくらいの年月だな」
「弁護士にならずにトレードをしようと思った理由は？」
彼はうれしそうにうなって答えた。
「ロースクールのクラスで最下位の成績だったってことと、同級生はみんな一流の法律事務所で面接をしていたのに僕だけ国選弁護人の事務所で面接を受けてたってこと、それから学資ローンで10万ドルも借金していたってこと、それ以外に何か理由がいるかい？」
「じゃあ仕方なく？」
「いや、それは全然違うよ。やりたくなかった仕事みたいな言い方をして悪かった。本当に、おれがやりたかったのはこの仕事だけだったんだ」
「それは最初から分かっていたことなんですか？」
彼はほほ笑んだ。
「そうだな、あのトレーディングフロアに一歩足を踏み入れたときに分かったんだ」
「学資ローンの返済が心配になることは？」
「なかったね。成功するために必要なことはすべてやるつもりだったから。おれの心の中には失敗という選択肢はなかった。そりゃあうまくいかない日もあることは分かっていたさ。でもあきらめるつもりはなかったよ」
「トレードは最初からうまかったんですか？」
「いいや。からっきし。最悪のトレーダーだったよ。でも……」と言って彼は続けた。「おれは自分がトレーダーになるんだって決めていた。それだけ分かっていれば十分だったんだ」
「僕も同じように感じたんです。自分はトレーダーになるべきだったということが分かったんです」

彼は僕を見て眉間にしわを寄せた。

「本当にトレードをしたいのか？」

「だからここにいるんです」

「いいか、簡単じゃないんだぞ」

その意見には全面的には同意できなかったけれど、僕はうなずいた。

「分かってます」

「それに……」と彼は続けた。「ひとりでトレードをするのは会社でトレードするよりもずっと難しいんだ。君は株をトレードしているのかい？」

「FXです」

まるで僕の言ったことが信じられないというように、彼は目を大きく見開いた。

「FX？　ひとりでかい？　おい、そりゃ本当に助けがいるな。FXは荒れ狂っている市場だ。即効で無一文になっちまう。レバレッジは何倍でやってるのさ？」

「レバレッジ？」

彼は笑った。

「本当に何も知らないでやってるんだな、ハリー。レバレッジは信用取引なんだ。自分が持っている金額以上の資金をFX業者が貸してくれるってやつさ」

「どうやって？」。これは初耳だった。

「例えば1万ドルの取引口座を持っているとする。このとんでもないFX業者は、その1万ドルで最高100万ドルの通貨を取引させてくれるんだ。この場合のレバレッジは100倍だ。つまり1ドル出資するごとに、FX業者は100ドルの通貨をトレードさせてくれる」

「そいつはすごい」と僕は言った。「100万ドルのトレードをすると、1ポイントはいくらに？」

「1ピップ100ドルだよ」

ということは、１ピップ10ドル稼いだとき、僕は10万ドルの通貨をトレードしていたということだ。なるほど。つまり、僕もレバレッジを利用していたんだな。そういえば僕のディーラーは400倍のレバレッジを提供していたことを思い出した。クレイグには言わないほうがいいだろう。

「アーネスト・ウエリントンでのレバレッジは２倍くらいだ。それ以上はない。大きなレバレッジには手を出さないんだ。みんな失敗するからな。おれたちはそれほどうまくないんだよ」

これには何と返答したらいいか分からなかったので、何も言わなかった。たとえトレードの危険性について話をしても、僕は心配になったりしなかった。オフィスに戻ってトレードをしたくなっただけだ。

「いろいろ教えてくれてうれしいです」と僕は彼に言った。「あなたの意見では、FXよりも株などほかのものをトレードしたほうがいいと思いますか？」

彼は頭を横に振った。

「いいや。FXをトレードすればいい。何をトレードするかは関係ない。肝心なのは自制心を持ってトレードできるかどうかなんだ」

そして彼は僕にいくつかアドバイスをしてくれたのだが、これをもっときちんと聞いておけば良かったとあとになって思ったものだ。

クレイグが教えてくれた貴重な教訓

僕　最初はトレードが上手ではなかったって言ってましたよね。でもジョン・マーフィーから聞きました。アンダーソンがやったユーロ対円のトレードはあなたのアイデアだったって。

クレイグ　確かに。あの一度のトレードで会社は1000万ドルの利益を上げたんだ。

僕　ジョンは500万ドルだったって言ってましたけど。

クレイグ　いや、それは違う。最初にアンダーソンが買ったのは500万ユーロだったけど、最終的におれがあの取引を決済したときには1000万ドル強を稼いだんだよ。チャートではユーロが強い支持線まで下落していて、ユーロ圏の経済の見通しは日本よりもずっと明るかった。日本はまだ深刻な不況に陥っていたし、信じられないほど政策金利を低く定めていたからね。EUR/JPYは少しだけ下に動いたら、すぐに上に跳ね上がりそうだった。おれなりに下調べをしていたんだよ。知り合いのほかの若いトレーダーたちに電話をしたりして。それでみんな、この通貨ペアが119.00を割り込んでそのまま119.00以下にとどまることはあり得ないだろうと確信していたんだ。2002年９月後半の話さ。おれは別に秘密の情報を持っていたわけじゃないけど、自分が正しいって確信していた。

僕　どうして自分が正しいと？

クレイグ　自分でやったリサーチが大きいな。さっき言ったこと以外にも、ウォール街にいるアナリストたちに電話をしてポンド対円、スイスフラン対円、それからスイスフラン対ユーロについてどう思うかを聞いてみたりした。全員が急落したあとにすぐに止まると言っていたよ。彼らが送ってくれたチャートは僕がうすうす気づいていたことを裏づけるものだった――119.00はテクニカルな観点から重要な壁だったんだよ。そもそも119.00っていう値を突破するのが難しかったんだ。実際その９カ月前、2002年の第１週目に119.00のレベルに達していたんだけど、たった数日の間に300ポイントも下落してしまっていた。このラインを最終的に突破するのに、実に９カ月と２週間もかかったんだ。そのころには９月の最後の週に入っていて、価格は122.00まで上昇していった。アンダーソンがおれの隣に座ったのは、ちょうど価格が119.00近くまで下落したときだ。

僕　だから買うべきだって分かったということですか？

クレイグ　ああ、そのとおり。確実に分かったね。自分の資金でこの

図5.1　クレイグの最初のトレード（EUR/JPYの日足）

トレードをしたかったくらいさ。アンダーソンにこのことを全部話したよ。彼はひと言も口にしなかった。ただおれが話すのを聞いていただけさ。質問すらしないで。あの人は最高だよ。おれが話し終えた途端、おれのキーボードを使って最初のトレードをしたんだ（**図5.1**参照）。

僕　じゃあ119.00ちょうどで買ったんですね。

クレイグ　そうだ、アンダーソンが買ったんだけどな。その後おれが119.50で買い増した。500万ユーロ分だ。それから120.00でもう1000万ユーロ。その後もそのトレードに次々と買い増していって５億ユーロつぎ込んだよ。このトレードにはかなりの自信があったから、たとえちょっとでも押しが入ったら、増し玉していったのさ。

僕　それで結果は？　トレードを決済したのはいつだったんですか？

クレイグ　２カ月くらい後だ。価格はおれの思ったとおりすぐに300ピップスほど上昇してさ、おれは世界一賢い男になった気分だったよ。その後それが少し下がって、10月と11月の終わりごろまでは行ったり来たりしていた。ところが12月の最初の数日にそれがまた急上昇したんだ。おれの持ってたポジションは何百万ドルの価値に相当するほどになったよ。2002年12月２日には吐いちまうかと思ったくらいさ。価格が200ピップスも上に動いて、あらゆる抵抗線を全部突破して。４日間、寝ても一度に数時間くらいだったよ。仕事場で張りつくようにチャートを見つめながら、１日中レートを聞くために電話をかけてた。

僕　何がそんなに心配で？

クレイグ　それだけの利益が出ているのにその利益を確定しないことが耐えられなくてな。100万ドルぐらい儲かっていて放っておいたトレードがさ、突然、持っていたすべてのポジションがとんでもないくらいすげえプラスに動いたんだ。ひとつの場所にあれほどのお金があるのをおれは見たことがなかったよ。ユーロ円がまた下降しちまったら、そのお金をすべて失うことになる。年末が近かったから、1000万ドルのトレードを成功させたらどれくらいボーナスが出るだろうなんて考えちまってさ。このトレードをしている間に、ほかにもいくつかトレードをしたんだ。主に短期トレードをね。だけど全部トントンで終わっていた。これはおれのでかい勝ちトレードだったのさ。

僕　じゃあ決済を？

クレイグ　ああ。そりゃあしたさ。あの日、フロアでみんなが立ち上がって一斉に拍手をしてくれた。アンダーソン以外はね。

僕　そりゃあ最高の気分だったでしょう。僕の最初のトレードも勝ちトレードだったんです。あの気持ちをまだ覚えてる。どうしてアンダーソンさんは拍手してくれなかったんですか？　このトレードでアンダーソンさんだって大金を手に入れたんでしょう？

クレイグ　ああ、そうだな。おれを雇ったことでアンダーソンだって顔が立ったろうよ。だけど何カ月もかけて考えたものすごい利益を取れるトレードを、おれが途中でやめちまったことを、アンダーソンはお見通しだったのさ。

僕　僕には欲張りのように思えますけど。

クレイグ　絶好のトレードにおいて最大限の利益を取ることは欲張りとは言わない。そういうのを賢いって言うんだ。最悪のトレードでは損失を出すだろ。だから絶好のトレードではものすごい利益を上げたっていいと思わないか？

僕　確かに。このトレードはまだまだ上昇したんですか？　仕切ったことを悔やみましたか？

クレイグ　もちろん悔やんださ。感情的になってトレードを台無しにしちまったんだぞ。おれはもともと利益目標を131.00に決めていた。切りの良い数字だったし、1997年、1998年、1999年には支持線や抵抗線のラインとしてここで止まってるんだ。もしそのレベルまで上昇すれば、３年ぶりになる。間違いなくそこで止まるだろうって。

僕　で、そこまで行ったんですか？

クレイグ　そう、行ったんだよ。もしおれが持ちこたえていたら、あのトレードでもっとたくさん稼いでた。あと４カ月は持ってなければいけなかったけど、あのトレードだけで3000万ドルは余計に稼いでいただろうよ。拍手喝采どころの話じゃない。取締役とかそういうすごい役職に昇進していただろうな。モンスタートレードになってたはずさ。おれは自分で自分の足を引っ張っちまったんだ。利益の波に乗るってことだ、ハリー。それがここから学べる教訓さ。利益の波に乗る方法を覚えるんだぞ（**図5.2**参照）。

僕　もう一度聞いていいですか――利益目標をすでに決めていたのにトレードを続けなかった理由は？

クレイグ　自分の行動について考える前に動いたからだ。頭がどうにかなってパンクしそうになった瞬間、キーボードのボタンを押しちまったのさ。感情に流されてな。

僕　でもすべて終わってふたを開けてみれば、結果として素晴らしい仕事始めになったわけですよね。最初のたった数カ月で、会社に1000

図5.2　クレイグ、利益の波に乗ることを学ぶ（EUR/JPYの日足）

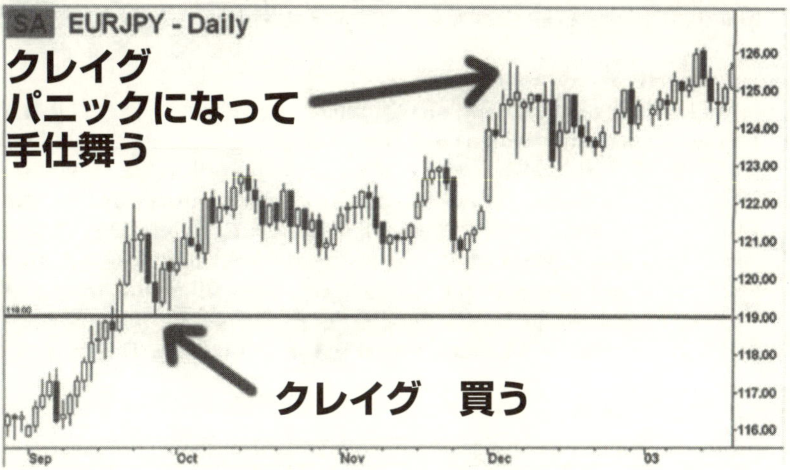

万ドルもの利益をもたらすなんて。

クレイグ　それなんだけどな。会社で最初にやったトレードで稼ぐってのは、たぶん最悪のことだったんだよ。

僕　ええ？　どうして？

クレイグ　すぐに自分で気づくことになったんだけど、おれはうぬぼれた嫌な奴になっちまったのさ。

僕　それがそんなに悪いことでしょうか？　だってあなたはまだ正式に採用もされていないのにアーネスト・ウエリントンに何百万ドルという利益をもたらしたんでしょう。

クレイグ　それで毎回トレードするごとにそのくらいのお金を稼ぎ続けることができると思い込んじまったんだよ。

僕　でもそれができなかった？

クレイグ　ああ、できなかった。からっきしな。それから13回連続で負けトレードだったんだ。全部だぜ。

僕　不運の数字、13だ！

クレイグ　運なんて関係ない。これは全部、おれが自ら引き起こしたトレード資本の崩壊さ。2003年１月にやった次の13回のトレードで、おれは稼いだ1000万ドル分とそれにプラスした損失を出した。２月になるころには1400万ドルの穴を開けていた。

僕　ええ？

クレイグ　そうさ。儲けた利益に満足していれば良かったのに、冒険しちまったんだ。そもそもおれが金を稼いだ方法を考えてみるといい。いろんなリサーチをしてひとつのトレードを計画した。重要な支持線と抵抗線の場所を理解したうえで、仕掛ける値を考えた。最初のポジションにはおれのトレード資本をすべて注ぎ込むなんてことはせずに、少しずつ時間をかけて増し玉していったんだ。あのトレードを組み立てるのに２カ月以上もリサーチをした。アーネスト・ウエリントンのトレードデスクに初めて座る前から何週間もかけてその計画をひとつにまとめ上げたんだ。だからあれほど自信を持っていた。計画に時間をかけたからね。

僕　じゃあほかのトレードには？

クレイグ　おれはEUR/JPYの売り買いを繰り返した。なんか魔法がかっているように思えてさ――おれだけのために作られた通貨ペアで、おれの新しい親友みたいな。だから131.00になるまでたくさん買おうとしてポジションを大きくしすぎてたんだけど、そのポジションを長い間持ち続けることができなかったんだ。時間をかけてポジションを積み上げていったんじゃなく、最初から巨額の資本でトレードをしてしまったからさ。おれはまるで分かってなかったんだよ。

僕　仕切っちゃったポジションを取り戻そうとしているみたいだ。

クレイグ　そのとおりさ。だけどおれはあの通貨ペアを119.00で買うことはもうできなかった！　あのでかいトレードを手仕舞ったとき、おれはEUR/JPYを超買い得の値段で持ち続ける権利を失ってしまったんだ。だからまたトレードをし始めたとき、その取り損ねた利益分を全部取り戻したいと思って、でかすぎるポジションを作っちまったんだ。ひどいミスをしでかしたもんだよ。

僕　何でもう一度最初から長期の計画を立てて大きなポジションを作ろうと思わなかったんですか？

クレイグ　ああ。また最初から同じように準備をすればよかったんだ。だけどさ、思ってた以上の収益を上げられなかったことでおれは気が立ってたんだよ！　イライラして、欲深くなってて、それでもっと稼ぎたかった。だから短期トレードを学び始めたんだ。その取り損ねた利益を取り返すのにあまり長く待たなくてもいいようにね。そんなときさ、師匠に会ったのは。取り損なうことを恐れるということはトレーダーにとって二番目に犯しちゃいけない過ちだって、世界一のトレーダーがおれに教えてくれたんだ。

僕　一番目は？

クレイグ　自分のナンセンスを信じること。トレードのやり方を知ってるって思い込むこと。あのころのおれは何も知らなかった。ほんの数週間で儲けた以上の額を失ってしまったときに、それが証明されたのさ。

僕　その損失は全部取り戻したんですか？　穴を埋めることは？

クレイグ　ああ、できたさ。2003年は最終的にはすごく良かったよ。だけど、おれにとって一番難しい年でもあったんだ。

僕　どうしてか教えてくれますか？

クレイグ　ああ、でもまた別の機会にな。あの年はすごく良いトレードをいくつかやったんだ。

怒るクレイグ

その時点でクレイグはトレードについて話すことをやめてしまった。

初めの月に自分が犯した大きなミスに、明らかにまだ動揺しているようだ。好青年でカリスマ的なクレイグが、少し怒ってさえいる。彼がどれほど自分自身に失望しているのかが想像できた。絶対に同じようなミスを犯しちゃだめだぞと彼が僕に言ったので、そんなことは絶対にしないと約束をした。僕は次のトレードをする前に、FX取引口座から500ドルの出金依頼をしようと決めた。妻に買ったiPodの代金を支払って、確実に利益を収めるために。そうと決めた瞬間からそれが正しい決断だと感じた。僕はクレイグにそうするつもりだと伝えた。

「それはすごくいいことだ。おれが長年かかってやっと学んだことを君は実行するんだから。利益をちゃんと確保する。それでいいんだ」。これが彼に再び笑みをもたらした。そして彼は話題を変えた。「ジョン・マーフィーが言ってたけど、何かの件でアンダーソンとのミーティングを取り付けようと２人でたくらんでるんだってな」

「それだけじゃないですけどね。それが僕が彼にした約束です」と僕はうなずいて言った。

「ふうん。もし君がうまいことやったら、かなりのクーデターになるな」

“君がうまいことやったら”――つまり、マーフィーとアンダーソンを会わせようとたくらむなら僕ひとりでやれよ、とクレイグは言っているのだった。それは別に構わなかった。

「かなりでかい仕事になるな」とクレイグは言ってサンドイッチにかじりついた。「それならジョンも会社に残るかもしれない」

僕は何て言ったらいいのか分からなかった――マーフィーは職を失う危機に立たされているのか？　もちろん僕にとって初耳だけれど、その問題についてこれ以上深く聞くつもりはなかった。マーフィーがFXファンドの仕事のことでアンダーソンと会うことにあれほど興奮していたのは、もしかするとそのせいかもしれない。

「彼が会社に残るのは良いことじゃないかな」と僕は言った。

「そう？　ジョンがそう言ったのか？」

「いいえ。ただ気の利いたことを言おうと思って」

「じゃあジョンから聞いてないんだな」とクレイグは言った。

「何を？」と僕はついに聞きたくなってしまった。

「奴は会社を辞めておれと一緒に下の階で働きたいそうだ」

なるほど。もしマーフィーがFXファンドの案件を引き受けることになったら、彼はアンダーソンに会うことになる――そしてトレーディングフロアでの仕事を得ることができるかもしれない。僕はそうクレイグに言った。

「それはどうかな」

僕には分からなかった。

「どうしてですか？　彼はアンダーソンと面識を得るわけだし――もっと親しい関係になることだってできるかもしれない」

「だけどそれじゃあアンダーソンは、せっかくジョンと親しくなってもお気に入りの弁護士を失うことになる。それにジョンがどんなトレーダーになるかなんてだれにも分からない。あいつは良い友人だが、正直言って情熱が足りない。仕事にまっすぐすぎて、トレードを一生の仕事にするには計画的すぎるんだ」

「計画的すぎる？」

「計画的すぎ、きちょうめんすぎ、感情が足りない。アンダーソンはそういうのが好きじゃないんだ。ジョンは自分の行動をすべて計画しないと気がすまない。ロースクールにいたとき、あいつはスタディグループ用のカレンダーを４色で色分けしていた。計画マニアなんだよな。ある意味で良いトレーダーになれるように手を貸せるかもしれないけど、アンダーソンは買わないだろうな。アンダーソンは５分あればその人物を雇いたいか雇いたくないかを決められる。ジョンのことで気に入らないことがあれば、それをすぐに見透かしちまう。アンダーソンは一瞬で人を読めるんだ。何か賢いことを言おうなんて考えてるうちに、雇うか雇わないか決められてる。だからおれはまだジョンをアンダーソンに紹介していない」

これには質問が積み重なっていくばかりだった。

「だけどジョンは自分のそういうところをすでに知ってるんじゃ？

そのことについて彼に話をしてないんですか？」

「ああ、したさ」とクレイグは返事をしながら、サンドイッチを食べ終えた。そのとき、彼は何かを探すように辺りを見渡した。まるで今の会話で忘れていた仕事を何か思い出したかのように。彼はテーブルから少し体を離し、体をかがめてブリーフケースからコースターのようなものを取り出した。そしてそれをシャツのポケットに突っ込んで、それ以上は何もしなかった。

彼は続けて言った。

「ジョンとは話をしたさ。少しこのことは忘れてリスクをとるようになれって言ったんだ。奴はそうするって口では言ってたけど、奴が仕事を変えたいのは金のせいだってのは見れば分かる。さっきも言ったように、ジョンが口を開く前に、アンダーソンはそれに気がつくだろう」

僕は頭を振った。弁護士の給料をもらっておいてお金が足りないっていうのはどういうことだ？

「会社でたくさん稼いでるだろうに」

「いくら稼いでると思う？」とクレイグは聞いた。

「分からないですけど。10万ドル以上」

彼はうなずいた。

「ジョンはあの法律事務所で働き始めた最初の年に10万ドル以上稼いだよ。今は少なくとも20万ドル以上稼いでいるだろう。それに業績も良いから間違いなくあと数年で共同経営者になれるはずだ――そしたら少なくとも年俸50万ドルは堅いだろう。それだけあればニューヨークでも十分だ」

そんなこと考えたこともなかった。自分がいくら稼いだかはしょっちゅう考えていたけれど、事務所のほかの弁護士たちがどれだけ稼いでいるかなんてちっとも考えたことがなかった。そりゃあ弁護士が裕福なことは知っていたけどさ。年俸10万ドルなら僕にとっては裕福だ。それなのに会社の弁護士たちが自分たちのことを貧しいと考えているなんて、僕は思ってもみなかった。

「十分食べていける額のように思えますけど」

「そう？　10万ドルで？　20万ドルで？　50万ドルで？」

「うん。十分できます」

クレイグは僕の目を真正面から見つめて言った。

「腕の良いトレーダーなら、トレーディングフロアでそのくらいの額を１カ月で稼ぐぞ」

１カ月！　まだ一口しか食べていないサンドイッチを吹き出してしまいそうになった。トレーディングフロアで１カ月働いて、10万ドル？　そんなことが可能なのか？　僕は夢を見ているんだろうか？僕はテーブルの下に手を伸ばして、緊張で上下に揺れ始めていた右足を抑えつけた。その場でパンツにちびってしまうかと思ったくらいだ。笑いと叫びと吐き気への衝動が一気に押し寄せてきた。僕なんか１日300ドルで良い儲けだと思っていたのに。世の中には僕とはまったく違うレベルのトレーダーたちがいるんだ。

「知りませんでした」と僕は認めた。

クレイグはうなずいた。

「君に会った瞬間から、そう言うんじゃないかなって気はしていたよ。君はトレーダーがいくら稼ぐか全然知らないんだろ。君にとってこれは金のためじゃない。違うか？」

その瞬間僕は考えてみた。本当のことを言えば彼は僕のことを大したことない奴だと思うだろう。ウソをつけば彼は僕ともっと話をしてくれるどころか、手助けさえしてくれるかもしれない。ウソをつくのが良い考えのようにそのときは思えた。僕が言ったのはこうだ。
「いや、お金のためです。本当に」
彼は笑った。
「どのくらいの額かも知らないのに、金のためなわけないだろう？」
僕は肩をすくめてこの小さな誤解を解くことにした。
「家族をもっとしっかり養う必要があるっていう意味で、お金のためなんです。お金がもっと欲しい。その“もっと”っていうのがどれくらいかっていうのはトレーディングフロアに行ってみるまで知らなかったけど。あそこの人たちが僕と同じ給料しか稼いでいないって言われてもいい。今思えば。うん、彼らがみんな年俸４万5000ドルしか稼いでいなくても、僕は『いいよ、どうしたら雇ってもらえる？』って聞くと思う。だって今まで仕事をしてきてこんなこと初めてなんです。あのトレーディングフロアに入って行ったとき、何ドル稼いでいるかなんて関係なかった。大切なのは将来性。あそこではお金の臭いがプンプンした。そのお金は、僕が理解できない方法で作り出されていた。僕が知らない人たちが、僕が使い方を知らないコンピューターを使って。それでもあそこには僕がトレーダーとして何かを築き上げることのできる将来性がたくさんあるって感じたんです。トレーディングフロアでじゃなくても、少なくとも自分でトレードをして」
クレイグはただ僕を見つめて話を聞いていた。この話を気に入っているようだ。だから僕は続けた。
「あのフロアにいた人たちは野暮ったく見えたから、弁護士ほど稼いでいるわけないって僕は思いこんじゃったんだと思います。あのトレーディングフロアにいた人たちはみんな――野性的だった」
僕が笑うとクレイグも笑った。
「だけど僕には関係なかったんです――彼らが僕よりも稼いでいることは分かった。少なくとも、そうに違いないと思いました。それから仕事をしながらジェットコースターみたいなスリルを味わっていることも。有頂天になってる人もいれば吐きそうにしてる人もいた。だけどみんな何かを感じていた。それが何だろうと！　僕が最後に仕事で何か感じたときといったら、ハーブ・ジョンソンの秘書に書類一式を渡そうとして、彼女が水着で隠すような場所を僕がうっかり触っちゃったときくらいだし」

僕たちは笑った。そのころにはもう長話をしすぎていると分かっていた。思い出してここに書くことができないくらい、僕はもっとたくさん質問をして、クレイグは喜んですべて答えてくれていた。その日、彼はとても快く僕のために時間を使ってくれた。まるで僕がした何かに対してお返しをしてくれているみたいに。でもそれはあり得ないことだった。

「もう行かなくちゃいけないんでしょう」と僕は彼に言った。

「ああ、そうだな。２時に経済ニュースが入ってくるから。フォムシーの金利決定さ」

「フォムシー？」

彼はスペルを教えてくれた。

「FOMC。連邦公開市場委員会。アラン・グリーンスパンと連邦準備制度理事会、つまりFRBの代表者らが政策金利を上げるかどうかの決定をする場だよ。この決定で――何も変わらない場合でも――60秒の間にドルが100ポイント動く可能性があるんだ」

僕の周りに座ってる人たちにしてみれば、それはワクワクするような話ではなかっただろう。でも僕はこれからトレードをしていこうと考えている人間だ。オフィスに戻ったらすぐにデスクでコンピューターにログインして、会社の仕事時間をできるだけ使いながら、FOMCが政策金利に関して何を言ってそれが米ドルをどう動かしたかを調べようと心に決めた。

僕は会ってくれたお礼をクレイグに言った。

彼はうなずき、そして数年前に彼もだれかに同じようにしてもらったことがあり、その恩を返さなくちゃいけないんだと言った。ああ、だから彼がお返しをしてくれているように感じたのか。まあ、それが僕に対してというわけじゃなかったけど、だれかに対してお返しをしていたんだ。それってアンダーソンなのかな。

僕たちは握手を交わし、彼は歩き出そうとした。立ち去る前に彼は自分のコートのポケットに手を伸ばしてコースターを取り出そうとしたけれど、なぜか躊躇した。何か深く考えているようだった。

「何？」と僕は聞いた。

「君に渡したい名刺があるんだ」。彼はこのことについて本当に真剣に考えていた。「だけど君に渡していいものかどうか迷ってる」

アーネスト・ウエリントンの人事担当者の名刺か？　別のコネか？

クレイグの師匠かそれとも友人か？　僕をだれかに紹介してくれるんだ！　そりゃあ冷静に振る舞って、彼を怖がらせないように心配していないふりをしなくちゃ。

「今すぐ渡せなくてもいいよ」と僕は彼にウソをついた。彼をすぐにその場で殺してでもその名刺が欲しかったけど、さすがに殺人なんてしたら職歴に傷がつくし、それにオフィスに戻ってトレードをする時間がなくなってしまう。

「そうだな」と彼は返事をした。「本来なら君にはまだ渡すべきじゃないんだ。だからやめておくよ。でもそのときが来たら君に会わせたい友人がいるってことだけ覚えておいてくれ。彼なら君を助けられるよ。おれも助けてもらったんだ。おれが今でもこの仕事をしていられるのは、彼のおかげなんだ」

「それってアンダーソン？」と僕は推測してみた。

彼は笑いすぎてむせそうになった。

「いやいや、違うよ。アンダーソンじゃない。会社の人間じゃないんだ。外の人間さ」

アンダーソンさんがクレイグの秘密の師匠だなんて言った自分がバ

カみたいに思えたけれど、どうでもよかった。今の僕には少なくとも今後の計画と進むべき道が目の前に見えていた。今日や明日に仕事の面接をするのは無理でも、１週間あるいは２週間後にはできるかもしれない。そしてあの名刺の人物は？　近いうちに分かるだろう。もしかするとそんなものいらないかもしれない。すでに自分のトレードはうまくいっているんだから。

「今がそのときじゃないってことは分かりました。また話を聞かせてもらえるとうれしいです」と僕はそう提案した。

クレイグはまた近いうちに会ってくれると同意した。そして紙ナプキンに何かを走り書きして、そのナプキンを僕に手渡してくれた。そこにはこう書いてあった。

ルール１　うぬぼれるな

僕が立ったままその言葉をじっと見ている間に、クレイグはトレードをしに走り去ってしまった。去ってしまう前に、クレイグはテーブルに勘定のお金を置いていった。

「もっと長くいたいけど、あのレポートを60秒で読めるのは上のフロアでおれとほかに数人しかいないんだ。先月はこのレポートで200ポイント以上も取ったよ」

「200ポイントも？」

「重要なのは金じゃないんだけどさ。でもそれが発表されて数分後から２時間の間に100万ドル以上の利益を出したんだ」

クレイグはそう言って大急ぎで去って行った。僕もオフィスに戻りたかった。FOMCの金利決定まであと40分ほどだ。準備をしなければ。

第6章

悪い展開

A Turn for the Worse

さっきは知らなかったけど、クレイグはただの有能なトレーダーじゃないらしい。オフィスに帰った僕がマーフィーに会うと、彼がすべて教えてくれた。

「クレイグはスーパートレーダーだよ。超が付くね。あそこにいる40歳以下のトレーダーとしては、一番かもしれない。彼ひとりで毎月10万ドルも稼ぐんだ。自分のお金さ。それが奴の取り分なんだ。今週なんかこのFOMCのトレードで100万ドルの取り分を稼ぐかもしれない。奴はみんなのお気に入りさ」

「そんな人が時間を作って僕と会ってくれたなんて驚きだな」と僕は言った。

マーフィーは頭を横に振った。

「僕は驚かない。あいつはそういう奴なんだ。ロースクールでは、あいつはみんなの履歴書を作るのを手伝って、自分のを一番最後にしていた。今日もたぶん、君と話をしたせいで良いトレードをいくつか逃してると思うぞ。いつも昼食は自分のデスクで食べるからな」

僕はナプキンを見てマーフィに見せた。

ルール1　うぬぼれるな

マーフィーは笑った。

「僕もそれと同じのをもらった。奴の言うとおりさ。僕もトレードでうぬぼれすぎて、ひどいミスを何度かやったからな」

それはそれは。そんなことより、もし僕が毎月10万ドル稼いでいたら、デスクで靴磨きをしてもらうだろうし、妻にはiPodを100個くらい買ってやる。１カ月だけ働いて、その年の残りの月は休みを取る。

マーフィーはクレイグの秘密の師匠に会ったことがあるんだろうか。マーフィーの僕を見る目から察するに、彼もクレイグが僕にその友人について話をしたかどうかが気になっているようだ。マーフィーとその話をしたかったけど、FOMCの発表がもうすぐだったから、自分の取引口座画面を立ち上げて準備しておくべきだと僕は考えた。

「じゃあ今でもトレードしてるのかい？」。あわよくばマーフィーの計画をもっと聞き出せるかもと思いながら僕は聞いた。

「ああ。僕はトレードを仕掛けるのが苦手でね。実際最高のトレードをいくつか逃したよ。でもこれからは違う。今年はまだマイナスだけどきっと変わるって自信がある。君のほうは？」

「僕は少ししか口座にお金を入れてないから。だけど今はプラスだよ」

「いくら？」

「さあ」と僕は答えた。そして頭の中で何％増だったかを計算した。「今のところ70％増かな」

マーフィーはむせそうになった。

「70％だって？　君の口座は今年70％もプラスになっているのか？」

それがどうしたっていうんだ。今のペースでやっていれば、今日にも100％増になるっていうのに。僕はマーフィーに、それだけプラスになっているけどまだまだ学ぶことはたくさんあると言った。彼よりもずっとうまくやっていることに僕は気が引けてしまった。すると足が少し震え始めるのを感じた。できるだけ早くまたトレードをしたい。僕は利益を上げなくちゃいけないっていうのに。この会話ときたらたまったもんじゃない。

僕は自分のデスクへ急いで向かいながら、今日はなんていい日なんだろうと考えていた。このいい日が良い週を、そしてこの良い週が僕の今までの人生で最高に驚くほどの良い年を作っていくんだ。

さあトレードをするぞ。

そう思ったけれどなかなかそうはいかなかった。僕が昼食から帰ってくるとスコット・ニードルウエーが僕のパーティション内で立っていた。暗い顔立ちをしている。

「ハービーがお怒りで“今すぐ”会いたがってるぜ」

ハービーが胸の痛みを訴えていようが息切れを起こしていようがどうでもよかった。今から30分はトレードをするつもりなんだから、だれにも邪魔はさせない。スコットはそれがいい考えだとは思わなかったようだ。

「今すぐ会いに行ったほうがいいって。不機嫌なんだから」

僕は軽くあしらった。

「いつものことじゃないか。どうせまた書類がなくなったって言いたいんだ。それにあの人は数え切れないくらいの別のことを同時にやっているに決まってる。しばらくしてから会いに行ったって気にもしないさ」

スコットは不安そうだった。でも僕は気がついていなかった。彼のいつものお気楽な態度がただならぬ心配の表情に変わっていたことに。

その日と前日はあちこち駆け回っていたせいで、最後にトレードをしてから永遠と思えるほどの時間がたっているように感じた。ものすごい利益を逃してしまった！　少なくとも２～３回はトレードできていただろうに。FOMCの議事録が発表されるときにトレードをすれば儲け損ねた利益を全部取り返せるだろうと思うと、気分が良くなった。クレイグが言うにはこれで市場が大幅に動く可能性がある。僕はその準備をするんだ。まるで僕には秘密の武器があるような気がした――本物のウォール街のトレーダー。その人物はおそらく億万長者で、僕に早耳情報をくれた。彼らのするトレードを考えてみたら、指がピクっとけいれんした。右足は床をトントンと鳴らし始めている。良い気分だ。これが31階のトレーダーたちが毎日感じるアドレナリンの大量分泌なんだ。トレードの仕事がつまらなくなることなんて絶対にない。

スコットも同じことを感じているようだった。心配そうな顔は消え、喜びとしか表しようのない顔に変わった――これから僕たちが何か驚くほどすごいことを目撃すると分かっているからだ。

「アメイジング・フォレックスのソフトウエアを起動するのかい？」と彼が聞いた。

「ああ、そうだ」と僕は言った。「忘れるところだった。議事録が発表された直後の市場と同じ方向に乗るだけでいいような気がするんだ。クレイグが言っていたけど、この経済報告はほんの数秒の間に市場を100ピップスも動かすことがあるらしい」

「なら急いで指を動かさないとな」

「そのとおり。今週逃したチャンスを埋め合わせることができるかもしれない」

アメイジングのソフトウエアがGBP/USDで売り注文のシグナルを出したのは、東部標準時間の午後２時14分だった。現在のレートは1.8135。僕は自分の指をトレードの注文を入れるボタンの上に置いていた。するとなんと！　突然、僕の取引用システムに表示されたレートが急上昇し始めた。スコットはハッと息をのみ、僕は両手をキーボードから離した。すごい！　レートは瞬く間に10ピップス、20ピップス、30ピップスと飛び上がっていく！　僕もこれにあやかりたい。こ

図6.1　ハリー、2枚でトレードをする（GBP/USDの15分足）

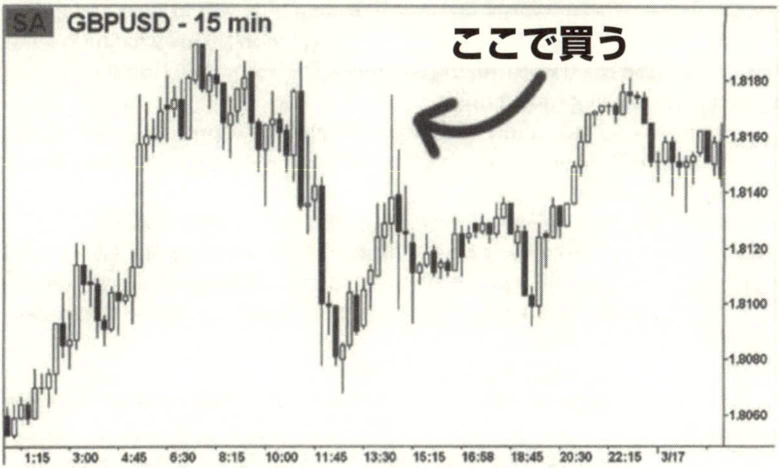

の前はこのソフトウエアが間違っていて、僕たちはうっかりとシグナルとは逆方向に始めてしまったトレードで利益を得た。だから今回もそれをやってみた。絶対的な自信を持って、GBP/USDを1.8170で買った。

２枚、つまり20万ドルの通貨をトレードしたので、市場が１ピップ動けば20ドル動くのと同じだ（**図6.1**参照）。

「いつもの２倍にしたのか！」とスコットが叫んだ。「いいねえ！」

僕のトレードはスプレッドのせいで自動的に赤字になった。つまり、今僕はスプレッド分の５ピップス×20ドルで100ドルのマイナスだった。前にしたトレードでこれは見ていたので、こうなる心の準備はできていた。小さなマイナスで始まったくらいでびびったりしない。

僕たちはアメイジング・フォレックス・プロフィッツを再びチェックしてみた。大量の注文が画面にポンポンと出ていた。こんな感じだ。

USD/JPY　買
USD/CHF　買
ERU/USD　売
GBP/USD　売
USD/CAD　買
USD/SEK　買
NZD/USD　売
AUD/USD　売

ほかにもまだまだあった。こんなにたくさんの注文が同時にポンポンと出ているのを見たことがない。そして全部が同じ方向への注文だった——米ドルは買い、ほかの通貨は売り。逆方向の注文はひとつもなかった。

僕は葛藤していた。たった60秒で100ピップス動くくらい市場が猛スピードで動くこともあるとクレイグは言っていた。それはつまり、僕のこのトレードもまだ十分利益を取れる可能性が残っているということだ——だって僕が買ったときにはまだ35ピップスしか上昇していなかったから。つまりまだあと少なくとも65ピップス上昇するということだ。1ピップ20ドルだから、僕の利益は1300ドルほどになる。それだけあれば家賃を払う分まで十分にカバーできる。さらに残った分でオンライン音楽の商品券を妻に買ってやれる。僕が今まで以上にこのトレードにソワソワしてしまったのは、利益額が大きいからにほかならない。これほどの短時間に、これほどの高額を稼いだことはない。

そのとき、僕はアメイジングのソフトウエアをちらりと見た。僕のトレードとは逆の方向の売りのシグナルが出たときに、僕はどうするべきだったんだろう。しかもこんなにたくさんの注文が逆方向に出ている。クレイグに電話をしていいものだろうか。僕は彼の電話番号を知らないけれど、ジョン・マーフィーなら知っているに違いない。僕は席を離れようと立ちかかった。スコットは少しだけ後ずさりした。彼はジョンソンさんが僕を呼んでいたことを突然思い出したのだ。トレードがマイナス10ピップスに落ちるのを見た――200ドルの赤字だ。今まで一度のトレードでこれほどの額を失ったことはない。右足が震えていたので、僕は自分の手でその足を抑えつけた。

「ハービーのところに行かないとまずいぜ」とスコットは僕に言った。

彼の言うとおりだった。なんてことだ！　またじゃないか――トレードを見守るか、仕事をするかを無理やり選ばなくちゃいけない。会社を出てもう戻ってこなくてもいい、そんな日が来るのが待ち遠しかった。フルタイムでトレードをするという日が。特に今は、少なくとも1300ドルは儲けられそうなトレードをしているからなおさらだった。現時点ではマイナスだ。もしかすると別の通貨ペアで逆方向のトレードを注文すればいいのかもしれない。そうすれば、どちらに動いても一方ですぐに利益を出せる。そして最初のトレードがプラスに転じるのを待てばいい。

「ハリー、行かないとまずいぜ」とスコットは言った。

「行くよ、行くよ」と僕はイライラした口調で答えた。「トレードから離れたくないのさ。もしそんなに僕に会いたいなら、あの人がこっちに来ればいいのに」

すると恐ろしい、聞きなれた怒りのうなり声が、僕のパーティションの入り口から聞こえてきた。

そこにはジョンソンさんがいた。

良い日が悪い日に

ジョンソンさんは機嫌が悪かった。彼の額にある血管はすべて浮き上がってピクピクしながら、脳へと必要な酸素を送り込んでいた。そしてその脳は今にも口から飛び出さんとしている言葉を紡ぎ出そうとしていた。

「何か私に話すことはないかね？」

勤務時間中にトレードをしていることがばれたのか？　スコットが何か言ったのか？　それともマーフィーが？　それともまた手紙が見つからないという話なんだろうか。ファイルが見つからない、書類の置き違い、ディスクがどこかへいった――別に何でもよかった。もしかすると10分前に何か必要だったから、（響き渡るような怒った声で）僕を呼んでいたのかもしれない。このお説教も今までのものと同じように数分で終わり、15分もすれば彼は探していたファイルを手にして、僕は自分の平穏を取り戻して、お互い満足して終わることだろう。そして僕はトレードに戻ることができる。そのトレードも、彼の用事がすむころには利益を出して終了していることだろう。

もしかすると邪魔されたのはかえって良かったのかもしれない。これで少しの間トレード以外のことに集中できるから。

下の階にいるクレイグがボタンを押しまくってトレードをしながら、僕が１年かけても稼ぎ切れないような金額を数分で稼いでいる姿が想像できた。彼はGBP/USDを買ったのだろうか。それとも売った？　彼はアメイジング・フォレックスのソフトウエアツールのような、何か会社が構築したソフトウエアを持っているのだろうか。彼のチャートには強い支持線や抵抗線の水準、各年の最高値や最安値などが表示されていたりするのだろうか。

クレイグのことを考えていたら、こう思わずにはいられなかった――行方不明になったファイルのせいで発生したいつもの怒りの嵐を無事にやり過ごせたら、自分へのお祝いにクレイグの連絡先を見つけて彼に電話をしよう。今から１時間もすれば彼もトレードを終えるだろう。そして彼のしたこと、僕のしたことを話し合い、２人のメモを比較することができるだろう。為替という戦場で苦労して利益を得る、そんな１日を終えた２人のトレーダーによる会話をするんだ。

「ジョンソンさん」と僕は話し始めた。「僕はスコットにアンダーソンのファイルをすべて見直して整理するように言いました。必要なものがあればすぐに僕たちが見つけますよ」

スコットは両目を大きく見開いて、すぐさま思いきりうなずいた。パーティションから突然飛び出して、叫びながら廊下へと走って行くんじゃないかと思うくらいの勢いで。

ジョンソンさんは息を吐いた。そのしぐさは、自分をそもそも怒らせた理由とはあまりにもかけ離れたことを部下が話したときに上司がするもので、部下の間抜けさがとても信じられないというようなものだった。先週しまったファイルを頭の中で一生懸命考えてみたら、僕はこの戦闘をさっさと切り上げることはできないかもしれないなと思い始めた。これはまずい。トレードがどんな状態になっているかも分からないのに（この状況では僕の背後にあるコンピューターの画面をちらりと見ることは不可能だ）。

ジョンソンさんの額にある血管が脈を打つたびに、僕は彼の心臓の音が聞こえるかと思った。もしかすると、それは自分の心臓の音だったのかもしれない。

僕の右足は震えていた。

「アンダーソンのケースでほかに話したいことは？」。うめき声とうなり声と荒い息は、叫び声のような言葉に取って代わった。彼がこんなに怒るのを見たことがなかった。少なくとも僕に対しては。彼の小さな両手は体の両脇で拳を握っていて、彼の立ち方から判断するに、彼は自分の尻もクルミの殻が割れるくらいぎゅっと締めつけていたに違いない。そのときどうしてこんなことを考えたのかは分からないけど、とにかく僕はそんなことを考えていた。僕の頭はごちゃごちゃになっていた。胸の鼓動が高鳴った。右足の震えは止まらない。たとえ車の下に足を置いたって止まらないだろう。

その瞬間、僕は、ハーブ・ジョンソンが僕を殺そうとしていることに気がついた。彼は再び叫んだ。
「聞こえなかったか。アンダーソンのファイルでほかに話したいことはないのか？」
僕はスコットを見た。彼は顔面蒼白だった。
ジョンソンさんへと向き直って、僕は頭を横に振った。まるで何年も前に母親にご近所の裏庭でおしっこをしたんじゃないかと聞かれたときのように。僕は思い出した。クイーンズにあった僕たちの小さな家の台所で、僕は黒と白のチェック柄のリノリウム材の床の上に立ちながら、右足を震わせ、どうやってごまかしたらこの窮地から逃れられるかと考えていたことを。

母　ゴンザレスさんの庭に行っておしっこをしたんじゃないの？
僕　（黙）
母　ほら、どうなのよ？
僕　（黙）

今、会社にいながらも、僕は「母」の部分を「ジョンソンさん」に置き換えることができる。僕がお尻をたたかれる準備をしていたのもうなずけるだろう。僕はこう返事をしたかった――ファイルのことを知ってるかって？　知ってるわけないじゃないですか。僕はただの文書管理者ですよ！　スコットに聞いてください！　僕は彼に全部仕事をやらせてるんですから！
僕は完全にすくんでいた。話すこともできなかった。ジョンソンさんの悪魔のような叫び声、ぎゅっと締まった尻、はち切れそうな血管、僕の幼年時代の暗く奥まった場所から母親を呼び起こしてしまう彼のその能力――それらすべてが僕の手には負えないものだった。
これがアンダーソンのファイルのことだなんて信じられなかった。今朝ファイルがちゃんと整理されているのを確かめてから昼食に行ったのに、今ジョンソンさんは僕に向かってこうして叫んでいる。トレーディングフロアに長居しすぎたのか？　クレイグとのランチのことか？　アーネスト・ウエリントンの弁護をしているのに僕がその社員と親しくしているのが気に入らなかったのか？

僕は１日中トレーダーという新しい仕事をして自分が裕福になろうともくろんでいただけじゃない。事務所にも200万ドルという手数料で利益をもたらそうとしていたっていうのに。これがその恩返しなんて、ひどいじゃないか！

そのとき、ジョンソンさんが怒っている理由に気がついた。

ばれたんだ。マーフィーとクレイグの取引のことが。僕がアーネスト・ウエリントン・アンド・カンパニーで仕事を得ようとしていることが。そして僕が仕事の面接の代わりにクライアントの橋渡しをしていることが。まるで僕の母親みたいだ！　僕が何をしているか、彼はいつも知っている。母親があちこちにいるみたいだ。どうりで僕はこの男を10年間も怖れてきたわけだ。

ジョン・マーフィーには仕事場で尻たたきの刑、それからもしかするとあのしゃれた新しい角部屋のオフィスの没収かな。僕は？　たぶんクビだ。それかもっとひどい仕打ちか。しまった。僕はクレイグ・テイラーの仕事まで危険にさらしてしまった。もしかすると彼は31階でお仕置きされていて、FOMCの金利決定で得るはずだったおいしいピップスを完全に取り損ねてしまったかもしれない。

FOMCはどんな決定を下したんだろう。

トレードをする前にチェックしておくべきだったかもしれないな。

クレイグは１分間で100ピップスも動くことがあるって言っていた。じゃあその後は？

アンダーソンはこんな僕と仕事の面接をしてくれるだろうか。

この窮地から抜け出して、自分のトレードを見るにはどうしたらいいかな。

僕の頭はどこかに進もうとしていたけれど、行き着く先は特になかった。僕の脳はハービー（ハービーって言っちゃったじゃないか。スコットの奴のせいだ）の灼熱の怒りで溶けてしまい、僕の体は抑制が利かなくなって心任せになっていた。その心もスイカ大に膨らみ、鼓動を打つたびに僕の体を震わせていた。

母　あんたを見たのよ。だからやってないなんて言わないことよ。
僕　（黙）
母　何か言いたいことは？
僕　（黙）
母　どうなの？

今や僕を救えるのは真実だけだ！

僕　だってもらしそうだったんだもん！
母　そんな言い訳が通用すると思ってるの？
僕　だって痛かったんだ！

いや待てよ。おしっこするのが痛かったなんて、ハービーには言わないだろうな。

ハービー　それで、何か言いたいことは？　こんな行動を取って何様のつもりなんだ。
僕　（黙）
僕　本当です、言われたとおりに手紙を届けましたよ。

僕のたったひとつの答え――それは真実。ああ、賢いウソがつけるなら取引口座にある利益を全部あきらめたっていいのに。僕にできるのは話すことだけだった。話すことで自分を救えるかもしれない。会話を続ければ猛獣をなだめることができるだろう。

「アンダーソンさんとFXファンドのことで話をしました、サー」。僕は人を“サー”と呼ぶ習慣はないけれど、今回はそう呼んだ。サー・ハービー。「サー、僕はアンダーソンさんからファンドについて話を聞いて、そのことをあなたに伝えておいてくれと言われていました」

「何のファンドのことだ？」と彼は聞いた。今度は怒りの上に困惑していた。会話を長引かせてハービーを機嫌の良い状態に戻そうというアイデアは失敗に終わった。

ファンドのことを隠していたことは知らなかったのか？　それならこれはいったい何なんだ？

「おい、ベインズ」と彼はうめくように言った。「おまえは何の話をしているんだ？」

床へとくずれ落ちそうになるほど僕の右ひざはガクガク震えていたけれど、僕はできるかぎりの自信を持って言った。

「エフレックスのファンドですよ。社内でエフレックスファンドを立ち上げるようで、うちの事務所の助けが必要だそうです」

僕が間違って言ってしまったのは、僕の脳にあるシナプスが大量にプッツリと切れてしまい、震えている僕の体を司る身体的抑制能力と一緒に、僕のコミュニケーション能力が神経系崩壊を引き起こして使いものにならなくなってしまったからだった。

「アンダーソンさんはファンドを始めるのに法的支援が必要になると言っていました。僕があなたにこの話をしていることを彼は知りませんが、この仕事は２ドルくらいの利益をうちの会社にもたらしそうです。彼は僕にその仕事を依頼したんです」

そう、僕は本当に２ドルと言った。２ドル。そしてアンダーソンさんが僕に仕事を依頼したとも。どれだけ恐れているかによって人のIQは上がったり下がったりできるんだということを、僕は体で証明していた。
「２ドルだと、ベインズ？　何の話をしているんだ？」
「すみません、200万ドルです」
「何でおまえがそんなことを知ってるんだ？　それにアンダーソンがおまえに仕事をやると言っただと？」
「ええ、本当です」と言って、実際は次から次へと大ボラを吹いていたにもかかわらず、僕は自分が真実を言っているとまだ主張していた。
これはまるで、一度の尻たたきを逃れるためにありとあらゆるごまかしをしているのと同じだった。何で僕はウソなんかついているんだろう？　僕がこういうことをすると、いつも悲惨で思いもよらない結果が待っているんだ。
ジョンソンさんは、僕がウソをついていることをお見通しだった。
「すぐにアンダーソンに電話をしてそのことを聞くぞ、いいな。だがその前に解決しなければいけない問題がある。おまえのせいで横道にそれてしまったが、話を元に戻すぞ」
長年の間に僕は少なくとも20人がウエークマン・バターマン・アンド・ベイリーでクビを切られるのを見てきた。ハリケーンと同じで、ここでのクビ切りにはカテゴリーが２つあった——円満なクビ切り。例えば仕事ができない人物だったけれど、とても見た目が良いとかの理由でみんなに好かれていて、その人間性のために敬意を表したものになるような場合（恐らくクレイグ・テイラーならこのタイプのクビ切りになるだろう）。それから怒りのクビ切り。この場合、クビを切られる人物はいつも顔につばをかけられて人生を台無しにされてしまう。それはそういう災難の通り道にその人物が身を置いてしまったから。
ジョンソンさんは僕にカテゴリー２のクビ切りをしようとしていた。彼はきっと僕が逃げ出すまで僕に向かって叫んで、それでまだ“話している”最中だったのに僕が立ち去ったと非難し、僕に荷物をまとめて出て行けって言うんだ。何かを投げつけたりしてくるかもしれない。

僕は突如、クレジットカード会社がやってきて、僕の家具や車、妻や子供まで持ち去って――そして僕の急所を蹴って――行くという幻想を抱いた。そしてそのせいで現実でもおしっこをすると痛くなるんだ。僕は再び20年前に戻っていた。

母　おしっこすると痛いですって？　血が出たの？
僕　（言葉でこれ以上ウソを誇張できずに、おどおどと首を縦に振る）
母　なら見せてごらん。

おっと、それはちょっと。

当然FXファンドの知らせにはハービーも興味があったみたいだけれど、彼はあまりにも激高していたので、僕が内部事情を持ってきたことに対する手柄は何もくれなかった。僕らのいるところから３メートルほど離れたところに、壁に掛けられた屋内消火栓があった。彼がそれをちらっと見たような気がした。きっとそれをつかみ取って、僕めがけて振り回し、そして僕の首を切断するつもりなんだ。彼は僕を殺して、そしてクビにするんだ！　ダブルパンチじゃないか！　だから僕は最後の戦略を試みた。彼に話を戻すように頼みこむんだ。もう一度最初から話すように。これなら間違いなく今よりは落ち着いた状況に戻るだろう。だから僕はこう言った。

「何で怒られているのか、僕にはさっぱり分かりません」。僕は一息ついた。そして僕は再び口を開いて考えていたことを言い終えるのだけれど、それがウエークマン・バターマン・アンド・ベイリーにおける僕の雇用継続という光をすべて消し去ってしまった。

「ハービー、僕は本当のことを言ってます」

ハービー。言ってしまった。このたった一言で、僕はこの事務所での人生を自分の手で終わらせてしまったのだ。本名のハーバートはもちろんのこと、ジョンソンさんをハーブと呼ぶ人さえこの会社にはいなかった。なのにハービーとは。最大級の大失態だった。失言の歴史に永遠に刻まれるようなものだ。ハーバート・ウォーカー・ジョンソン３世は見た目はフォルクスワーゲンのラブバッグみたいな形をしているかもしれないけれど、中身はダートレース用のタイヤとスーパーチャージされたエンジンが取りつけられていた。その彼が今にも蒸気ローラーみたいに僕を踏みつぶそうとしていた。

彼は怒鳴った。

「ベインズ。荷物をまとめろ」。それ以上は何も言わなかった。説明もなしだ。「これこれこういう理由でおまえをクビにする」とかいうスピーチすらも。彼はさっさと立ち去り、僕は自分を責めるしかなかった。そもそもどうして彼が怒っていたのかすらまったく分からないままに。

彼が立ち去ったあと、僕はスコットを見た。彼はまるでおばけのようだった。思考、感情、生気というものがすべて空っぽになっていた。僕は自分の名前や居場所、そして今何をしていたかなどの重要なこまごましたことを思い出すのに苦労した。僕は自分のパーティションを見回した。ここにあるのが僕のもの。今日、僕が家に持って帰る持ちものだ。

「トレードを確認するのかい？」とスコットが聞いた。

僕は確認した。トレードで何かいい知らせが待っているかもしれない。

GBP/USDは1.8155で取引されていた。僕は15ピップスの損失を出していた。マイナス300ドルだ。それでも大したことじゃない。これよりずっと大きく動いているはずなのになと思ったけれど、待つしかなかった。300ドルの負けを確定した途端に急に上昇して1300ドルの利益を逃した、なんていうのは絶対にごめんだった。良いトレードから利益を得るんだとクレイグが言っていたのを、僕は忘れてはいなかった。

クレイグのアドバイスも踏まえてこのトレードについて考えてみた僕は、こんなくだらない仕事なんてどっちみち必要ないんだということに気がついた。このトレードを継続して、これまで１日で稼いだことのないような金額を稼ぐんだ。３倍か４倍の金額を。すぐに僕はトレードで大金を稼ぐようになるだろう。もうすぐ、時計の長針が12を指す前には間違いなく、僕は1300ドルを手にすることになる。ウエークマン・バターマン・アンド・ベイリーを永遠に去る前にする最後の仕事は、このトレードで頑張って稼いだ利益を手にすることだと僕は決意した。

「ちょっと顔を洗ってくるよ」と僕はスコットに言った。「もしよければトレードを見ていてくれるかな。荷物をまとめに戻ってくるから」

僕が帰って来たときには、スコットはいなくなっていた。僕の机の上には僕の持ち物がちょうど全部入るくらいの箱がひとつ置かれていて、その箱の中には封筒があった。その封筒の中身は、計3386.75ドル（税引き後）の僕あての小切手と、会社相手に訴えを起こさないという約束をするならこのお金をやるという内容に僕が署名するための権利譲渡の文書だった。何を訴えるっていうんだ。上司にいじめられたってか？

僕はいすにドスンと座り、両手で頭を抱え込んだ。トレードはうまくいっていたけれど、妻には何て話せばいい？　僕は何でクビにされたんだ？

一瞬の間、僕はFOMCレポートのことも、クレイグのことも、トレードのことも、すべて忘れていた。ただ妻と子供のことだけを考えていた。どうやってこのことを説明すればいいんだろう。うちの経済状況をざっと思い出してみた――僕たちの普通預金口座には40ドル、それから当座預金口座は何ドルか分からないくらいマイナスになっていた。IRA（個人退職年金）に蓄えが少しある。それから結婚したときに僕たちの両親が買ってくれた高級家具。大画面テレビ。子供もいる。それから妻が行ってみたいと夢に描いている遠く離れた場所の写真が壁に貼ってある。

もしトレードがうまくいかなかったら？　もし前と同じようには成功しなかったら？　もしクレイグの言ったとおり、トレード人生において最初に成功してしまうことは、最悪の出来事だとしたら？

僕は自分が所有するものをすべてリストに書き出し始めた。そのとき僕は、半分正気を失っていたのかもしれない。それで自分のものとまだ呼べるものは何が残っているのかをただ思い出したかったんだろう。こうすることで、再び足を地につけて、気持ちを現在に戻そうとしていた。

そして僕は昼食時のナプキンをポケットから取り出した。そこには変わらずこう書いてあった。

ルール１　うぬぼれるな

そのときの僕にはごう慢さのかけらもなかった。動揺。困惑。そしてもちろん怒り。しばらく時間をかけて頭のなかで３カ月分の家賃を計算してみた。

そして躊躇せず僕はジョンソンさんのオフィスへと再び歩いて行った。そこにいた彼はもう違うことをいくつもしていた。僕に仕事上ひどい仕打ちをしているなんてことはこれっぽちも考えずに。僕が彼のオフィスのなかを見ると、彼は僕を見つめ返した。

ジョンソンさん　何だ。

僕の用事は質問じゃない。要求だった。

僕　権利譲渡の用紙ですけど、6400ドルもらえるなら署名します。
ジョンソンさん　分かった。署名して持ってこい。

彼は仕事に戻った。感情のひとかけらもない。３倍の額にして聞いてみればよかった。そして彼のデスクの上に飛び乗って、頭を蹴飛ばしてやればよかった。

でも僕はそれはしないで自分のパーティションに戻り、書類に署名をした。彼のオフィスに戻る途中、廊下で経理のビルに会った。彼は封筒を手に持っていて、署名した権利譲渡の用紙を渡す代わりにそれを僕にくれた。これで３カ月分の家賃を払うだけの小切手を手に入れた。会社側は不当解雇を理由に訴えを起こさないという僕の約束を取りつけた。僕は会社側控えの用紙に、ポルシェ911と自家用ジェットも買ってくれと書き加えておいた。

普通なら物語のこういうところで、主人公は頭を垂れてオフィスを出て、妻がその知らせを聞いたらどう反応するかと恐れながら、もうけっして郵便配達員やら何やらで働くことはできないだろうと読者に語るものなんだろう。でも僕は違う！　僕にはうまくいってるトレードがあるし、３カ月分の家賃もある。それにこれから僕は文書管理室に行って事務所が弁護したウォール街の企業と、見つけられるなら主任トレーダーの名前をすべてリストアップするんだ。

僕はスコットの携帯に電話をした。彼はすぐに僕のデスクへと急いでやってきた。ずっと隠れていたようだ。彼は僕の机の上に置かれた箱を見た。

「残念だな」と彼は言った。どうして僕がクビにされたかは聞かなかった。

「ちょっと数分の間、僕の代わりに見ていてくれよ」

彼は気乗りしないようだった。

「いや、それはちょっと。おれがあんたをかばってるって、ハービーに知られたくないし。おれがクビになったら困るよ」

「24時間後には僕の仕事をもらえるんだぞ。この部署には僕たち２人しかいないんだ。おまえがクビになることはないよ。だからおめでとうさん。さあ、５分間だけ助けてくれ」

「５分だな。分かったよ」

もしだれかが文書管理室に近づいてきたら、僕の携帯電話に電話するようにと彼に言った。

20分後、僕はウォール街のトレーダー９人の名前と電話番号を手に入れていた。そしてできるだけ急いで会社を出た。家に着いたとき、妻はとても上機嫌だったので、クビになったことを言うのはやめた。妻と子供たちを連れて公園で日が沈むまで過ごし、その後子供たちを寝かしつけ、そして僕も妻も早々と寝入ってしまった。自分のしていたトレードのことなど、完全に忘れて。

第7章

悪夢から目覚める努力

Trying to Awake from the Nightmare

その夜、僕は夢を見た。僕は入道雲の上を夕日に向かって走っていた。ジャンボジェット機が飛ぶような高さを。僕はものすごいスピードで走り、雲と雲の間を跳んで移動しながら、沈む夕日に向かっていた。

僕の背後には暗い雨雲が広がっていた。僕は沈む夕日から目をそらさなかった。それは雲を薄赤色に染める１日の最後の光だった。でも何秒かに一度、ピカっと光るのが横目に見える。そして雷の音がとても大きく響きわたり、僕の体全体を揺さぶる。雷音が鳴るたびにゴロゴロという音が空中に残り、響いて消えていってはまた鳴り、また響いて消えては鳴りを繰り返していた。音が鳴るたびに、僕は胸にパンチをくらったように感じた。振動で胸に穴が開くかと思ったくらいだ。でも僕は走り続けた。

僕は前に進むことができなかった。まるで、今週の初めにトレーディングフロアで、僕が立ち止まっているのに周りの時間と空間だけが僕の横を通り過ぎていったときと同じように。違うのは、トレーディングフロアにいたときの僕は、明るい希望と可能性に満ちあふれていたということだ。

今、僕にあるのは恐れだけだった。

僕の左側、ずっと離れたところに妻の姿が見えた。ネイサン、ジュディ、ジョナサンら子供たちの姿も。みんなの横を通り過ぎて行くとき、それがとてもゆっくりだったので、みんなが動いていて僕が止まっているように思えた。そしてキャロラインもいた——まだ生まれていない彼女の姿が、僕には見えた。まるでもう生まれて、少なくとも５歳くらいにまで成長したかのような姿が。白いドレスを着て立っていたキャロラインだけ、僕は走って通り過ぎることができなかった。こちらに向かってほほ笑んでいた彼女は、妻と同じ美しい笑顔と巻き毛を持っていた。こっちへ来てと僕を呼んでいるのが分かったけれど、僕は前に進むことができなかった。

だからもっと一生懸命走った。でもダメだった。両手の掌を広げてみたけれど、それでもダメだった。四つんばいになってもっと強く体を引っ張ってみたけど、それでも何も変わらなかった。状況は悪くなっていく一方だった。雷はどんどん大きく響き、振動は激しく、僕の胸の痛みは強く、稲妻は明るく、そしてキャロラインの声は小さくなっていった。

どんどん小さく。

しまいには声が聞こえなくなった。

僕に手を振る様子も、もうほとんど見えない。

そしてキャロラインの顔から笑みが消えた。

そのとき、僕は暗闇に包み込まれ、キャロラインを見失った。そして叫びながら目を覚ました。

忘れられない初めての追証

悪夢から目覚めて最初に思ったのは、継続中のトレードのことだった。僕は汗だくになっていた。フランクリンはベッドの下、僕の横でピシッと立ち、隣に座っている妻は僕の髪の毛を前から後ろへと指でとかしていた。そんななか、僕はトレードのことを思った。

うまくいっていないことは分かっていた。まだ見ていないけれど、大変なことになっているような気がした。どうなっているかが見たい。隣の部屋にコンピューターがある。そこにはソフトウエアは入っていないけれど、インストールさえすればトレードを確認できる。アメイジング・フォレックスのソフトウエアのことを考えているだけで、胃に穴があきそうになった。

「何か欲しいものでもある？」とジーニが聞いてきた。

「散歩してくるよ」

「こんな真夜中に？」

僕はうなずいた。

「頭を冷やしたいんだ」

時刻は夜中の２時になっていた。僕はベッドから起き上がり、ガウンを羽織って居間へと歩いて行った。そしてテレビをつけてスポーツチャンネルを探し始めた。途中でブルームバーグの経済情報チャンネルがあったのでそこで止めた。FOMCの政策金利決定に関する話だった。

有名司会者　連邦準備制度理事会、FRBは今日、金利を低いままにとどめる決定をしましたね。

著名専門家　ええ、そうですね。良い決定だと思います。こういった金融緩和政策のおかげで今年の株式市場は好調を維持しています。それを台無しにする必要はないでしょう。

有名司会者　為替はこのニュースにあまり反応しませんでした。これはどうしてでしょうか。

著名専門家　為替市場は0.25％のさらなる金利引き下げか、そうでなくてもFOMCの声明に大きな変化があるのではないかと予想していましたが、その予想が外れたことが原因でしょう。

有名司会者　FRBの今後の動きはどうなりそうですか？

話の内容がよく分からなくなってきたので、コンピューターデスクへといすを引き寄せた。それから20分間、僕はソフトウエアをインストールしようと試してみたけれど、ダウンロードがうまくいかず、“パス・キー”なるものがないとアメイジング・フォレックス・プロフィッツのソフトウエアを２台以上のコンピューターにインストールできないということを知った。そんなこんなしている間に、ブルームバーグでやっていた外国為替相場についての議論を聞き逃してしまった。

そこでグーグルで“為替　レート”で検索してみると、無数のヒットがあった。そのひとつ、“プロ仕様為替チャートソフト”をクリックしてみた。無償の体験版プログラムをダウンロードして起動した。ありがたいことに、このソフトウエアは使いやすかった。閲覧可能な通貨ペアのリストからGBP/USDを選ぶと、こんなものが表示された。そのチャートに僕のメモを付け足したものがこれだ（**図7.1**参照）。

僕のトレードは大失敗に終わっていた。すべてを失ったことは間違いなかった。

僕がGBP/USDを買った時点から100ピップス以上も価格が下がっているじゃないか。そのすべてが、僕が地下鉄に乗って帰宅する間、たぶんオフィスを出て20分くらいの間に起こったことだった。僕は１ピップ当たり20ドルでトレードをしていた。つまり2000ドル以上の損失だ。ということは、FX業者に負債があることになるんだろうか？

僕は植木鉢をなぎ倒しながら慌ててブリーフケースに飛びついた。倒れた鉢を元に戻そうとも思わなかった。すぐにFX業者の電話番号を見つけた。呼び出し音が鳴るとすぐにカスタマーサービスのオペレーターが明るい声で電話に出た。

「ユニバーサル・カレンシー・ブローカーにお電話いただきありがとうございます！　本日はどのようなご用件でしょうか」

「トレードをチェックしたいんですけど」

僕は急いで口座番号を読み上げた。もしかして彼女が助けてくれる

図7.1　ハリーのトレードは撃沈（GBP/USDの15分足）

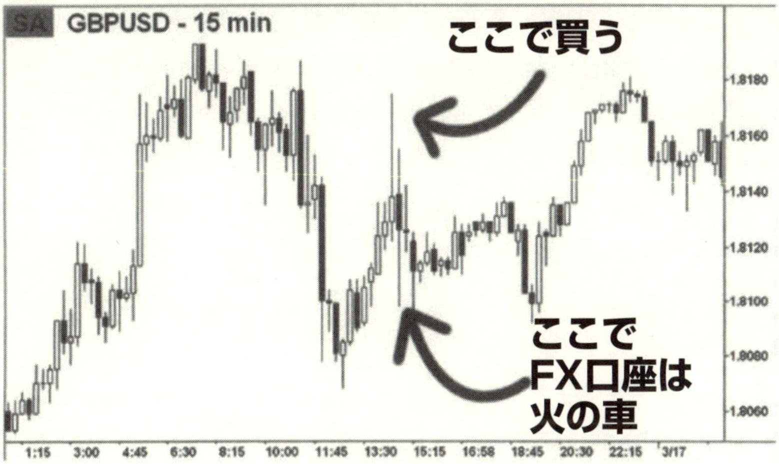

かもしれない。今日クビになったばかりの窮地に立たされたトレーダーには一度だけお情けをあげる、そんな決まりがあるかもしれない。トレードをなかったことにならしてくれるだろう。そんなトレードはやっていないぞと主張して、もともと意図していないトレードで僕が損をするのはおかしいだろうと言い争えばいい。何も道理にかなっていないけれど、今は真夜中の２時だ。

「お客様の口座ですが、現在継続中のお取引はございません」

なんてこった。

「僕はおたくに負債があるんでしょうか」と僕は聞いた。「今日はひどいトレードをしてしまったと思うんです」

「確かにマイナスで終わったトレードがありました」と彼女はすぐに答えた。「本日の午後、お客様はGBP/USDを1.8170でご購入されました。そのトレードはその少し後に終了しています。追証がかかったようです」

「追証？」

「ええ。２枚のお取引をするためには500ドルのマージン、つまり追加証拠金をお預けいただいております。これによりお客様の預入金は1200ドルに減りました。お客様の損失が1200ドルになったとき、その預入金はゼロになりました。そこでお客様のために、弊社のほうで自動的にお取引を終了させていただきました。ですのでお客様の口座には500ドルの預入金が残されています」

「僕のために？」

チャートではその後価格が元に戻っている。そのことに気がついたので彼女にそう伝えた。

「何で取引を続けさせてくれなかったんですか？」

「数年前まではそのようにしていました。ですがマイナスになっている取引を長期間そのままにして弊社に負債を抱えるトレーダーが多くいました。それではお客様のためになりません」

なるほど。でもそれが意味していることは1200ドル失ったという事実だ。１、２、０、０ドル。たったの１日で。たった一度のトレードで。

僕は電話を切った。

顔を上げると妻が僕の隣に立っていて、僕の肩越しからコンピューターの画面を見つめていた。

「トレードをしたの？」と彼女は聞いた。「こんな夜遅くに？」

なんて説明したらいいんだ。

妻の怒った目

僕はジーニにすべて話した。クレイグとのランチのことから、FX業者に電話をして取引口座が火の車になっていると分かったことまで。

妻は怒っていた。驚いたことにトレードのことではなく、仕事のことで。

妻　どうしてこんなことになったの？
僕　（沈黙）

気の利いたことなんて何も言えなかった。妻は真実を聞きたいのに、真実は全然筋が通っていない。妻は、僕がウソをついていると思うに決まっている。

僕は妻に言った。

「クビになったことに関しては、僕がどうこうできた問題じゃないと思う。だって、あっという間だったんだ。クレイグとのランチから帰ってきたら突然、ハービーにクビを言い渡された」

「でもどうして？　何が根拠で？　あの会社には11年もいたのに！」

上司を「ハービー」と呼んだことが、妻の怒りに追い打ちをかけた。僕がこの問題を真剣に考えていない、もしくは心配していないという印象を妻に与えてしまったようだ。

「分からないよ」。思ったとおりだ。ウソよりも真実を言ったせいで、さらに追いつめられたじゃないか。妻にウソをついておけばもっとましだったろうに。こんなふうに話を進めていればよかったんだ。

妻　でも何で？　どうしてクビにされたの？
僕　言ったろう、分からないって。もしかするとあの障害者のことが原因かもしれないけど。
妻　だれのこと？
僕　うちの会社が訴えを起こしている障害者だよ――重度の麻痺を患っているルワンダ難民なんだ。その訴訟の書類をコンピューターにスキャンしているときにちらっと見たんだ。うちの会社はこの不幸な男性に対して２万ドルの訴訟を起こしている。彼の車いすがハービー・ジョンソンの急所を直撃したとかいう理由でさ。７人もの弁護士がこの訴訟に取り組んでいるんだ(僕は目から流れたひと粒の涙をぬぐう)。

妻　なんてひどい話！　どうして何もしないの？

僕　したさ。訴訟の書類を全部コピーした。ハービーが人工のナニを装着するはめになったなんてことがウソだっていう事実を証明する、不利益な証拠もね。その診断書はあの訴訟において動かぬ証拠になるだろう。それで今日、そのかわいそうな障害者の弁護士に、書類をすべて渡したんだ。それから僕のFX業者も、今回のトレードのマイナス分をこのルワンダ出身の不幸な男性に寄付するって約束してくれたのさ。

妻　あなたは正しいことをしたのよ！　あなたは私のヒーローだわ。

「ねえ、ちょっと、ハリー！　私の話を聞いているの？」

僕は現実に引き戻され、妻は怒りを込めた両目で僕をにらみつけていた。ジーニにルワンダ難民の話を説明する時間はとうとうなかった。彼女はただ泣きだした。

「じゃあどうしてクビにされたか、本当にまったく心当たりがないのね」。彼女はガウンで涙を拭きながら、子供たちを起こさないようにと小さな声ですすり泣いていた。

これには本当に参った。ひどいトレードの話にすらまだなっていないのに。その話になったらもっと状況は悪くなる。仕事をなくした理由をきちんと説明するまでは、悲惨な結果に終わったトレードの話には移れない。でもこの調子だと重度の麻痺や車いすの話をする時間はあるかもしれないな。

「じゃあ福利厚生もなくなるのね」と妻が言った。「出産費用はどうやって払えばいいの？」

僕は頭を横に振った。妻の心配はそのまま僕の心配へと変わっていった。僕の足は今にも震えだしそうだった。健康な赤ん坊を出産するのに１万ドル以上の費用がかかるということに気がついたからだ。あと数カ月しかないのに。そんな金額、どうやって手に入れろっていうんだ。ハービーにあと１万ドル余計に要求しておくんだった。

　仕方なく僕はこう言った。

「分からないよ！　本当に！　分からない。今日は人生最悪の日だったんだ。ひどかったんだよ。ハービーはまるで獲物を捕まえるかのように僕を追い詰めたんだ。あんなに怒ってる彼を今まで見たことがないよ。何か大変なことが起こったんだろう。それが僕のせいだと思っているに違いない。だれかに責任を取らせなきゃいけないくらい、ひどいことなんだろう。それでスケープゴートが必要だったから僕を選んだんだ。だから辞める前にあんな大金をくれたんだと思う。責任をなすりつけるのに、僕がちょうどよかったんだろう」

　妻は鼻をすすった。

「あなたがクビになった理由を説明してくれなかったのも、それならうなずけるわ。あの人は、あなたが何も悪いことをしていないって分かっていたのよ。だからあなたに弁明するチャンスを与えなかったんだわ」

「それで会社側は僕に責任をなすりつけて、問題は解決しましたって言うつもりに違いない」

　何かまずいことをしでかしたのは、ひょっとするとハービー自身なんじゃないか。

「なあ……」と妻に言った。「もしかすると弁護士に相談できるかもしれない。クビになるくらいやばいことなんて僕は絶対にしていないんだからさ」

「あなたは良い従業員だったわ」

　僕は肩をすくめた。僕も妻もこうして話をすることで落ち着きを取り戻してきていた。

「良い従業員だったわけじゃないよ。文書管理者としては有能だったけど、会社をいろいろ利用してきたよ。仕事中にトレードもしたしさ」

妻は言い返さなかった。僕がどれほどあの仕事を嫌っていたかを知っていたから、毎日ワクワクしながら仕事に行けなかった僕を責めるつもりはないようだ。

「トレードはまだできそうなの？」

この質問は意外だった。僕はFX取引に関しては一発殴られても仕方ないくらいしょうもない行動を取ったのに。実際、もうトレードはしないと半分決めかけていたくらいだ。全体的に見れば500ドルの損失でやめておいたほうが、すべてを失って水の泡にしてしまうよりもいい。一方で、今後の仕事の見込みはない。ウエークマン・バターマン・アンド・ベイリーが仮に職歴照会先として僕の就職面接先にコメントをしてくれるとしても、僕のことをボロクソに言うのは目に見えている。僕には売り込めるような技能もない。でも僕はトレードをするのが好きだった。それから僕にはクレイグと、もしかするとクレイグの師匠もついている。

こうしていとも簡単に僕は決めた。これからはフルタイムのトレーダーになると。

「トレードはまだできると思う」と僕はジーニに言った。

彼女はほほ笑んだ。僕の心はぱっと明るくなり、顔には笑みが浮かんだ。体はうずうずし、歓喜のアドレナリンが背筋を駆け上った。

僕はやってみせる！

第8章

チャーリー・フランク、USナショナルバンクへ行く

Charlie Flank Goes to U.S. National Bank

次の日、僕はクレイグに電話をした。

クレイグ　もうおしまいだなんて思わないことさ。良い機会だって考えないと。解雇手当で家賃を払ったり、腰を落ち着かせてトレードプランを立てたり、それから家族の将来設計を立ててみるいい機会だってな。おれもトレードで大敗したあと、仕方なくそうしたよ――ほとんどのトレーダーは、最初に何らかの破滅の道を通ってきてるんだ。でもそれをどう生かすかは自分自身にかかってる。

僕　あのFOMCの金利決定のあと、トレードをしたんですか？

クレイグ　ああ、もちろんしたさ。英ポンドを買って手早く儲けた。

僕　どうしてそうしようと思ったんですか？

クレイグ　直後の値動きに従ったのさ。価格が勢いよく上に動く瞬間、すぐにポンドを買うつもりでいた。最初の１分間で価格は急上昇したけど、その後下がってしまった。でもそのまま最初に動きだしたときよりも高値でとどまったのを見て、おれはそこで買ったんだ。それが1.8130のときだった。それから数秒後には40ピップスのプラスになった。その利益を確定して終わりにしたくなったくらいだ。でも利益目標を以前の支持線と抵抗線のところと決めていたからね。今年何度もその水準で価格が頭打ちしているんだ。最近ではほんの１週間前さ。

図8.1　クレイグのプラン（GBP/USDの日足）

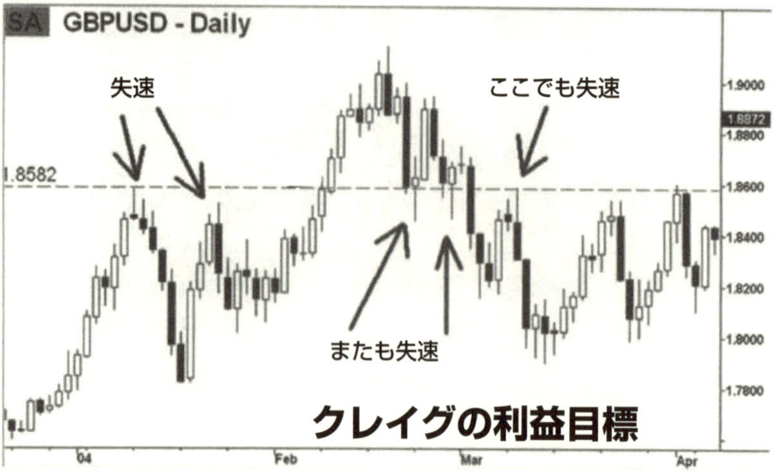

おれの周りではみんなが含み益が減る前に大声で決済しろって叫んでた。でもおれは1.8600まで粘るつもりなんだ。470ピップスもあるけど、そこまでいく可能性があるからな。今日、あのトレードを注文する前から、そうするって決めていたんだ（**図8.1**参照）。

僕　そういうやり方っていうのは、独学で学んだんですか？

クレイグ　大体はそうだな。あとは師匠と友人の助けを借りて。

僕　その師匠には、いつごろ会わせてもらえますか？

クレイグ　もうすぐだよ。

僕　どこに行けば会えるんでしょう？

クレイグ　向こうから会いに来る。

僕　それじゃあ僕はトレードのことを勉強して待っています。それから少し家の修理でもしようかな。妻にやってくれって頼まれていたことも。それで今回の最悪の経験から立ち直れたら、またトレードをしてみます。

クレイグ　だめだ。今はこれ以上トレードをするな。

僕　どうしてですか？

クレイグ　だって君は最悪のトレーダーだから。

僕　それはどうも。

クレイグ　どういたしまして。いつでも元気づけてやるさ。さて、もう行かなきゃ。あと数分で市場が大きく動くんでね。本を買うといい。それを熟読するんだ。それからウォール街のトレードデスクにこっそり忍び込めるかな。そこに午前中座っているだけで、驚くほどいろんなことが学べるぞ。その後、おれに電話をくれよな。

僕　分かりました。

USナショナルバンクへ忍び込む

僕はたったひとつしか持っていないスーツを着た。そして近所の知り合いからブリーフケースを借りてきた。靴もピカピカに磨いた。この10年間、仕事へ行くにもこんなにきちんとした格好をしたことはない。でも今日はできるだけ立派な格好をしなければならなかった。これから僕はチャーリー・フランクに成りすますんだから。

ジーニは、僕がクレイグ・テイラーから教えてもらった仕事の手伝いをしているということしか知らない。もしかしたらトレーディングフロアで仕事をさせてもらえるかもしれない。妻はそれだけ知っていれば十分だった。トレードを全然していないということは教えたくなかった。妻と話をした次の日の朝、彼女は二度も聞いてきた。僕がフルタイムのトレードでお金を稼げるのはいつになるのかを。僕たちは、トレーダーとしての僕の人生にすべてを賭けることを一緒に決めた。だから彼女は、僕がフルタイムの仕事と同じようにトレードに取り組むことを期待しているんだ。

でも今はクレイグの助言に従うべきだ。トレードはしたい――何だかんだ言ったって、最初の２回のトレードは見事に成功したんだから。それに僕にはアメイジング・フォレックスのソフトウエアもついている。でも数日間はトレードをせずに待とう。それをジーニに説明することだって難しいのに、自分に何度も言い聞かせなければいけないのは、もっと大変なことだった。

そこで時間を有効に使うために、もう一度トレーディングフロアをのぞいてみることにした。オフィスで手に入れたウォール街のスーパートレーダー９人の名前を書いたリストを持っていた僕は、少なくとも一度くらいはトレード業務を見るチャンスがあるだろうと考えていた。何度か試してみてトレーディングフロアに入れなかったら、見学ツアーをしてくれないか頼んでみよう。見学ツアーならやってくれる会社がきっとあるはずだ。

今日は2004年４月２日金曜日。僕はＣ路線に乗ってウォール街へと行き、午前８時15分に、無表情な御影石で作られたビルに入った。そのビルはニューヨークのオフィスビルというよりは駅のような外観で、周囲の建物よりも間違いなく古い。ここはUSナショナルバンクがトレード業務をしている場所だ。ウォール街の中心部に位置していることから、彼らが一流のトレーダーであることが想像できた。会社の最後の日にウエークマンから持ち出したリストには、ほかの会社の名前も書いてある。だけどここUSナショナルバンクを最初の訪問先に選んだのは、ウォール街に行きたかったからだ。もしここが気に入らなかったり、うまくなかへと入れなければ、この近くにあるほかの会社に行けばいい。

考えてみたら、法律事務所で文書管理者の仕事をしていたことが肝心なところで役に立った。アンダーソンの訴訟ファイルには、ウォール街の主要企業やトレーダーの名前がたくさん書かれていた――それはその裁判が有能なトレーダーにはいくら支払うべきかという内容のものだったからだ。だからうちの会社がまとめた調査結果を見るだけでよかった。その調査ファイルは情報の宝庫だった。もっと時間があれば、トレーダーの名前、年俸、住所、それからたぶん電話番号まで、もろもろの情報を集めることができただろう。でも僕には会社名と個人名をいくつか書き写すくらいの時間しかなかった。

数あるトレード業務のうちひとつでも詳しく調べることができれば、そこからいろいろ学べる。そうしたらクレイグを説得できるかもしれない。クレイグやクレイグの師匠から指導を受ける準備ができたって。クレイグの言うとおり、僕は最悪のトレーダーだ。少なくとも知識を増やさないことには、だれも僕に協力してくれるはずがない。

だからこうしてUSナショナルバンクへ行って知識を得るんだ。

僕はエレベーターに乗って20階まで昇り、そこでエレベーターを降りた。そこにはアーネスト・ウエリントンにあったものと同じようなフロントデスクがあった。そのフロントデスクの裏には大きなドアがあった。そのドアは、アンダーソンやクレイグやその他大勢の野性的なトレーダーたちがいたフロアへとつながっていた、あのスチールドアとほとんど変わらなかった。僕は自信ありげにデスクへと近寄り、「その大きなドアの先へ通してもらいますよ」と言わんばかりの営業スマイルを見せた。実際にはこう言った。

僕　サザーランドさんに渡さないといけないファイルがありましてね。

アンダーソンのファイルを見ていたので、サザーランドという人物がトレーディングフロアで働く重役であることを知っていた。僕の巧妙な計画がこれから幕を開けようとしている。まるで豪華な食卓にナプキンか何かを広げるようにおしゃれに、そして鮮やかに。警察やビルの警備員に怪しまれることもなく。

退屈そうな受付係　お名前と会社名は？

僕　ウエークマン・バターマン・アンド・ベイリーのチャーリー・フランクです。

最近ウソばかりついていたので、だんだんとウソがうまくなってきていた。もしくは相手が間抜けになってきているのか。どちらにせよ、この退屈そうな受付係はすぐにでも僕をトレーディングフロアへと連れて行ってくれそうだ。それはすぐに分かった。

受付係は僕の身分証明書すら見ようとしなかった。なんて適当なんだ！　来客名簿に名前を記入したら、“来客”そして“チャーリー・フランク”と書かれた名札のシールを僕につけてくれた。そして大きなドアの鍵を開けて僕を通してくれた。

今度ここに来るときは、僕の社員名札を作って雇ってくれよって頼んでみるか！　ずいぶんと簡単だったぞ！　クレイグがアーネスト・ウエリントンのトレードデスクに忍び込んだと聞いたとき、彼のことを天才だと思った。でもそうじゃない！　僕だって１週間でトレーディングフロアの５～６カ所くらい入り込めるだろう。忍び込むことでお金がもらえるなら、間違いなくそれで生活していけるくらいだ。さながらウォール街企業に忍び込むジェームス・ボンドってところだな！

そんな空想が終わらない間に、受付係はアーネスト・ウエリントンで見たものよりもずっと小さなトレーディングフロアへと僕を通してくれた。たぶん半分くらいの広さだろう。この部屋には60人から70人ほどいるだろうか。でも奇妙だったのはこの場所の狭さじゃない。ここではみんながひそひそ声で話しているか、もしくはまったく話をしていなかった。デーリー・ニューズのスポーツ面もない。散らかったデスクも。コンピューターすらほとんどない！　どこのデスクにもコーヒーカップとカラフルなボタンのついた大きな電話はあったけれど、コンピューターのモニターは置いていないものもあった。アーネスト・ウエリントンのデスクにはどこもモニターが３～４台あったのに、この部屋のモニターの数は全体でも僕の両手で数えきれるほどだった。床一面が深緑色のじゅうたんで覆われ、それがサクラの木で作られた壁まで続いていた。西側と北側の壁に窓があったけれど、カーテンが引かれているので、床とデスクに置かれたランプだけが部屋を照らしていた。そこはトレード業務をしている場所というよりは、高級ステーキレストランのようだった。

もしかすると場所を間違えたかな。どうやら僕は、その日の市場の行方など気にもしていない男たちの集まり（女性の姿は見当たらなかった）に足を踏み入れてしまったようだ。きっとそうに違いない。

ここにいるトレーダーの平均年齢は、少なくとも45歳はあるんじゃないだろうか。なかにはそれより上、60歳や70歳に見える人たちもいた。みんな紺色かグレーのスーツを着ていて、上着も羽織ったままだった。アーネスト・ウエリントンではバミューダパンツにアロハシャツを着ているトレーダーがいたけれど、その姿はここでは場違いに映ることだろう。

みんなそれぞれ広い仕事場を持っていて、互いに離れた場所にある木製デスクに座っていた。なかにはデスクの反対側に来客用のいすを置いている人もいた。サイドテーブルの上に小さなテレビを置いている人も。テレビはほんの数台しかついていなかったけれど、どれもCNBCを映していた。メリッサ・フランシスがNYMEX（ニューヨーク商業取引所）の上部にある豪華ボックス席からレポートをしていた。

この人たちがトレードで生計を立てているなんて言っても、僕はなかなか信じられないだろう。きっと僕はエレベーターで降りる階を間違えて、隠居トレーダーたちのフロアに来てしまったんだ。ここは老人たちがニュースを見たり、昔ながらの友人に会ったり、電話をしたり、コーヒーを飲んだりする場所なんだろう。もしかするとFRBがまた金利決定をするところなのか。それならこの沈黙した状況やテレビの画面に集中しているのもうなずけるけど。
せっかく苦労してトレーディングフロアに忍び込んできたからには知りたかった。一体どうしてここにいる人たちはだれもトレードをしていないのかを。だけどだれに聞いたらいいんだろう。アーネスト・ウエリントンではみんなが大声を出していたので、近くにいた人に話しかければよかった。でもこの場所はちょっと怖い。生気のない人たちばかりなのに、来客者を見て喜ぶ人なんているわけがない。受付係はもう帰ってしまったので、案内をしてくれる人もいない。この部屋を出て次の会社に行ったほうがいいんじゃないかとも考えた。
幸い、だれかが僕に話しかけてくれた。
「おまえさん、困ったような顔をしているな。だれを探してるんだい？」
少なくとも80歳はいっているだろうという男が、そのしわだらけの顔に大きな笑みを浮かべた。
「ここは少人数だから、わしでも力になれると思うんだがね」
「みんな何を待っているんですか？」と僕は聞いた。「ここはとても静かですよね」
その男は、まるで僕の頭に火がついているんじゃないかというような顔で、僕を見つめ返した。
「いいかいおまえさん、ここは毎日静かなんだよ。ミッドタウンのようなお粗末な仕事をしている場所じゃない。おまえさんは今、あのジョン・ピアポント・モルガンが立った場所、もしくはその近くにいるんだぞ」
ジョン・ピアポント・モルガン？　それってずっと昔のあの有名な銀行家、Ｊ・Ｐ・モルガンのことか？
「へえ」と僕は返事をした。明らかに男は僕が驚くのを期待していたので、驚いた顔を作ろうとした。
「まあそういうことさ。だれかを待っているのなら、こっちに来て座るといい」

男は僕をあるデスクへと案内してくれた。そこには、その男よりも少しだけ若い、でもかなり立派な体格をした別の男が座っていた。その男はいすに座っているというのに、デスクの上にそびえ立っていた。身長は２メートル近くあろうかという高さで、その巨大な手に持っていたシャープペンはつまようじのように小さく見えた。男はそのペンで目の前に置かれた大きな方眼紙に何かメモを書きとめながら、もう一方の手は使い込まれたトランプでソリティアをしている。彼の両隣のデスクにはだれもいない。この男が一匹狼であることは明らかだった。僕は勇気を振り絞って彼の前に置かれていた来客用のいすに腰を掛けた。もうひとりの男はよたよたと去って行ったので、ちゃんと自分のデスクに戻れたのか心配になってしまった。

「おはよう」と男が顔を上げずに言った。「見たことのない顔だな。今朝はギャンブルでもしにここへ来たのかね？　ここは初めてかい？」

僕は頭を横に振ったけれど、男は僕を見てはいなかった。だから僕は言った。

「ギャンブルはあまりしないんです。今日は書類を届けに来ただけです」

男は顔を上げた。

「私あてじゃないだろうな」

「もちろん違います」と僕は言って、男に手を差し出した。「ハリー・ベインズです」

男はうなるように言った。

「どうやら今日の君はチャーリー・フランクのようだがな」

僕は名札を見つめた。

「ああ、これですか」と答えた。「これはフロントデスクで名乗った名前です」

男は眉間にしわを寄せて、奇妙な顔をして僕を見た。
「僕はトレーダーになりたくて、ここに忍び込んだんです。それが紛れもない真実です。なんだか別世界に来てしまった気がしていますけど」
ああ、真実。真実を語ったら、まるで古い友人を訪ねたような気分になった。僕が裏切ってしまった古い友人、といったところだけれど。
男は笑ってニヤニヤしながらいすの上で背中を伸ばすと、シャープペンを耳に掛けた。そして話し始めたのだけれど、その声があまりに大きかったので、僕たちが目立ってはいないだろうかと心配になってしまった。注目されたくなかったので、僕はいすに少し深めに腰を下ろした。男はとどろくような声で話した。
「40年前の私がやりそうなことだな」と男は言った。そして少し離れた場所にあるテレビを指さした。メリッサ・フランシスの姿はなく、そこには僕が理解できないことを話している別の人たちの顔が映っていた。年老いたその男は続けて言った。
「ちょうど良い日にここに来たな。非農業部門雇用者数の発表があと２分ほどであるんだ。この場所がロックコンサートみたいに活気づくのを見られるぞ」
「本当ですか」
男が声を立てて笑うと、彼の耳からシャープペンが落ちた。僕はそれを拾ってあげようと立ち上がったけれど、男はその長い腕で床から拾いあげてしまった。握手を求められたので僕たちは握手を交わした。僕の手はすっぽりと彼の手に収まってしまった。近くでその男を見ると、見かけは年老いていても輝きと生気にあふれている。まだ当分の間は元気でいられることだろう。
「ここが本当に活気づくんですか？」と僕はまた聞いた。
「いいや、チャーリー」と男は答えた。「それはない。何も変わらないよ」。男は自分の周りを見渡した。「ここにいる奴らの半分は、今日が何曜日かも覚えていないんだから」

「ああ、僕の名前はハリーです。混乱させてすみません」。僕は名前が書いてあったシールを引きはがして言った。「さっき、あと数分で非農業部門雇用者数の発表があるって言ってましたよね」

「そのとおりだ」

それがどういう意味なのか、僕には分からなかった。これはFOMCの議事録のようなものなんだろうか。今、隣にクレイグが座っていたらいいのにな。そうすれば彼が何をするかが分かるのに。この男はもうテレビのことは気にもしていなかった。シャープペンの芯をポキポキと折りながら、さっきのようにチャートを作り始めた。芯がすぐに折れるので男はイライラしたらしく、とうとうシャープペンを机の横にあるごみ箱の中へと投げ捨ててしまった。

「ペンを持っているかい？」

僕は男にペンを渡した。

「あなたは非農業部門雇用者数のことを気に留めていないようですね」と僕は言った。

男はこの質問に感心したようだ。気に留めていないことに、気がついてほしかったらしい。

「今朝はチャート作りに励んでいるんでな。毎月、第１金曜日はこれをやる。よく聞きなさい。いいことを教えてやろう。統計の発表がある日にはトレードをしないことだ。発表後にもっと長期のトレードをするんだよ。この町の若い奴らのほとんどは、発表後１時間はがむしゃらにトレードをする。この数値を発表前に手に入れられるなら自分の母親だって売りかねん。だがそんなに興味津々に見守る必要なんてない。どんな数値なのかをゆっくりと待って、それを見てから冷静に計画を立てればいい」

「僕が見たほかのトレーディングフロアでは、冷静な行動っていうものはあまり見られませんでしたね。すごく混沌としていたから」

男は笑みを浮かべた。僕が彼の言っていることを理解したので喜んでいた。

僕は立ち上がって、男のチャートを見下ろした。方眼紙には丸やバツがあちこちに書かれていた。まるでテレビで見かけるような金融関係のグラフに似ているけれど、上下の動きを線で結んだものではなく、丸とバツで描かれている。男は、僕が興味を持ったことに気がついた。

「ポイント・アンド・フィギュア・チャートだ。もうだれも使わないような代物だがね、私は自分で描いているんだ。ほら、数値が発表されるぞ」

近くに置いてあったテレビの持ち主がテレビのボリュームを上げると、一瞬の間、その部屋にいたほとんどの人が顔を上げてテレビを見た。画面はどこかの大きなトレーディングフロアに変わり、その部屋のど真ん中を映し出していた。

リック・サンテリ　30万8000！

それはまるでゼウスが人民を呼びつけ、最も人間らしく行動したトレーダーは殺すぞと言っているかのようだった。その一声で、テレビの画面に映っていた人たち全員が狂乱状態に陥った。テレビのボリュームは再び低く下げられたけれど、CNBCのレポーターであるリック・サンテリの周りは大騒ぎになっていた。トレーダーたちは互いに大声で叫びあったり、手で合図を送ったりしていた。でもあまりにも速いので、僕にはとても理解不可能だった。たぶんアーネスト・ウエリントンはこんな状態になっているんだろう。あそこにいられたらどんなにいいだろう！

何が起こっているかを僕が理解していないことは、目の前にいるこの老人に見透かされていた。この部屋にいる人たちの反応を見るかぎり、ここの人たちはたいしてトレードをしていない。みんな一線を退いているに違いない。ウエークマンにもそういう弁護士たちがいた。あちこち歩き回っては下品な冗談を言って、毎日午後２時になると家に帰る老人たちが。

アーネスト・ウエリントンにいるクレイグもその周りにいる人たちも、今ごろすごい剣幕でトレードをしているだろうに、この男とその仲間たちはトレーディングフロアにまったく似つかわしくない。もしかするとこの種の統計を数多く見すぎて、昔のように興味を示すことがなくなってしまったのだろうか。男は言った。

「チャーリー、今発表されたのは３月の雇用者数だ。アメリカで新規雇用がいくつ作り出されたかが分かる」

「そうですか。テレビに映っていた人たちはこの数字にとても関心があったようですね」

「そうだ。私の言ったとおりだろう。ウォール街の奴らはな、この数字を先に知ることができるなら自分の足だって切り落とす勢いさ。今日は良い数字が出た。短期トレーダーにとっては最高の数字だ。ずいぶんと予想を上回ったからな。あそこの奴らは今、間違いなく米ドルを買っているところだろう。この数字なら米ドルがかなり上昇すると予想しているんだ。だが、本当に重要なのは、今から５分間に何が起こるかじゃない。重要なのは、今日の終わりまでに何が起こるか、そして来週何が起こるかなんだよ」

「今日はトレードをしないんですか？」

「まさか、するわけがない」

「じゃあ、いつトレードを？」

男はこういった質問を楽しんでいた。

「君が知りたいことは教えずに、その質問に答えてやろう。チャートへのアクセスはできるのかね？」

「為替のチャートですか？」

「ああ、為替のチャートだ」

僕はうなずいた。

「はい、家でなら」

「チャートの使い方を勉強しなさい。だがな、短期チャートを見てはいけない。ならず者たちが注目しているのが短期チャートだからな。見なければいけないのは長期のチャートだ」

この男はたった今、クレイグ・テイラーのことをならず者と呼んだ。クレイグが短期トレードをしているというだけで。この人がいくら賢くて気さくだろうと、クレイグのする短期トレードがどれだけ利益を生むかを知らないなんて、無知としか言いようがない。あといくつか質問をしたらここから逃げ出したほうがよさそうだ。

「短期と長期の違いって何ですか」と僕は聞いた。

「若い奴らはみんな５分足のチャートを見ている。なかにはあろうことか１分足やそれより短い時間枠のチャートを見ている奴らもいるんだ。もっと悪いのはティックチャートだ。まったく手がつけられない。私がここで見ているのは、日足と週足のチャートさ」

「僕もそのチャートを見たほうがいいでしょうか」

「ああ、そうするといい。それから４時間足も。できるかな？」

「もちろんです」と僕は答えた。

ここにいる人たちはみんなハイテクを駆使したトレードには疎いようだけれど、少なくとも男が僕と会話をしてくれていることはうれしかった。彼に会う前に少しでも勉強しておけば、市場についてもっと知的な質問ができたのに。どう考えても今の僕には、長期チャートを見ろという男の指示以上に高度なことは何も理解できない。ほかに男が言ったことはすべて外国語でも聞いているようだった。分かったのはウォール街のみんながトレードをしていること（ここ“老人トレーダーのための介護施設”を除いては)、それから３月の雇用者数、いわゆる非農業部門雇用者数がたった今発表されたということだ。

「短期トレードをしている人たちはみんなドルを買っているって言

ってましたよね。つまり為替をトレードしているということですよね。株はどうなんですか？」

「株は為替と同じフロアでは取引されない。普通ならな。ここは何でも好きなものをトレードしているが、ほとんどの場合、株式と為替は別のトレーディングフロアで取引されるんだ。まあ君の質問に答えると、今日の株はかなり上昇するかもしれないな。株式市場は強い経済を好むから」

僕は頭が混乱していた。僕の脳は間違いなく溶けて、耳から流れ出ている状態だった。

僕があまり理解できていないこと、それからテレビで見た混沌の完全なるとりこになっていることに男は気がついた。そして笑みを浮かべた。

「君はまったくの素人なんだろう？」

僕はうなずいた。

「はい、ドの付く素人です」と僕は答えた。

男は自分のチャートへと目を落とし、そして顔を上げて僕を見た。そしてまた下を向き、そして上を向いた。何に時間を費やそうかを考えているようだった。

「助けてやりたい気持ちはやまやまなんだがな」と男は言った。「だが月曜日の準備をしなきゃならん。今は午前９時だが、私は正午に帰るんでね。その前にあと25のチャートを作らないといけない。君が来るとは思ってもなかったからね。それとも約束でもしていたかい？」

「いいえ」

「そうだろう。トレードに関する本を１冊読みなさい」

周りで起こっていることがもっと理解できるようになるなら『戦争と平和』を逆から読んだっていい。

「どの本を？」

彼は頭を横に振った。あまりに短時間に質問を浴びせすぎたんだろう。

「分からんさ」と彼は言った。「私はずっと昔に郵便仕分け室で仕事をしていた。そして机の前に座ってひとりの男に質問をしながらトレードを学んだんだ。今おまえさんがしているようにな。月曜日にまた来なさい。そうしたらもっと時間を作ってあげよう。私の名前はサミュエル・ウィルソンだ」。男は立ち上がり、さっきのように僕と握手を交わした。それはもう帰りなさいという合図だった。

「ありがとうございます。ウィルソンさん。そうします。本当に感謝します」

にっこりと笑った男は、僕を助けたことをうれしく思っているようだった。

これ以上質問をするのはダメでも、もう少しここに残って次に何が起こるかを見てはいけないものだろうか。ウィルソンさんに聞くと気にしないよと言ってくれた。それどころか、だれも僕の邪魔をしないようにしてくれると言う。僕はCNBCテレビがもっと近くで見られるデスクへこそこそと移動し、そこにしばらく座った。僕はとてもうれしくなった。この老人から新しいトレード手法を学ぶことはできなくても、僕が市場の反応をもう少しテレビで見る間、彼にかばってもらえるのだから。

僕は手ぶらでここを去るつもりはなかった。

このトレーディングフロアにほんの少しの間いただけで、非農業部門雇用者数というまたひとつ覚えなければいけない経済事象について知ることができた。勉強しなくちゃならないことが、まだたくさんある。テレビに映っている人たちがすごい剣幕で働いているのを見ていたら、僕はあることに気がついた。それはみんな自分たちのやっていることをよく理解しているということだ。あの雇用統計が発表されるやいなや、すぐにそれに反応する準備ができていた。まるで獲物に飛びつくトラのように。もしくは公園でけんかに加勢したがるいじめっ子のように。みんな数値が発表されたらどんなトレードをするかを決めていたんだ。

僕の隣でチャートを描いているこの男だって、自分なりのシステムを持っていてそれに取り組んでいる。すぐにニュースに飛びつくことはしなかったけれど、この統計の結果をもとに今後のトレードの方向性を決めると言っていた。それが発表後すぐじゃないというだけだ。

そのときいろんなことが起こっていたので、僕はほかのトレーダーの邪魔をせずに少し観察してみることにした。

ここにいる老人たちは、きっとかつてはすごい成功を収めた人たちなんだろう。でも僕に合ったトレード人生は、アーネスト・ウエリントンのトレーダーたちのようなものだ。自宅にコンピューターとモニター数台を置き、自分の横に新聞のスポーツ面を広げながらテレビはCNBCをバックグラウンドとして流している――そんな自分の姿が想像できた。そういうほうがいい。僕の性格に合っている。問題はコンピューターの操作だな。

よく法律事務所なんかで今までやってこれたもんだ。キーボードのキーは指でひとつずつしかたたけないし、メールをやっと返信するくらいの技能しかないのに。もっと早くクビにされていてもおかしくなかったんだ。テクノロジーに関して無能だっていう理由だけで。トレードで生計を立てるとなると、ちゃんとしたコンピューターの訓練を受けないといけない。当面は妻と子供たちにちょっと教えてもらえばいい。それからスコットにお金を払うかなにかして、個人的に教えてもらってもいい。

でもとりあえずは、もっと基本を学ばないといけない。まずはトレード用語だ。いろいろな文献を読めば、少なくとも基本的な質問を聞けるようになるだろう。そうすれば、それがもっと高度なことを学ぶ手がかりになるに違いない。テレビに映っていた人たちや、それからクレイグがすでに知っているような高度なことを学ぶ手がかりに。

第9章

新しい人生設計

Mapping Out a New Career

1時間後、僕はロックフェラーセンター内にあるバーンズ・アンド・ノーブルという書店に来ていた。目と鼻の先にはスイスのチョコレート屋トイシャーがある。右手にチョコレート、そして左手に抱えきれないくらいの本を買って家に帰れば、ジーニは僕がいくらお金を使ったかよりもチョコレートに気を取られてくれるだろう。その日、僕はかなりの金額を本につぎ込むつもりでいた。トレードに関する本を買い込んで、1日中自宅にこもって頑張って勉強するんだ。

書店の店員が、投資関連の列を1冊1冊説明しながら案内してくれた。ニューヨーク市の旅行ガイド以外のことで客と話ができることを喜んでいる様子だった。経済、オプション、FX、株のデイトレード――思いつくものは何でもそろっていた。店員はトレーダーの人生について書かれた本なども薦めてくれた。ほかの本ほど重要ではなかったけれど、とりあえず買うことにした。思い出せるだけでも僕はその日、株のデイトレードや先物、商品先物、経済指標、テクニカル分析（チャートの読み方）、それから為替市場に関する専門書などを買った。トレード心理やトレーダーたちについての本などもあった。それも興味があったけれど、きっとだらだらと読んで時間を無駄にしてしまう。だからトレードで利益を上げられたら、自分へのご褒美として読むことにした。まずはほかの本を少なくとも2回は読むのが先だ。

少なくとも20冊は買っただろうか。あまりにも数が多かったので全部自分で持ちきれず、自宅に配送してもらわなければいけなくなった。店側が喜んで手配してくれるというので、僕はFXのデイトレードに関する本を１冊だけ抜き取って書店をあとにし、地下鉄に乗って家へ向かった。

電車がクイーンズにある僕の最寄り駅に着くころには、僕はその本に没頭してしまっていて電車を降りるのを忘れてしまった。乗り過ごしたことはすぐに気がついたけれど、それでも構わず終点の駅までずっと乗り続けた。この本によると、為替市場というのは世界中で最も流動性の高い市場で、毎日何兆ドルものお金が人の手から手へと渡って（というかコンピューター間を）取引されている。その本は自宅でFX取引をする人のために書かれていたので、僕にはもってこいだった。内容はトレードのシステムやツールなどのことから、自分のトレードを記録する方法までと多様だ。僕は人生で三度しかトレードをしたことがないけれど、もうすぐ毎日トレードをするぞと心に決めていた。

家に着くと、２つのものが僕を待っていた――イラ立った顔の妻、それから玄関先には、本がいっぱい詰まっているため動かせないくらい重い箱。仕事を失ったばかりだというのにこんなにたくさんの本を買ったりして一体どういうつもりなのか、とジーニはけげんな様子だった。自分でも驚いたことに、僕自身は仕事をクビになったことを今日１日忘れていた。

家族みんなで夕食をとり、子供たちを寝かしつけたあと、僕は急いでコンピューターに向かい、チャートのプログラムを立ち上げた。一番最初に見たかったもの、それがチャートだった。ウィルソンさんに長期チャートを見るように言われていたので、そうしてみた（**図9.1**参照）。

日足チャートを見ると、気になっていたクレイグのトレードの結果

図9.1　ハリー、長期チャートを見る（GBP/USDの日足）

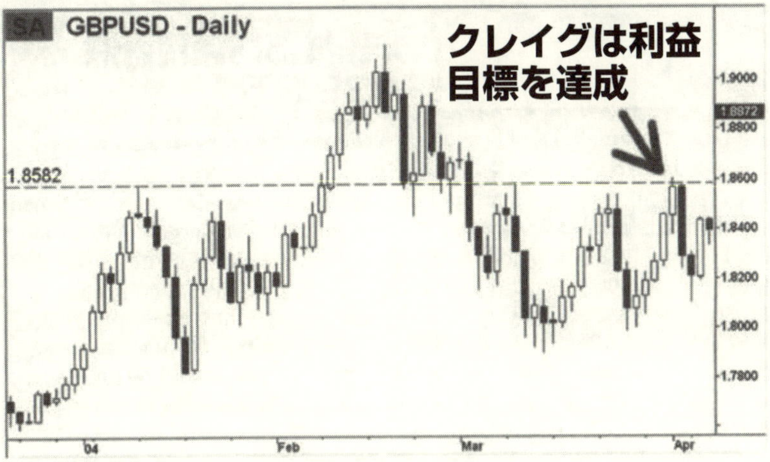

がだいたい分かった。つい昨日の４月１日に、クレイグのトレードは利益目標だった1.8600に到達して手仕舞いされていた。でも僕は、今日何が起こったかが分かるような、もう少し細かいチャートを見る必要があった。だからウィルソン翁の教えに逆らって、チャートを15分足に切り替えた。

テクニカル分析の本によると、ローソク足は一定時間の間にどれくらい価格が動いたかを示しているという。例えば、15分足のチャートの場合、１本のローソクは15分間にどれくらい価格が動いたかを示している。黒いローソクは価格が下がったことを意味していて、白いローソクは価格が上がったことを意味している。難しいことじゃない。

チャート（**図9.2**）を見ると、GBP/USDが統計発表後の15分間でその日最も大きく200ピップスも下落したことが分かった。その後100ピップス上昇した後、また100ピップス下落している。なんて激しい動きなんだ！　なるほど短時間ですごい利益が出せるわけだ。金儲け

図9.2　激しい動き（GBP/USDの15分足）

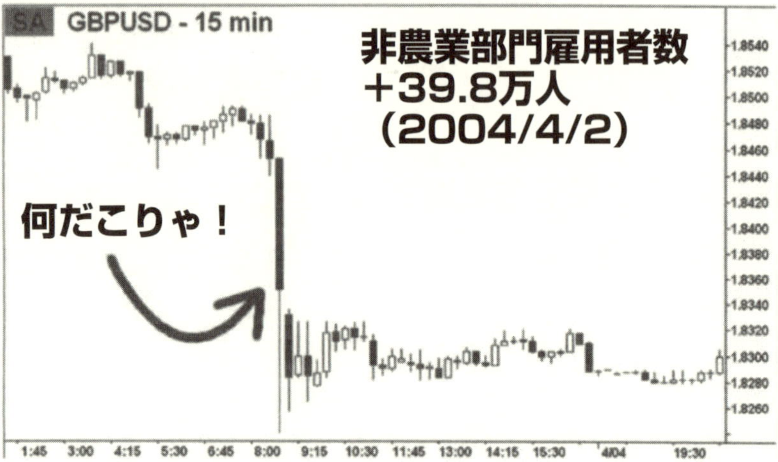

をするならこれだ！　クレイグがやっているこの短期トレードだ。僕だって素早く反応することさえできれば、非農業部門雇用者数の統計やFOMC（米連邦公開市場委員会）の金利発表直後の通貨ペアの最初の動きをとらえることができる。そしてその流れに乗って素早く利益を上げることができる。しかもこれで複数の通貨ペアを同時にトレードしたりしたらどうなるだろうか？

FOMCの金利決定の直後にトレードをしたことは確かに間違っていたけれど、今なら分かる。いけなかったのは注文を出すのが遅すぎたこと、それから手仕舞いが遅れたことだ。買いか売りかの判断は関係ない。この２つの統計が発表されるとき、短時間で、しかも簡単に利益を稼ぐことができる。ほかにはいくつこういう統計があるんだろう？　それが発表されるのはいつなんだ？　こういうときのトレードのやり方を、クレイグは教えてくれるだろうか？　僕はウィルソンさんが哀れに思えてきた。あの老人は何日間もただ座ってトレードをするのを待っている。クレイグはたったの数分間トレードをするだけで、取りたてホカホカのピップスを楽しんでいるっていうのに！　ただ座って経済統計にもまったく反応もしないような状態で、ウィルソンさんは一体どうやって利益を出しているんだろう。

僕は再び本に没頭した。その夜、最初の本を読み終わったので、その後はほかの本に目を通して過ごした。僕は同時に４～５冊の本を開きながら、できるだけ多くの情報を吸収していった。本を読むことでいろいろ分かってきたし、用語もかなり理解できるようになってきたけれど、経済統計の直後にトレードをしたいという思いを頭から切り離すことができなくなってしまった。重要な経済統計が何かも覚えた。市場を最も大きく動かしやすいのは、こういったものだ。

●非農業部門雇用者数
●消費者物価指数
●貿易収支
●FOMC政策金利と議事録

ほかにも経済統計はあるけれど、これらが最も重要なものということらしい。

経済統計に関する理解を深めた今の僕がアメイジング・フォレックスを使えば、この高価なツールをうまく利用できるに違いない。経済統計の発表直後にどの方向にトレードをしたらいいか、その判断をするために作られたソフトウエアと言えるんじゃないだろうか。

ほかにもオンラインでいろいろ調べて、レバレッジとそれに関連して必要証拠金のことも勉強した。FX業者は100倍や、なかには200倍のレバレッジを提供している。つまり、最初に1000ドル入金すると、10万ドル、あるいはそれ以上のポジションを為替市場で持つことができる。これの何がすごいかというと、取引口座に少額しか入っていなくても、クレイグみたいにトレードができるようになれば、毎日トレードでかなりの大金を稼ぐことができるということだ。自宅でトレードをしながら生活費を稼ぐことが、だんだん現実的に思えてきた。僕がこんなにすぐに大金を失ってしまった唯一の理由は、ほかの用事をすませるために取引中のトレードをそのままにしてしまったからだ。もっときちんと集中して短期トレードをしていれば、もっとましな結果になっていただろう。

頭の中で計算をしてみて驚いた。僕のFX業者は400倍のレバレッジを提供している。仮に5000ドルを預け、そのうち1000ドルを証拠金とした場合、40万ドルのポジションを持つことができるということだ。それって1ピップ当たり40ドルだぞ！　それでも預入金が4000ドル残る計算だ。FX業者のオペレーターが電話で教えてくれたように、僕のポジションとは反対方向に1ピップ、つまり40ドル価格が動くたびに、その額が預入金から引かれることになる。つまり、経済統計が発表されてトレードをする場合、逆方向に100ピップスまでは動いても大丈夫だということだ。それならできそうだ。どうせ経済統計のあとの市場は一方向にしか動かないんだから！　統計発表後の動きと同じ方向に乗る準備さえしておけば、素早く利益を稼ぐことができる。

僕はGBP/USDがほんの数秒で200ピップスも動くのを見ている。経済報告があるたびに、200ピップスのうちの50ピップスでも取れたら、そしてそれを1ピップ40ドルで取引したら、2000ドルの利益になる。毎日だぞ！　ウォール街の人たちがあれほどの大金を稼ぐのもうなずけた。彼らはおそらく、一度に1000万ドルくらいのポジション量を取引しているんだろう。そうすると1ピップは――1000ドルだ。1日50ピップスを取るとしたら、1週間に何十万ドルも簡単に稼いでいる計算になる。

そのとき僕は、次は自分が輝く番だと思った。トレードをするのが待ちどおしい。僕は仕事をクビになって妻を失望させてしまった。トレーダーになるという僕の計画に、妻は大きな期待を寄せている。今度こそ自分の力を証明するときだ。妻は、あの失敗トレードと失った1200ドルの埋め合わせをするチャンスを、僕に与えてくれている。もうあの負けについて二度と話をするもんかと思った。僕は未来に目を向けるんだ！　惨めに過去を振り返ってみたところで、何も利益はない。

だから僕は、スーパーヒーローさながら電話ボックスのなかに入り変身する自分の姿を想像した――ハリー・ベインズという名のスーパートレーダーに。これは僕の運命なんだ。失ったお金を一銭残らず取り戻してみせる。もしかすると一度のトレードで取り戻せるかもしれない。

次の日の朝、このことを全部妻に話した。

妻は応援してくれた。

「あなたは解雇手当をいっぱいもらってきてくれたものね。簡単じゃなかったでしょう。そのお金は銀行に預けないで取引口座に入金したらいいかもしれないわ。銀行の利息よりも、トレードをしたほうが増やせるものね」

「それは良いアイデアかもしれない。解雇手当だけじゃあそう長くはもたないもんな」と僕は同意した。僕は頭の中で計算をしてみた。口座に6000ドルあったら、3000ドルを必要証拠金として使って、120万ドルのポジションを持つことができる。そうすると1ピップが120ドルになる。これは大金だ。生活費としては十分すぎるほどだ。経済統計を利用して毎日50ピップス取れば、1日当たり5000ドルは稼ぐことができる。あまりにすごすぎて理解できないくらいだ。僕はお金持ちになるんだ。たくさんの人がチャンスを生かすことなく人生を過ごしてしまう。解雇手当の6000ドルは、僕にとって絶好のチャンスだ。

大金を失ったばかりだったので、僕は落ち着いたふりをしてジーニに言った。

「じゃあこうしよう。まずは取引口座を1000ドルまで回復させるよ。それから6000ドルを入金すればいい。それなら僕の新しいトレード計画を実際に試してみて、それからクレイグと話ができる。それなら申し分ない。クレイグと話をするころには、的を射る質問をいろいろとできるようになっているだろうから、解雇手当のお金を最大限に増やす方法を教えてもらえるだろう」

ジーニもこれは良い考えだと思ったようだ。

「その間、どうやって生活したらいいかしら」

これについてはもう考えてあった。

「ウエークマンで入っていた401kの企業年金からお金を引き出せばいい。少なくともそれで６カ月は生活できる」

僕の記憶が正しければ、企業年金の口座には１万5000ドルから２万ドルのお金が入っている。ただ僕は妻と約束していた。どうしようもない緊急事態以外はそのお金にはけっして手を触れないと。でも今がその緊急事態なのだ。

「そのお金もトレードに使ったほうがいいの？」と妻が聞いた。

それはやめたほうがいい気がした。絶対に。解雇手当をもらったときは、道端で20ドル札を拾って得をした気分になった。でも老後の貯蓄はまったく別の性質のものだ。あのお金は長い間蓄えてきたもので、ゆっくりと堅実に増やしてきた。老後のために給料からその分を差し引いて、それを家に持ち帰っていたんだ。

「いや、それはやめたほうがいいよ。あのお金には別の目的があるんだ。あのお金を引き出すのは、どうしようもない緊急事態のときだけにしたい」

「分かったわ」と妻は同意した。「ちょっと切り詰めれば、あのお金で６カ月以上は食べていけるでしょう。きっともっとうまくやりくりできるわ。もう本屋さんでお金をぱあっと使うのはなしよ」

「分かったよ」

「それから食費も見直せるわ。そうしたら７～８カ月はやっていけるんじゃないかしら」

「切り詰めるってどういう意味だい？　何か家の物を売るってことかい？」と僕は聞いた。それはちょっと腑に落ちない。僕はすぐにでも大金を稼ぎ出すというのに。妻は安全策を講じているつもりなのだろうか。それだけじゃない。妻はこのことをあまり苦にしている様子ではない。ワクワクしているようにすら見える――自分の夫、為替トレーダーとの冒険だと。

このときの僕たちは、この先どんな冒険が待ち受けているかなんて知る由もなかった。

第10章

チャーリー・フランク、師匠に出会う

Charlie Flank Meets His Match

その週末、「切り詰める」という言葉が、家にある僕のお気に入りの物を売るという意味だと知った。妻はケーブルテレビのオプション付き契約をキャンセルした。そして大画面テレビをｅベイのオークションに出し、代わりに50ドルの17インチテレビをネットで購入した。本棚も近所の知り合いに売った。僕の本を置く場所がなくなってしまったので、妻は昔住んでいたブルックリンにある古本屋へ行った。そしてそのほんの数日後に古本屋が家に来て、買ったばかりのトレードの本以外をすべて回収していった。ほかにも、２年前に妻がクリスマスプレゼントとして僕にくれた高機能ステレオセットを売った。それからテニスラケットも。

売ったのは僕の物だけじゃない。妻も自分のミシンを手放し、大量の古着や家具数点を近くにある委託販売店に持っていった。ある日の午後、妻が電子レンジを箱に詰めているのを見た僕は、ついにその行動にストップをかけた。

「いくら何でも食事はしないと！　もう十分売ったよ」

妻は一瞬止まった。

「破産しないようにと思っただけよ。私、もうかなりの額を集めたのよ」

なんだか子供の腎臓を買うために寄付金を募っているような気分に

なってきた。
「いくらになったんだい？」と僕は聞いた。
「数百ドル前後しても5000ドルよ」
僕は感心してしまった。本なんて惜しいと思わなかったし、大画面テレビだってなくてもちっとも悪くない。子供たちはとても残念がっていたけれど、すぐに慣れるだろう。妻の見事な売却術で得たこのお金を年金口座の分（２万3000ドルあって、現在銀行口座に振替手続き中）と足すと、預金は２万9000ドルくらいになる。
「ほかには？」とジーニは聞いた。「電子レンジを売らないとすると、ほかに何が売れるかしら？　車はどう？」
僕は頭を横に振った。
「車は売らなくていいよ。今のところ売らなければいけないものは、もう全部売っただろう。３万ドル近くあるんだ、もう十分だよ。それだけあれば何とかなるさ。予算を立てて計算してみよう。トレードもするんだし、それだけのお金があれば生活していけるよ」
「本当にそう思う？」。妻は心配そうだった。こんなにいろいろ売っているのには、何かもっと深い理由があるようだ。
「ジーニ、大丈夫かい？」
彼女は頭を横に振った。
「約束するよ。僕たちは大丈夫だって。僕がトレードでうまくやるって約束するから」
「トレードって、最初に私が思っていたよりもリスクが高いんじゃないかって心配になってきたの」
「何でさ？」。だれかに何かを聞いたりしたのだろうか？　何かテレビで見たとか？
「だって」と妻は口を開いた。「あなた、１日で1000ドル以上も失ったじゃない」
ああ。妻は見ていたんだ。それで不安になってしまったのか。このことを聞くのは少し憂鬱だったけれど、きちんと向き合って話をしようと思った。

「もうあんなことはしないよ。教訓を学んだからね。第一、僕のせいでああなったんじゃない——口座をほったらかしにしてしまったのは、ハービーが僕を怒鳴っていたからだよ」

「でもそれだけじゃないの。もちろん私は、あなたがもっと上手にやるだろうって信じてるわよ。でも私の父さんの親友は、株式市場でデイトレードをしていて、すべてを失ったのよ。エミリオ・ゴンザレスって人、覚えてるでしょう？」

「お義父さんと郵便配達をしていた人だろう？」

妻はうなずいて続けた。

「あの人、年金口座から５万ドルくらい引き出してね、それを株式市場に賭けたのよ。それでそのお金を失ったら今度は自宅を抵当に入れてしまったの。それでたった２カ月くらいですべてを失ったのよ。家を失って、車も売らなければいけなくなって、生活するために家具までｅベイで売ったのよ」

僕たちは２人ともしばらくの間沈黙し、気まずい空気が流れた。家の外の音が耳に入ってくる。アパートの建物の下にあるバスケットボールのコートで、少年たちが声を出しながらバスケットボールをしていた。ハトが１羽、僕たちのリビングルームの外にとまり、クークーと鳴いた。何かが僕の心をぐいっと引っ張った。エミリオ・ゴンザレスが犯した過ちを、僕だって犯してしまうかもしれない。

僕は大きく息をついた。

「僕はそんなことはしない。僕は年金口座のお金をトレードに使ったりしない。生活するためにしか使わないよ。もしかすると、一銭も使わずにすむかもしれないし」

ジーニはこの考えが気に入ったようだ。トレードのことを否定的に考えたくなかったのは、妻も僕も同じだった。だって、今の時点で僕たちに残された道はトレードしかないんだから。
「エミリオに会いに行ったらどうかしら。彼がどんな間違いを犯したのか分かるかも」
「それならクレイグと話をしたほうがましだ。彼は成功しているんだから。すべてを失った人から学べることなんて、たかが知れてる」
「次にクレイグに会うのはいつなの？　トレードを始めるのは？」と妻は聞いた。
「もうすぐだよ。もう一度、クレイグに会いたいんだ」
「いつ？」
「今日電話してみるよ」
「それからあの銀行で会った、優しいご老人は？」
「ウィルソンさんのことかい？　USナショナルバンクの？　まあ電話してみてもいいかもな」。明日の月曜日に会いに来なさいと誘われていることは、ジーニには言わなかった。
「電話してみてもいいかもな、ってそれだけ？」
「分かったよ、必ず電話するさ」
でも電話をするつもりはなかった。この２日間で、僕にとってウィルソンさんの影は薄くなっていた。だって考えれば考えるほど、USナショナルバンクのトレーダーたちは、クレイグが知っているようなことを利用していない。あの人たちは過去を生きている。コンピューターもないなんて！　コンピューターなしに、どうやってトレーダーとして成功できるっていうんだ？　だから僕はアーネスト・ウエリントンのトレーダーのようになりたいんだ。情報やテクノロジーの先端にいたい。大物はそうやって大金を稼いでいる。僕もそうやってお金を稼ぐんだ。
ジーニが僕たちの持ち物を売っていたこの週末、僕は子供たちの面倒を見たり、経済指標についてなるべくたくさんの本を読んだりした。もうスコットの助けは借りられないと考えた僕は、FX取引用システムのユーザーマニュアルをすべて読み返した。そして新しいチャートソフトの効果的な使い方を学んだ。要するに、僕は経済統計を材料にしてトレードをする準備を整えていった。ウィルソンさんと話す必要なんてなかったし、もう彼の邪魔はしないほうがいいだろうと考えた。

日曜日の夕食時、また妻と会話の続きをした。僕はその間ずっと為替チャートを横目で見ていた。

「それで、あなたはそのトレード法がうまくいくと思うのね」と妻が言った。

「ああ」と僕は妻に約束した。GBP/USDは横ばいで推移していた。ほとんど動いていない。日曜の夜は、FXトレードをする日ではないことは明らかだった。第一、こんな時間にだれがトレードをするっていうんだ。僕は妻のほうを向いた。

「ああ、間違いないよ。今はあちこちでいろんなツールが出回っているしね。お金を稼ぐのは今までで一番簡単なんじゃないかな。アーネスト・ウエリントンのトレード業務なんて本当にすごかったよ。彼らは毎年100万ドルくらい稼いでいるんだ。どうやってそんなお金を稼いでいるか、クレイグは僕に見せてくれるのさ。それに僕はもう自分でもだいぶ学んだよ」

「本当にクレイグは、自分のやっていることをあなたに教えてくれるの？」。この妻の質問で、僕はクレイグの師匠のことを思い出した。クレイグにトレードのやり方を教えた人物に、僕も会って学ぶことができるんだ。その人はアーネスト・ウエリントンのトレーダーなんだろうか。まさか本当はアンダーソンか、アーネストのトレーディングフロアで見かけたほかのだれかなんじゃないだろうか。一瞬、すぐにでもクレイグに電話をして、また会う約束を取り付けようかと考えた。もっと高度な指導を受けられるくらいのことを、もう十分学んだだろう。

このことが僕をさらに元気づけた。

「必要な知識は必ず学べる。クレイグや本や、ほかのものからも。ウォール街の銀行だって、まだ行ってもいないところが８つはある」

ここ２週間の出来事のせいで、妻が情緒不安定になってしまったのは理解できる。僕は仕事をクビになったうえに取引口座も半分にしてしまった。それにウォール街のトレーダーと同じ結果を出せるという確証も保証もない。それでも僕の計画についてきてくれる、そんな妻が好きだった。もちろん、クレイグが年間100万ドル稼ぐって教えてあげたことで、妻がこの計画に良い印象を持ったのは間違いないけれど。

ほかの通貨ペアはどうなっているんだろう。僕はチャートの画面を切り替えた。USD/JPYはすごい速さで下落していた。１分足チャートが大きな動きを見せている！　アジアのトレーダーたちは日曜日の夜でも活発なんだな！　ああ、そういえばアジアは今、月曜日の朝なのか。どうりで。僕はかろうじて自制心を保って、トレードをするのをやめた。

5000億ドル

次の日の朝、クレイグに電話をした。昨晩のあの動きを見た僕は、トレードに戻りたくて仕方がなかったけれど、僕よりも知識のある人から次の指示を受けるまでは、トレードをしないと決めていた。経済ニュースを材料にトレードをする方法を教えられる、クレイグのような人からの指示を受けるまでは。これまでいろいろな本を読んでみたけれど、30分間クレイグと話をしたときのほうがもっと多くのことを学べた。本は用語を学ぶのに役立った。でも成功しているトレーダーから実践の知識を学べたら、僕はもっとレベルアップできる。

だから月曜日の朝になると僕はアーネスト・ウエリントンに電話をして、クレイグ・テイラーにつないでもらうようにお願いした。

クレイグはすぐに電話に出た。

「もうトレードを始めたのか？」というのが彼の最初の質問だった。

「まだです。あなたの忠告に従って」と僕は答えた。

「すごいじゃないか！」と彼は叫んだ。「おれも昔その忠告に従えてたら良かったんだけどなあ」

「実は、取引口座にもう少し入金しようと思っています。そうすればもっと大きく稼げますから」

クレイグは感心しなかった。

「いいか、大金の入った取引口座がなくてもトレードで成功することはできるんだ。それにトレードを専業にする必要もない。副業で何かやったっていいんだぞ。金を稼いで、それを取引口座に入金するのさ」

なんてバカげたアイデアだ。もちろんクレイグには言わなかった。僕はこう言った。

「それはさておき、金曜日はトレードをしたんですか？」

「ああ、したさ。市場を見ていたかい？」

「ええ、見ました。実はUSナショナルバンクのトレーディングフロアに忍び込んだんです」

「本当かよ！　やるじゃないか！　よくできたな。だれかトレーダーに会ったか？」

「ええ。でもつまらない人たちでしたよ。なんだか葬儀場みたいで。壁は木のパネル張りだったし」

「ふうん」と彼は言った。記憶をたどっているようだ。「そういう人たちか。あそこに知り合いはいないな。あそこはゆっくりなんだ。時間をかけてゆっくりとやるからな。彼らは短期トレードはしない」

「そうなんです。もう居眠りしちゃうかと思いましたよ。どう考えてもコンピューターが必要です、あそこは。もしかすると買うお金がないのかな」

クレイグは大笑いをした。

「あそこが？　いや、コンピューターを買う金ならあるさ。その気になれば、ウォール街にあるコンピューターを１台残らず買うことだってできるくらいの金を持ってる」

「本当に？」

「本当さ。数年前、あのトレーディングフロアはウォール街で一番の利益を上げたんだぞ」

後悔の念が少し押し寄せてきた。今この瞬間に、僕はウィルソンさんに会うことになっていたんだ。僕は彼を誤解していたのかもしれない。

「どのくらいの利益を？」と僕は聞いた。

「彼らの資産は5000億ドルくらいあるんじゃないかな。あのトレーディングデスクは、昨年だけで20億ドルくらいの利益を出していると思うぞ」

「うわ」

「すごいだろ。うちは昨年10億ドルだ。トレーダーの数は２倍もいるのに。またあそこに入れるかどうか行ってみるといい。ハンク・ドゥーレッカーという男に会ったか？」

「いいえ」。ドゥーレッカー？　変わった名前なので、もし聞いたことがあれば覚えているはずだ。

「ハンク・ドゥーレッカーってだれですか？」

「ハンクは今たぶんウォール街で一番のトレーダーだ。もういい歳で少なくとも30年はトレードをしている。為替取引専門さ。インタビューには応じない主義だから、彼がどうやってトレードをしているかまったく分からないんだ。またあそこに行くことがあったら、彼を探してみるといい。あの人も僕と同じ師匠から学んだんだ。ほんの数年の違いでさ」

その朝USナショナルバンクに行かなかったことを、僕はとても悔やんでいた。あそこには会うべき人たちがたくさんいるんだ！　少し遅れて行ったら、ウィルソンさんは怒るだろうか？　特に時間を決めていたわけじゃない。この電話が終わったら急いでダウンタウンに行こう。ウィルソンさんがまだ帰宅していなければいいけれど。もし彼が帰宅してしまっていたら、そのドゥーレッカーとかいうアニメのダドリー・ドゥーライトのような名前の人物に会えるか試してみてもいい。ウィルソンさんみたいな人だとしたら、忙しくトレードをしていないだろうから、話をする時間くらいはあるだろう。

「あそこでは為替と債券先物を活発に取引している。彼らから長期チャートの使い方を見せてもらえたら、すごいことだぞ」とクレイグは言った。

僕は間違いなく大バカだ。あそこにいたときにもっとたくさん学ばずに、大きな機会を逃してしまったんだ。

「短期トレードはどうなんですか？　僕は短期トレードをやろうと思ってるんですけど。あなたみたいに」

「それはそれでいい」とクレイグは答えた。「短期トレードもすごくいい。どちらでも金は稼げるよ」

「でも何だか矛盾しているように聞こえます」

「してないよ」と彼は反論した。「全然矛盾なんかしていない。どのトレーダーもだいたい一度は誤解することなんだけどさ。みんな一番儲かるトレードの方法は一通りしかないと考えがちだ。でも、うまくいくやり方は無数にある」

でも短期トレードは素早く利益を出すのに優れているように思えた。僕にはそのほうが合っているともう決めたんだ。

「いいかい、おれはあそこで面接を受けたことがある」とクレイグは言った。「あそこは積極的な業務をしているところだ。静かでほとんど動かずに、まるで仕事中に居眠りをしているように見えるだろ。でも実際はな、巨額の利益を上げること以外は、まったく興味を持っていない連中なんだよ。平然としたその見かけの裏には、この業界で最高でありたいというハングリー精神を持っている。そして実際、彼らはいつも最高でいるんだ。まるで長い時間かけて獲物をこっそり追っては突然襲いかかる獣みたいに、彼らは利益を追い求めている。そして襲いかかったら絶対にその利益を離さない」

「なんだかすごいな」

クレイグは笑って同意した。

「1990年代後半にハンク・ドゥーレッカーがスイスフランを対ポンドで買ったっていう話は有名だ。ゆっくりと、そして計画的に、彼はスイスフランを買っていき、為替の直物市場で莫大なポジションを持ったんだ。そして噂によると、彼は小国の財務大臣に実際に電話をして、彼らが持つ英国国債をすべて売り、その代わりにスイス国債を買って自分たちの国を守るべきだって、彼らを説得したらしい」

「そうするとどうなるんですか？　それが彼の利益にどうつながるんでしょう？」

「ああ、詳しく話をする時間はないけどな、どうなったかっていうと、それが英ポンドの急落を引き起こしたんだ。その次の年には、スイスフランは英ポンドに対して1000ポイント以上も値を上げた。彼はそのトレードだけで１億ドルの利益を上げたって聞くぜ。彼に会えたら直接その話を聞けるといいな」

クレイグの話していたことは、完全なる非合法じゃないにしても、不正行為に近いんじゃないだろうか。それにしてもすごい儲け話だ。そんなハンク・ドゥーレッカーという人物と親密になるのはいいことだろうか。でも同時に、会ってみたいとも思った。学ぶことはたくさんある。

「あなたの会社にもそういうトレーダーはいるんですか？」と僕は聞いた。彼らに会えたらいいのに。ウィルソンさんやハンク・ドゥーレッカーの会社がどれほど利益を得ているかを知ってしまった今、彼らに会って学ぶのは難しそうに思えた。

「うちには短期トレーダーが多いな。短期しかやらない奴らがさ。ドゥーレッカーやUSナショナルバンクのほかの奴らほど有名なのはひとりもいない」

僕は短期トレードをしたかったので、クレイグがその話をしてくれてうれしかった。

「僕は１分足のチャートを使うべきでしょうか？」と僕は聞いた。

クレイグは、まるで前にも同じ質問をされたことがあってもうその話はしたくない、といった雰囲気で口調を弱めた。

「分からないさ。場合による」

僕は質問を変えた。

「アーネスト・ウエリントンの短期トレーダーたちは、金曜日にいい結果を出せましたか？　英ポンドが大きな下落を見せましたよね」

「ああ、そうだな。おれたちもすぐにあの波に乗った」

「あなたはどういうトレードを？」と僕は聞いた。

「おれはポンドを売った、ご想像どおり。あの朝は、売れるだけ売って、それをできるだけ長く持っていた。あの統計が発表されると、まず流動性がなくなる。短期チャートで価格の下降が見られると、実際そうなっている。急降下するのは、だれも買う人がいないからさ」

「需要と供給ですね」と僕は提案した。

「そのとおり」と彼は続けた。「最初の２～３分は、だれもポンドを買いたがらなかった。それでたっぷり200ピップス下落したところで、少しだけ戻りが入った。それは統計発表前に最初から売りで注文を入れていたトレーダーたちが、ポンドを買い戻して米ドルを売ることで、自分たちのポジションを手仕舞いしたからだ。この動きは短期チャートを見れば分かるよ。５分足くらいのね。さっき言っていた１分足でも分かる。価格がものすごい勢いで下落して、それが突然戻るのが見えるよ」

「それでその戻りが意味するのは、ポンドを買いたいっていう意欲の表れだということですね」

「だからおれはそこで売ったんだ。使える資金をすべて投入して」

「それでいつ手仕舞いを？」と僕は聞いた。

「ああ、15分後には手仕舞いをしたな。おれはそれで終わりにした。もうあの日はトレードをしなかったよ」

「そのやり方は、FOMCの金利決定のときと似ていますね」

「ああ。おれは同じような方法を本当によく使うんだ。それですごくうまくいっているからね」

いくら稼いだのかを聞くなら今がチャンスだ。

「いくら稼いだんですか？」

「そうだな、100ポイント取ったよ。非農業部門雇用者数の発表日としては、おれにとってはすごく、いや、かなりいい数字だったな」

それはとても奇妙だった。クレイグは自分の利益の話をするとき、お金でいくらかを考えていない。何ポイント、あるいは何ピップス取ったかで話をしていた。頭の中に質問の波がまた押し寄せてきた。これは４時間くらいの長電話になるか、答えを全部聞くのは到底無理か、そのどちらかだ。

だからクレイグにもう一度直接会いたいんだ。それから彼の師匠にも。短期トレードについてもっと学ぶために。短期のほうがずっと簡単そうじゃないか。経済ニュースを材料にトレードをする興奮はもちろん魅力だし、それ以上にほんの30分で山ほど稼いでその日はもうおしまいでいいなんて、考えるだけでもすごいことだ。

「非農業部門雇用者数の反応を見たのにトレードをするのを我慢したとは、驚いたな」とクレイグは言った。

僕はにやりと笑って言った。

「だってコンピューターも電話も近くになかったから。トレードできなかったんですよ」

「まあそれにしてもだよ。また来月、同じ統計があるからな」

「そのときはトレードするつもりですよ。あなたの会社では全員が同じようなトレードをしたんですか？」と僕は聞いた。

「いや。ある男が調子に乗って米ドルを対円で売り始めたんだ。完全にどうかしてたんだよ。雇用統計の市場の反応は間違ってるとか、ウォール街のあるトレーダーからドルが大きく売られるっていう情報を聞いたとか、非農業部門雇用者数はドルを買っている間抜けどもにつけ込む絶好のチャンスだとかって言ってさ。USD/JPYは少なくともその日の最高値から200か300ポイントは落ちるはずだとも言ってたな」

「その彼は大きな損失を出したんですか？」

「ああ、そうだ」とクレイグは答えた。「それどころか、奴は注文を入れたまま帰宅しちまったよ。もうトレードを見ていられなかったんだろうな」

「そんなことをしてもいいんですか？」と僕は聞いた。「そんなことをしたらクビになりそうだけど」

「会社が管理しているから大丈夫だ」とクレイグはクスクスと笑って答えた。「ある程度の損失を出したら、会社が彼のトレードを損切ってしまうんだ。一定の余地が与えられているんだよ。昔はそれをデイライトリミット（日中制限）って呼んでいたんだけど、ウォール街では純資産価値とか略してNAVの計算って言うんだ」

「でも、そのトレードがもっと大変なことになる前に、だれかが間に入って彼にトレードをやめさせるべきじゃなかったんですか？」。この男のことを話していたら、僕は自分のFOMCのトレードのことを思い出した。あんなに悪いところまでいく前に、だれかが介入してトレードをやめさせてくれたら良かったのにと思ったことを。そうしたら500ドルじゃなくて、今でも1000ドル口座に残っていたのに！

僕は絶対にそのお金を取り戻したかった。自分がどれほどバカなことをしたか、考えると苦しかった。
「いいところを突いてるじゃないか、ベインズ。そうさ、だれかが間に入って、彼を助けてあげればいいんだ。でも彼はそういう助けを受け入れるような人間じゃない。考えてみるといい。おれもそうだが、あそこの奴らはみんな自分のやることに関してはずっと一流できている。学校ではいい成績を収め、いわばずっと一軍さ。おれたちはいつも正しくて、そして利益を稼ぐものだって思ってる。自分が間違っていることを認めたくないのが、人の摂理ってものだろう」
「それはよく分かります」と僕は彼に言った。「僕がトレードで大失敗したのも同じ理由ですから」
「まあ、君は会社の商業資本1000万ドルをそのトレードで失わなかっただけ、まだましだよ」
会社の商業資本の話になると、サミュエル・ウィルソンのことを思い出した。今日の彼は何を売ったり買ったりしているんだろうか？　金曜日に十分な観察を終えて、今日はどんなトレードをするか決めたんだろうか？　彼は今、トレードをしているんだろうか？　ドゥーレッカーは？　彼は買ったのか、売ったのか？
「それは大金ですね。一度のトレードで1000万ドルの損失なんて。考えれば分かるはずなのに」
「彼も、彼の仲間もな。そのとおりだよ。有名なウォール街のトレーダーから耳寄りの情報をもらったって彼は仲間にも言ったんだ。もちろん、そのトレーダーの名前なんて言えないのにさ。でも確実な情報だって言うんだ。だから彼の仲間たちはさらに大きな注文を入れた。やれやれ、あいつらは本当に不利な立場に自分たちを追い込んだのさ。ドル買いに圧力がかかってきて、英ポンドが下落し始めた。おれはそれだけ見れば十分だった。おれはポンドを売って利益を手にし、それでもう終わりにした。おれも昔はほかの人の話を聞いて負けることがあったよ。でもそんなことはもうやらない」

「そしてその代わり、統計の発表後に冷静にチャートに従うことにしたわけですね」

「まあそういうことだ」

「それでそういうことは全部、友人の助けを借りて学んだと言っていましたよね。その師匠とやらに」

今こそクレイグが彼の指導者を僕に紹介してくれる良いタイミングだ。

「ウィンクルシュタインのことかい？　ああ、彼には会うことになる。間違いない。君のことを話しておいたからね」

「本当に？」。これは良い知らせだぞ！

「ウィンクルシュタインっていう名前なんですか？」

「ああ。ハーベイ・ウィンクルシュタインだ」。クレイグは沈黙した。おそらく師匠と過ごした良い時間を思い出しているのだろう。「彼はトレーダーの育成者としては世界一だ。ほかに彼みたいな人はどこにもいない。彼も君を助けることに興味があるようだよ。君はラッキーだ。あの人はもう大勢には教えないんだ」

今度は僕が沈黙する番だった。この指導者に、どうやってお金を払えばいいんだ？

「クレイグ、僕、彼にお金を払えませんよ」と僕は正直に言った。「恥ずかしいけど、本当のことなんです」

彼は笑った。

「ああ、ハーベイは前払いなんて要求しないよ」

よく分からない。

「じゃあ後払いってことですか？」と僕は聞いた。

「まあな。彼が説明してくれるさ。そのときが来たら、彼に会える。おれも楽しみにしているぞ」

「僕もです」

僕の頭の中ではいろいろな思いが交錯していた――このウィンクル

シュタインという男はだれなんだ？　出身は？　クレイグとドゥーレッカーを指導したってことは、明らかに長い間この業界にいるっていうことだろう。

「もう行かなくちゃいけない。あと30分で全米供給管理協会——ISMの非製造業景況指数が発表されるんだ。でも電話を切る前に教えてくれよ。USナショナルバンクで会ったのはだれなんだい？　名前は？」

「サミュエル・ウィルソンです」

「聞いたことないな。何をトレードしている人かな？」

「何でも好きなものらしいです。40年もそこで働いているって。最初は郵便仕分け室で働いていたって言ってました。自力ではい上がってきたって」

「ハーベイが好きそうな男だな。USナショナルバンクの奴らは、ドルでもっと金を稼ごうとしているみたいだ。おれの端末に、USナショナルバンクがドルに対してユーロを大々的に売っているって出てるぜ。統計のあとに彼らはトレードをしたんだけど、そのときの価格よりも上で注文を山積みにしているよ」

「注文を山積みに？」

「そうだ。米ドルの買い注文をね。つまりユーロの売り注文だ。現在の価格では２億5000万ユーロをだれかに売りつけることはできない。だから市場とは違う値段で売り出しているんだ。例えば、今現在EUR/USDが——」と言ってクレイグは中断し、コンピューターの画面をチェックした。「1.2020だろ。それが今の買い気配値だ。このくらいの値段なら、今たぶん5000万ドル分くらいの注文を確定することができるだろう。でも今、２億5000万ユーロを売りたいなら、1.2000くらいの値段を提示しなければ売れないかもしれない」

「そうすると、買い手はユーロをすごく良い値で買えるってことですね」

「そうさ。もっと下落するなら話は別だけどな」

頭の中で想像してみた。ハンク・ドゥーレッカーとサミュエル・ウィルソンがユーロを売りたがっている。一度にたくさん売るには、買い手がすぐに利益を手にできる価格にしないといけない。そうして買い手に取引をするよう誘惑する。でも価格がその後暴落したら、買い手はユーロを今の売値より高い価格のまま持ち続けるはめになる。USナショナルバンクは大きな利益を手にし、買い手はひどい目に遭う。

「それで買い手のトレーダーたちはその売値で納得するんですか？」と僕は聞いた。「ひどい目に遭うことを分かっていながら？」

「もちろん。よくあることさ。忘れちゃいけない。反対のトレードをしている奴ら、つまり大手銀行やヘッジファンドなんかは、大量のユーロを安く買えると思っているんだ。彼らのコンピュータープログラムや高給取りのアナリストが、ユーロは上昇するって言ってるもんだからさ」

なるほど。クレイグは続けた。

「ユーロは取引量がかなり多い。この手の大きな取引はしょっちゅうある。買い手１人に対して大勢の売り手がいる。その反対もありだ。今おれが話したような大量注文の場合、トレーダーは市場価格ではない価格で注文を出さないといけないかもしれないが、それでもいいんだ。目的がしっかりあるからな」

サミュエル・ウィルソンや、ハンク・ドゥーレッカー、そしてUSナショナルバンクがしようとしていることは、良いアイデアのように思えた。僕はこう聞いた。

「いくらで売ろうとしているんですか？」

僕もあるアイデアを思いついた。これまでで一番良いアイデアかもしれない。

電話越しのクレイグの顔はもちろん見えなかったけれど、大きな笑みが彼の顔に浮かぶのが見えるようだった。

「何をしようとしているか、分かったぞ」

「うん。同じ価格で売りたいんだ」。僕はすでにオンラインバンキングで自分の銀行口座にログインし、5000ドルを取引口座に振り込む手続きをしていた。これで口座の合計は5500ドルになる。USナショナルバンクのトレードに便乗するチャンスが一度でもあるなら、それを逃すつもりはなかった。オンラインで手続きをすませると、僕はクレイグに聞いた。

「彼らはいくらで売るんですか？」

「大きな売り注文を1.2200に入れているよ」

「それって200ポイントも離れているじゃないですか。しかも上に。何で価格が上がってるときに売るんでしょう？　どうしてもっと下の1.2000で売らないんですか？」

「奴らには奴らの理由があるのさ。おれには分からない。悪いが、もう行かなくちゃ」

時間を割いてくれたクレイグにお礼を言った。１日もすれば振り込んだお金が取引口座に反映されるだろう。そうしたらUSナショナルバンクのサミュエル・ウィルソンやその仲間たちと同じ価格で、EUR/USDの売り注文を入れるんだ。

「どういたしまして」とクレイグは言った。「まだトレードをするなよ。その1.2200周辺で売り注文がどうなるか注意して見ているのはいいかもしれないけど、今回はリスクを小さくするんだ。こういう長期トレードでは一気にやられちまうんだからな。流れが反転するまでに100ピップスくらい動くことだってあるんだ。いいな？」

僕は余裕をもってトレードをすることに同意した。

「それから、２週間くらいしたらランチに行こう」と彼は言った。「あの行方不明になったアンダーソンのファイルの騒ぎが収まったら」

行方不明のファイル？　やっぱり僕がクビにされたのは、行方不明のファイルのせいだったのか。思ったとおりじゃないか。たぶんハービーがどこかに置き違えたんだろう。

「２週間？　もっと早く会えませんか？　今週の後半にでもランチに一緒に行けたらと思ってたんですけど。市場のスケジュールを確認したら、今週は特に何もなさそうだったから」

「うん、確かにそれはそうだな」と彼は答えた。「勉強したな。よし。２～３日したら電話をくれよ。たとえ数分でも会う時間があれば会おう。それからウィンクルシュタインを待ってることだな。いつ、どこに現れてもおかしくないから」

ウィンクルシュタインに会うのが楽しみだった。とりあえず今はサミュエル・ウィルソンに会うために、ダウンタウンへ行ってみよう。

USナショナルバンクで殺されそうになる僕

僕はUSナショナルバンクのトレーディングフロアがある階のフロントデスクにやって来た。受付係は僕の名前を忘れていたけれど、顔は覚えていた。どちらにせよ、それはちょっとまずいことだった。

「どのようなご用件でしょうか？」と聞く彼女の声は、明らかに僕を通しはしないわよという調子だった。それどころかもう警備員を呼んでしまったのではないかと思ったくらいだ。その顔は僕の母親と同じ表情をしていた。以前僕はコンビニのレジに置いてあった小銭入れの皿から小銭を盗んだことがあった。それを見つけたときの母の表情と同じだ。これは難航しそうだ。

僕　サミュエル・ウィルソンさんと会う約束をしているんですが。

怪しむ受付係　ああ、もちろんそうですよね、ええっと、チャールズ・フランクさん。ウエークマン・バターマン・アンド・ベイリーの社員、じゃなくて元社員のお方ですよね。それで、ええと、サミュエル・ウィルソンと会う特別なお約束ですか？　そんな人ここでは働いていませんけど。

僕　（抗議しながら）いえ、本当に、ウィルソンさんと会う約束をしているんです。ここで働いているじゃないですか。僕の名前はハリー・ベインズです。

怪しむ受付係　いいえ、本当に、ここでだれかに会う約束なんてないんでしょう、ベインズさん。USナショナルバンクにサミュエル・ウィルソンなんていう人はいませんし、いたこともありません。それに今ここにいらしているのはハリー・ベインズさんじゃないはずですけど。

僕　来てるんです！　ここUSナショナルバンクに来ているのは、僕ハリー・ベインズなんです。それにもう一度確認してもらえれば、サミュエル・ウィルソンさんだってここにいることが分かるはずです。

怪しむ受付係　ではサザーランドさんに電話をして、あなたがウィルソンさんと会う約束をしているか確認して差し上げましょうか？

僕　（間抜けな顔をする）

もう何も言えなかった。ウィルソンさんやウィンクルシュタイン、それにUSナショナルバンクのほかのトレーダーたちが、EUR/USDを1.2200で売るあのトレードをどうやってやるのかが知りたかった。そのトレードに注文が入るのはいつなんだろう？　今日注文が入ることだって十分あり得る。注文が通るにはEUR/USDが200ポイントも上昇しなければいけなくても。どうしてそんなに高い値段で売るんだろう？　クレイグは、それより早く注文を通すこともできるって言っていた。ならどうしてそんなに長く待つんだ？　それにウィルソンさんはどこに行ってしまったんだ？　受付係に警察を呼ばせずになかに入る方法はないものだろうか？

警察を呼ばれるよりまずいのは、サザーランドさんを呼ばれることだ。彼を怒らせたら、ここのトレーディングフロアを見る機会は永遠に閉ざされてしまう。ここだけじゃない、ほかのトレーディングフロアにも入れなくなるだろう。ウィルソンさんは僕が来るのを待っているだろうに、なかに入れてもらえなければ、僕は彼と話す機会を逃してしまう。だから僕は受付係にすがることにした。

「本当のことを言うよ。この間はサザーランドさんに会わなかった。それは事実だ。ウソをついたんだ。君にも、それから先週の初めには妻にも。上司にも、それから今は思い出せないけどほかの人たちにも。でもあのドアを開けてくれよ。絶対にウィルソンさんはここで働いているんだから」

彼女は突然、“怪しむ受付係”から“怒った受付係”へと豹変した。

「もう警備員を呼びましたから」と素っ気なく言った。「ここでだれが働いているか、私が知らないっておっしゃるんですか。先にそんなことくらい調べます。さあ、お帰りください」

チーンという音とエレベーターのドアが開く音が聞こえた。それから背後でドシドシという足音も。

「お願いだからウィルソンさんに電話をして、僕がここにいることを伝えてくれないかな。もし彼が僕を知らないって言えば、おとなしく帰るよ。手錠をかけるなり逮捕するなりすればいい。トレーディングフロアに呼び出しをするか、名簿を見るだけですむことじゃないか」

ウィルソンさんが認知症を患ったりしていなければいいけれど、と僕は本気で願った。だって、あのトレーディングフロアでは彼が一番年老いて見えたから。彼が僕のことを完全に忘れてしまっていることがないとは言えない。だって僕の名前をフロントデスクに伝えておいてくれているはずだもんな。待てよ！　僕が来ることを、伝えてないんだ！　どうりでこんなに大変なわけだ。彼が僕との約束を忘れているのは間違いない。思ったとおりだ――あの人は優しくて親切だったけれど、頭は切れるほうじゃないらしい。

今の時間はちょうど正午１分前だ。もう絶対になかには入れないだろうと思った。どうせいつも早く帰ってしまう彼のことだから、もう自分のデスクにすらいないんだろう。彼はお年寄りだから。昼寝か何かする必要があるんだろう。

そのころには、２人の警備員が僕の隣に立っていた。僕は怒った受付係に世界一哀れな顔を見せていたに違いない。だって、彼女は確認の電話をかけてくれたから。

「ジュディ、ロビーにちょっと変な人がいてね、うちの会社にサミュエル・ウィルソンっていう人がいるかどうか聞いているのよ」。そして沈黙した。

「違うわ、変質者というわけじゃないの。ただ、サミュエル・ウィルソンっていう人に会わせてくれって言ってるの。このトレーディングフロアで働いてるって」。また沈黙。僕は緊張で膀胱が破裂するかと思った。でも我慢した。あと数秒待てば、彼女は自分の間違いに気がつくはずだから。そうすればトイレを使わせてもらえて、その後、僕はあの巨大なマホガニーのドアをさっさと抜けて、そしてご機嫌なウィルソンさんに会って、秘密主義でお金持ちのトレードの達人たちの手法を彼が教えてくれるんだ。そして僕を仲間に入れてくれて、史上最高のトレーダーに育ててくれるのさ。

と、そんなふうにはいかないか。

僕は右腕をぎゅっとつかまれた。そして左ひじも。僕をつかんだその手は大きくてがっちりとしていて、USナショナルバンクのトレーディングフロアに行きたいという男の夢を砕いてしまえるほど力強かった。僕は左右を見た――僕の両端、３メートルくらいのところに窓がある。ここは地上20階だ。どっちの窓から僕は投げ出されるんだろう。こんな死に方をするとは思わなかったけど、非農業部門雇用者数の統計を再び見ることもないまま、僕はこの世を去ってしまうのか。ユーロの売りトレードで、輝く無数のピップスを取る注文も、計画倒れのままに！

神父　みなさん、今朝はこの暗く曇った空模様のなか、ハロルド・ベインズの一生をたたえるためにお集まりいただきありがとうございます。

ちょっと待てよ！　違うだろう。

神父　ご友人のみなさま、知事、議員のみなさま、サザーランド氏、テイラー氏、ウィルソン氏、そしてハービー・ジョンソン氏。今朝はこの悲しい雨模様のなか、ハリー・ベインズの哀れな一生を追悼するためにお集まりいただきありがとうございます。彼は史上最高のトレーダーになる運命で――かくかくしかじか。

（はなをすする音）

神父　われわれの唯一の慰めは、USナショナルバンクの怒った受付係が、自分の会社のトレーダーの名前を知らなかったとして、昨日クビになったことです。

（さらにはなをすする音）

僕の腕をつかむ手に一層力が入った。

「この会社にはサミュエル・ウィルソンなんていう人物はいません」

彼女は“怒った受付係”だけではなく、“うれしげな受付係”になった。まるで僕がこの下のブロード・ストリートとウォール街の交差点の隅っこで死んで惨めな肉体の塊になることに、至極の喜びを感じたかのように。それに彼女は、自分の会社の社員の名前を知らないと僕が言ったことで、ひどく腹を立てていた。

「ごきげんよう、ベインズさん」

ああ、なんてことだ。僕の計画はすべて裏目に出てしまった。ひじをつかむ力は強くなり、自分の意思に反して後ろに引きずられ始めた僕は、唯一できることをした。足は床の上をずるずると引きずられ、体はエレベーターの中へと運びこまれていきながら、僕は叫んだ。

僕　（大声で）僕は別名チャーリー・フランクです！　ウィルソンさん、僕ですよ、チャーリー・フランク兼ハリー・ベインズですよ！　僕たちはあなたに会いに来たんですよ！

受付係は電話の受話器を置き、仕事に戻った。もちろん、もうこの状況には見向きもしていない彼女は、僕の殺人に手を貸したことにはならない。僕をしっかりとつかみながら１階のボタンを押すこの男たちには、WWEのプロレスラーだってかなわないだろう。エレベーターの中に閉じ込められたら逃げることなんてできないのに。ありがたいことに僕は窓から投げ出されはしなかった。でも外に出たら警察が僕を待っているんだろうか？　妻に電話をして保釈してくれと頼まなくちゃいけないんだろうか？　裁判や弁護士にかかる費用で、僕は解雇手当も使い果たしてしまうんだろうか？

１階に到着するとエレベーターのドアが開き、警備員は僕を外に押し出した。そして正面玄関まで僕を連れていき、ウォール街の歩道に僕を放り投げた。僕は倒れこんだ。だれかが僕を踏んでいった、あるいは蹴飛ばしていった。幸運なことに、だれも僕につまづくことはなかった。顔を上げると、ニューヨーク証券取引所が通りの先に見えた。僕はまた下を向いた。

もうトレーダーになれないんだ、と自分に言い聞かせた。

「もちろんトレーダーになれるさ」と聞き覚えのある声が上から聞こえた。顔を上げると、年老いたしわだらけの手が僕に差し伸べられていた。

僕は上を向いた。そこにいたのはサミュエル・ウィルソンだった。

「ハリー・ベインズ君？」。彼はにやりと笑った。「それともチャーリー・フランク君かね？」。そしてもっと大きな笑みを見せた。「君なのかい？」

僕は笑い返さなかった。怒っていたわけじゃない。ただ、彼がいたことに心からホッとしていた。僕は彼の目を見つめた。

「助けてください！」というのが精いっぱいだった。僕の目は涙でいっぱいになった。どうして僕が来ることを伝えておいてくれなかったんだろう？　どうしてほんの一歩先へ進みたいだけなのにこんなに苦労しなくちゃいけないんだろう？　僕は想像していた。取引用システムがなぜか自動でユーロのトレードに注文を入れ、EUR/USDを1.2200で売ってしまったところを。それで価格は急上昇して、取引口座に残っているお金が全部なくなってしまうところを。妻は僕に愛想をつかし、僕のお気に入りのリクライニングチェア以外の家具は全部持って出ていってしまい、そのいすだって壊れて、アパートにある最後の電球もプツリと切れて、僕は暗闇に座ったまま死んでいくんだ。

「いいや、ハリー」と彼は言った。再びその手を僕のほうに差し出しながら。「そんなことにはならないさ。君は素晴らしいトレーダーになるんだ。きっと世界一のな。約束してあげよう」

どうして僕が考えていることが分かるんだ？

どうやってこんな絶好のタイミングで現れたんだろう？

サミュエル・ウィルソンは僕のことを知っているんだ！

そして僕を助けてくれようとしている！　その瞬間、僕は自分自身のすべてを彼に託した。彼の命令に従い、教えてくれることは何でも吸収するために。彼は、最悪の状況にいる僕の友人になってくれる。それだけで十分だった。この人なら、僕がかなえられなかったあらゆる希望を象徴するこのウォール街で僕をみっともなく死なせることはしない。それさえ分かっていれば、十分すぎるほどだった。僕が自力で立ち上がれないときに、僕のために立ち上がってくれる。僕が不可能な夢をすべてあきらめようとしているその瞬間に現れてくれる。それだけで。そのとき、僕は気がついた。アドレナリンが頭のてっぺんから体全体を通り足の先まで駆け抜け、僕は身震いをした。この男は僕が思っている人物じゃない。この男はサミュエル・ウィルソンじゃないんだ。

この男はハーベイ・ウィンクルシュタインだ。

第11章

すべてを白状する

Coming Clean

ウィンクルシュタインは僕の手を強く握った。そして片腕で僕を歩道から引き起こしてくれた。

「こんなところに転んで何をしているんだい？」

「未来のスーパーFXトレーダーたちはみんなここから出発すると思ったもので」と僕はほこりをはたきながら答えた。

彼は静かに笑った。

「なかなか的を射ているよ」

彼が僕を引き連れて正面玄関を抜け、そしてエレベーターに入って行くので、僕は心配になって言った。

「僕をなかに入れてくれると思いますか？　かなり怒っていましたよ」

「そうだろうね」

「どうして僕が来ることを伝えておいてくれなかったんですか？」

彼は一瞬沈黙した。そして僕の両目をまっすぐ見つめた。

「君は先日ここに来たとき、正直ではなかったね。それにまたここへ来るという約束も守らなかった」。それ以上は言わなかった。僕に聞こえたのはエレベーターが昇っていく音だけだった。痛い真実を突かれた。

「君には教訓を教える必要があったのさ」

「教訓なら確かに学びました」
すると彼は両手を僕の両肩に乗せ、僕を彼のほうへと向けさせた。そのまま僕を床から持ち上げてしまうんじゃないかと思った。
「教訓はな、ハリー、絶対に私にウソをついてはいかんということだ。私にだけじゃないぞ。絶対にだ。ウソはトレードには禁物だ」
僕は彼の目を見つめた。
「約束します。これからは正直に生きることを約束します。すべてに対して」
すると彼は言った。
「いいだろう」。そしてトレーディングフロアの受付の階でエレベーターを降りた。受付係はまた僕が現れたことを快く思わなかったようだが、ウィンクルシュタインを見ると笑顔を見せた。
「こんにちは、ハーベイ」と彼女は明るく言った。「この方は、あなたのお連れ様？」
彼はうなずいた。
「ありがとう、バレリー。これからは彼を自由に出入りさせてくれるかな。警備員は呼ばなくてもいい」。彼女はうなずいて返事をした。警備員が僕を窓から放り投げてしまっていれば良かったのにと、彼女が思っているのが分かった。僕たちは彼のデスクに来て座った。トレーダーはもうほとんどいない。
「みんなどこへ？」と僕は聞いた。
「帰ったよ。今日はもう仕事を終えてな。家からでもトレードの情報をオフィスにいるときと同じように入手できる。ここではクライアントの注文を受けているわけじゃないんでね」
「注文を受けているとどうなるんですか？」
「うむ、ウォール街の大手の窓口だとしたら、クライアントがポンドやユーロや円のレートを聞きに電話をしてくる。だから価格を教える。１日中そんなことが続くんだ」

「ここでは何をしているんですか？」

「ここでは会社のお金をトレードしている」

「ここでクライアントにレートを教えている人はいないんですか？」

「いるさ。違うフロアにな。このフロアにいるのは全員プロップトレーダーだ。プロプライエタリー、自分だけのものという意味さ。われわれは会社のためにトレードをして、会社に利益をもたらす。ああ、私は違うがな。だがほかは全員そうなんだ」

「あなたはここで何を？」

「好きなことを何でも。長期チャートを見たり、少しトレードをしたり。ここは私が自由に使わせてもらっているデスクというだけだよ」

「こういう会話をするために？」

彼は頭を横に振った。

「ここに連れてきたトレーダーは君が初めてだ」

僕は目を細めて彼を見た。

「僕は自分からここに来たんですよ」

彼は笑った。

「君のこれまでの行動はすべて把握している。君が初日にここに来たのも、私がそう仕向けたからだ。今日ここにいるのもそうだ」

どうしてそんなことまで知っているんだろう。今はそれはどうでもいいけど、どうして僕についてそんなに詳しいのか、あとで聞いてみようと思った。まるで僕の心が読めるみたいだ。でもその前に聞きたい質問がたくさんあった。

「正直さについて話をするんでしたよね」と僕は言った。

「そうだ。早速その話をしよう。重要なトレードの決まりごとのひとつだ。トレーダーは常に正直でなければならない」

正直とトレードの関係

僕　正直さが重要なトレードの決まりごとのひとつだって言ってましたよね。どうしてですか？　どうしてあなたがやっているトレードの話をしてくれないんですか？　あなたはEUR/USDのトレードを長期でやっているらしいって聞いたんです。最初にトレードのことを話しませんか？　すぐにそっちの話に飛び込むべきじゃありませんか？

ウィンクルシュタイン　君はもう飛び込んだじゃないか。完全に無責任なトレードをしただろう。ああいうのを飛び込むって言うんだ。でもそれはしてはいけない。例えで言うとすれば、飛び込む前にまずは水加減を調べることを君に教えたい。激流がないことを確認しなければ。君がおぼれないようにするためだ。

僕　走る前に歩くことを学べということですね。

ウィンクルシュタイン　というよりは君が浅瀬に飛び込むのを防ぐということだ。君がやったのはそういうことだ。

僕　それと正直さがどう関係あるんですか？

ウィンクルシュタイン　正直になることが第一歩なんだよ。実は一番重要な教訓のひとつだ。重要な教訓は３つある。そのどれもが、君がトレーダーとして成長するには同じように重要だ。

僕　準備はできています。何でもちゃんと聞きます。

ウィンクルシュタイン　よし。この１カ月で何回ウソをついた？

僕　（沈黙）

ウィンクルシュタイン　いいだろう。質問の仕方を変えてみようかな。この１カ月で、ハーブ・ジョンソンにウソをついたかね？　もしくは会社のほかの人に。

僕　はい。

ウィンクルシュタイン　何回？

僕　分かりません。それほど多くはなかったですけど。

ウィンクルシュタイン　そんな答えじゃだめだ。もっと考えてみなさい。

僕　分かりました。ちょっとやりにくいですね。僕が質問をするほうだと思っていたので。

ウィンクルシュタイン　私が君に質問をしたほうがいろいろと学べる。なぜかと言うと、君が学ばなければいけないことは、すでに君のなかにあるからだ。それを私は引き出してやるだけだ。虫歯や、炎症を起こしている盲腸のようにな。

僕　あまり気分の良いものじゃないですね。

ウィンクルシュタイン　それで、答えられるかね？　会社で何度ウソをついた？

僕　少なくとも10回、最低でも。自分の居場所についてウソをつきました。それからアンダーソンさんが僕に仕事をくれるって言ったとウソをつきました。弁護士にも電話の相手のことでウソをつきました。自分を取り繕うために何度かウソをつきました。

ウィンクルシュタイン　それだけかね？　口から出たウソだけかい？

僕　口から出たウソ？　どういう意味ですか？

ウィンクルシュタイン　人は行動でもウソをつくという意味だよ。言葉だけじゃない。これは重要だ。とても重要なことだ。エレベーターで君に教えたことは本気なんだよ。私にはもう絶対にウソをついてはいけない。ほかのだれにも。もしウソをついたら、トレーニングは中止だ。君はもう助けなしだ。私にはお遊びの時間はないからね。

僕　でも、どういう意味ですか、行動でウソをつくって？

ウィンクルシュタイン　会社で仕事をサボるということだ。やったことはあるかい？

僕　仕事をサボったこと？　でも、法律事務所で働いている人ならだれでもしていることでしょう。

ウィンクルシュタイン　面白いことを言うね。だがそれじゃあ質問に答えていない。君は仕事をサボったかね？　仕事中にトレードをしたことは？

僕　はい。あります。でも……

ウィンクルシュタイン　休憩時間じゃないかぎり、それは仕事をサボっていることになる。トレードをしたのは休憩時間だけかね？

僕　いいえ。休憩時間だけじゃありません。仕事中にもやりました。

ウィンクルシュタイン　ほかには？

僕　そうですね、そういうことだったら、会社でもう長いこと仕事をサボってきました。10年間です。たぶん、10年間、毎日１時間はサボってきたと思います。最低でも。

ウィンクルシュタイン　どうやって？

僕　ちょこちょこと休憩時間を長めにとったりして。時間をかけて歩き回ったり。共同経営者のオフィスに行くときは遠回りをしたりして。書類整理を二度やってひとつの仕事にかかる時間を２倍に延ばして、次の大きなプロジェクトに取り掛からなくてすむようにしたり。うわあ、こうして考えてみると、僕は仕事場でちっとも正直じゃなかったな。

ウィンクルシュタイン　君の奥さんには？

僕　はい。ウソをついたことがあります。ええ。

ウィンクルシュタイン　他には？

僕　たぶんあります。というか、絶対あります。もちろん。ここ数週間、僕はあまり正直じゃありませんでしたから。ここのフロントデスクのバレリーにもウソをつきました。トレーディングフロアに入るために。

ウィンクルシュタイン　そうやってすべて認めるのは良いことだ。ではこのドアの外に出て行って、バレリーに謝ってきなさい。私はここで待っているから。

償い

バレリーに謝るだって？　どういうことだ？　どうしてそれが僕をトレーダーとして成長させるんだ？　まさかウエークマンへ行ってハーブ・ジョンソンを見つけて謝れとは言わないだろうな。あの背の低いナポレオンみたいな人を経営者ミーティングから引きずり出して、本当はしたくもない下手な謝罪の言葉を彼に聞かせるのか。

それでもバレリーに謝ると、彼女は表情を明るくした。

「本気？」と彼女は言った。

「本気さ。心から謝るよ」。そして僕は心から謝った。おわびの言葉を口にしたら、誠実な気持ちになれた。そして少しすっきりした。少し背筋がしゃんとして、さっきよりも少し明るい気持ちになれた。ウィンクルシュタインのところへ戻って、僕はそれを伝えた。

「それは当然かもしれない。良かったじゃないか。受付の若い女の子を怒らせたままにしておくなんて、そんな苦労はいらないからね。一生ややこしいことを言われるだけだ。そういうのはすべて捨てなければいけない。自分のなかにため込んできた否定的なことはすべて」

元雇用主にも謝らなければいけないのかどうかは聞かなかった。それだけはやりたくなかったし、それに謝罪の言葉を口にする前に、さっさとビルの外に連れ出されてしまうのが関の山だ。でも妻への謝罪か。それは家に帰ったらすぐにでもしたいと思った。借りられる手はすべて借りたいのに、僕が正直になれなければ、妻の手を借りることなんて無理だろう。

「さて」とウィンクルシュタインは言った。「ちゃんと謝った褒美として最初のレッスンに入ろう。どうして私があのトレードをしているかだな。覚えているかい？　ユーロが上昇したところで売ろうとしている理由を知りたがっていたね」

「もちろん覚えています。実は同じトレードをしたかったんです。

あなたとハンクさんがユーロを売る計画をしていると知って、僕も同じようにやりたいと思ったんです。利益を得る機会を逃したくないですから」

「だれだってお金を得る機会を逃したくはないさ。それが新人トレーダーの抱える大きな問題なんだ。機会を逃したくないからとほかのだれかのアイデアをまねしなくちゃ気がすまない。でも君が話しているそのユーロのトレードだが、私は実際にはそのトレードはしていないんだよ。私がEUR/USDを1.2200で売るとは限らない。絶対にやると決まっているトレードではないんだ。ほかのだれかがやるらしいから自分も乗るというのは、こういう点で危険なんだ。君がそのトレードをしたとしても、結局その人物はやらなかったとなったら、君はどうなる？　何のバックアップもない、計画もない、理由づけもない、そんなトレードをしていることになってしまうだろう。ただ機会を逃したくないからやったというだけだ」

僕はつばを飲み込んだ。それはまずい。大きなバックアップがあると思ったからこのトレードの注文を入れるつもりでいた。でも実は僕ひとりだけだったんだ。ウィンクルシュタインも、USナショナルバンクも、その注文を入れるつもりはない。突然、自分が今までないほど間抜けに思えた。こんな調子で計画を立てていたら、僕の取引口座はすぐにでもなくなってしまう。目に見えるようだった。口座はすぐに火の車になり、そして僕はトレードをやめなくちゃいけなくなる。

「でもクレイグが言ってました」

「クレイグは注文画面を見て、ハンク・ドゥーレッカーが水加減を調べているところを見たんだよ。現在の市場価格から200ピップスも上に入れた注文なんて、そのまま放っておくには離れすぎている。確かにもうすぐ売るつもりではいるがな、買い手がどれほど欲しがっているかを知りたかったんだ。そんなに市場から離れた価格でほかに取引をしている人なんていないからな」

「じゃあ、本当に、どうしてそんなことを？」

「確かに売るつもりではいる。それは本当だ。だが少し上昇するのを待っているんだ。ハンクは何年もかけて検証してきたある持論を持っていてね。市場から離れたところ、ずっと離れたところに注文を入れておくと買い注文を誘い込む、というものだ。私はそうは思わないがね。あまりに離れているから、自分たちの手の内を見せるようなものだと思っている。私はもっと市場に近いところで考えるのが好きなのでね」

「どうしてですか？」。僕は少しほっとした。少なくともウィンクルシュタインはあのユーロのトレードをするつもりだった。注文をいつ入れるかは分からないけど。じゃあ結局、僕の考えはそれほど突飛でもなかったわけだ。それならまだあのトレードに便乗することができるかもしれない。もちろん、実際にどんなトレードをしようとしているのか、聞き出すことができたらの話だけど。

「価格が上がるのを見たいんだ。それから決める。そんなにいきなりやることも、急いでやることもない」

「まるでトレードに全然興味がないみたいな話し方ですね。やってもやらなくても関係ないみたいな。トレードをしなければ利益は出ないのに」

彼はにやりとした。

「君がその質問をするのを待っていたよ」。彼は僕のほうへ体を寄せ、相変わらず大きな声で言った。

「ハリー、君はトレードをしても利益を出せないじゃないか」

耳が痛かった。だが彼は話すのをまだやめない。

「動揺しているのかい？　私にはそう見えるがね。自然なことだよ。私も以前はもっと多くのトレーダーを教えていた。トレードをせずに我慢しろとか、我慢して長期チャートを見ろと言うと、それでどうやって金が稼げるんだと全員が必ず聞くんだよ。みんな言うのさ。トレードをしなければ、ピップスを取ることができない。ピップスを取ることができなければ、金を稼ぐことができないとな。でも現実には、それまでに彼らが証明してきたことは、トレードをすれば資金を失うということだけなんだよ」

僕は反論できなかった。彼が僕にこの話をしているのは、僕のことを気に入らないからとかじゃない。彼がこの話をしているのは、僕を助けたいからだ。そして彼の言っていることは正しかった。

「確かにあなたの言うとおりです。僕が証明したのは、トレードをするとお金を失うということです」

「ああ、そうだな。一度のトレードで1000ドルをどぶに流したりして。あれは君の口座の大半だった。これから時間をかけてもっと資金管理について学ぶことになるが、大前提としてこれを理解しないといけない。トレードを多くやったからといって、もっと利益を出せるとはかぎらない。特に新人トレーダーはな」

「どうして僕のトレードのことを知ってるんですか？」

彼は笑みを浮かべた。

「君のFX業者がいるだろう？　口座開設をした男だ」

「ええ。その彼がどうしました？」

彼はまた笑みを浮かべた。さっきよりずっと大きく。

「彼を知っているんですか？」と僕は聞いた。そして今度は確信を持ってもう一度言った。「彼を知っているんですね。たぶんずっと昔に彼を指導したんでしょう。物々交換のやり方でも教えたんですか」

「そこまで昔じゃないがな。でもそうだ。何年も前に彼を指導した。昔からの友人なんだ。君の口座の明細は見ていないが、君が出した損失のことを教えてくれたよ」

ああ、だからウィンクルシュタインは僕のことをこんなに知っているんだ。この業界の人をみんな知ってるからか。

「話を元に戻すとな、ハリー」と彼は言った。「今もっとトレードをしたところで、もっとお金を稼げるとは限らないということは、納得できたかな？」

「納得しました」

「その理由は？　なぜ納得したのか、その理由を聞かせておくれ。君の口から聞きたい」

僕は止まって少しの間考えた。考えているだけで、彼が僕に教えようとしていたことが真実であることが理解できた。

「あなたの言っていることを僕が正しく理解しているならこういうことです。新人トレーダーはどうしてトレードをしているかまったく分かっていない。トレードをする理由は、ええと、ただトレードをしたいからという理由です。そのことに気がついてとてもひどい気分になりましたよ。なんだかとても間抜けになった気分です」

「どうして間抜けな気分になったのか言ってごらん」

「だって、僕はクレイグのようになろうとしていただけなんですから。短期チャートを見てトレードすれば、そこにアクションがあるんだって思っていました。主要経済統計の直後は、そこに動きがあるって。それから勝手に思い込んでいただけなんですけど、大きく動いているからその大部分をとらえることができると思っていました。でもどうやってやるかなんてまったく分かりません。僕はソフトウエアを使ったり、ほかの人がやるトレードの噂を聞いたりしていました。自分のトレードを何かしらの分析に基づいてやっていたわけではありません」

「それで？」

「それでって？」

「ハリー」と彼は語り始めた。「素晴らしい出だしだけれどね、もっとこれは奥が深いんだよ。新米トレーダーはどうして自分たちが買ったり売ったりするのか分かっていないという点は正しい。たいていの場合、自分で考えなくてもすんでしまうソフトウエアを買ったからとか、価格が急に上昇しているからとか、ほかの人がやっているという噂を聞いたからとか、そういう理由なんだ。噂でやるトレードが一番悪い。噂の真実は確かめられないから、そのトレードが本当に行われるのかどうかすらまったく分からない。それに実際にそのトレードをやるかどうか、その噂のトレーダーに聞くこともできない。でもそれだけじゃないんだよ。君は分析に基づいてトレードをしていないと言ったけれど、それはどういう意味かね？」

僕は自分でもよく分からないと言った。でもそれが正しいことは分かっていた。

「まじめで素直な答えだ。だがそれじゃだめだ」と彼は答えた。「もっと考えてごらんなさい」

僕は少しの間考えた。

「僕が言いたかったのは、いいトレーダーっていうものはトレードをする前に、自分自身で何かしらの分析をしなければいけないのかもしれないということです。計画を立てるとか。調べる必要があることを書いたチェックリストのようなものを作るとか」

「素晴らしい！」とウィンクルシュタインは叫んだ。だれもこちらを見ている様子はない。どうやら、彼はこうやって叫ぶことで知られているらしい。

僕は続けた。

「チェックリストがあれば、こうすればうまくいくと分かっているプロセスに従うことができます。だから、トレードをするということは、ってこれは今考えついたことですけど、すごくいいことを言っているような気がするので言いますが、それはつまり、僕がシステムを実行しているということになる」

「そう！　そうなんだよ！」と彼は叫んだ。「それはつまりシステムを実行している。そしてシステムに従っていれば、そのトレードが勝ちトレードか負けトレードかということは関係なくなるんだ。時間がたてば、そのシステムが利益を生むことさえ理解していれば。目標は利益を得ることだろう？」

「そうです！」

「トレードをするのが目標じゃない。みんながこれを取り違えているのが分かるかい？　彼らはトレードをしたいんだ。ギャンブラーがスロットマシーンをやりたがったり、薬物依存症者がハイになりたがったりするのと同じだ。彼らは快感を得るためにやっている。利益を出すことに真剣じゃない。想像できるかね？　ウエークマンに入ったばかりの弁護士が、仕事初日に裁判所に行って世界最大の企業の弁護を務めるなんていうことがあり得るかな」

「ハーブ・ジョンソンが何て言うか、想像できます」

「その弁護士を裁判所から追っ払うだろう。新人弁護士にはそれほど重要な役割を任せてもらえるような権利はない。そういう権限を与えてもらうに値すると自分を証明するまでは。新人トレーダーだって同じことさ。トレードをしなくても大丈夫だと証明できるまで、トレーダーとして成功することはできない」

「トレードをしなくても大丈夫だと証明する。今ならよく分かります。でもこんな風に考えていると、脳味噌がぐちゃぐちゃになりそうですよ」

「それは君が２つのことを一度に考えているからだ。君は家族を養わなければいけないと考えている。それから良いトレードをしようと考えている。この２つの概念を足して合わせると、君の取引口座の資本金残高はゼロになってしまう。どうしてかな？」

「僕が答えるんですか？」

「ああ。どうしてそうなるんだ？　どうして家計を支えようとするトレーダーは、口座残高をゼロにしてしまう可能性が高いのかな？」

これは理解できなかった。利益を追い求めるのは良いことだったはずだ。お金を稼ぐ必要があったほうが、トレーダーは失敗せずにうまくできるんじゃないか？　僕は彼にそう言った。

「君がその考えの肩を持つのは、自分がまさにその状況にいるからだよ」と彼は教えてくれた。

それはそうかもしれない。僕は反論しなかった。彼は続けて言った。

「家族を養う必要のある新人FXトレーダーは、最高のトレーダーになってやるぞというやる気でいっぱいだ、そう君は思っている。だがそれは君の想像にすぎない。新人トレーダーというのは、家族を養ったり電気代を支払ったりしなければいけないからこそ、やってはいけないトレードをいっぱいしてしまうんだよ」

「それはお金を稼ぐ必要があって、トレードをしないことにはお金を稼げないから？」

「そうだ！　また正解だ！」

「だんだん分かってきました。それに、僕のような新人トレーダーは、あのテレビに映っていた人たちやクレイグのような人を見たことがあるかもしれない。それで、トレードで利益を出すには、ただボタンをいくつか押すだけだって思っている。トレードがもっと簡単で、シンプルで、それに……」

「それに何だ？」

「分かりません。仕事じゃないと思ってるからでしょうか」

「大当たりだ。そのとおりだよ。もう完全に理解できたな。トレードはただの仕事だ。トーマス・ジェファーソンかだれかが設立したミッドタウンにある法律事務所で書類整理をするのと同じ、仕事なんだよ。だがトレーダーたちは、トレードが仕事と同じだということを聞きたくない。魅惑的なものであってほしいと思っているから。1日の好きなときにコンピューターの前に座りさえすれば、FX市場が脂のたっぷり乗ったうまいピップスを提供してくれると思いたいんだ。努力もせずに。彼らは、やりたいという気持ちさえあれば十分だと思っている」

「トレードが仕事と同じだっていうのを聞くのは嫌ですね」
「そうだろう。イメージを損なうからな。そのせいでトレードをしたいという君の気持は変わるかね？」
僕は頭を横に振った。
「もちろん変わりません！　今まで以上にやりたい気持ちになりました。仕事と同じだっていいんです。僕はそれで構いません。少なくとも前の仕事よりはマシだと思います。だって人に怒鳴られなくてもすむし、自分で働く時間を決められるし、もう少しすれば前より収入も増える。それに家族と一緒にいる時間だって増える」
「ハリー！　ハリー！」と彼は腕を伸ばして僕の両頬をつまんだ。「分かってないな！　君は今、この地球上で最も難しいと言われる仕事で成功しようとしているんだぞ。君はトレーダーになりたいと言っているんだ！　トレードをして利益を出せる人がいったいどれだけいるか知っているかい？　ほとんどいないんだ！　それに知ってるかい？この仕事でうまくやっているからと言って、家族と過ごす時間がもっと増えるとは限らない。人に怒鳴られることだってあるかもしれない。夜中に働かなくちゃいけないかもしれない。それに最初はゴミ拾いより収入が少ないんだぞ」
彼は僕を上から見下ろして、不機嫌そうだった。
「何でしょう？」
「進歩したと思っていたがな。また明日話をしなければいけないようだ」
僕はショックだった。どこで勘違いしたんだろう。トレードがもっと難しい仕事で、家族と過ごす時間も減り、まったく収入もなく（今はトレードをしないから）、それに長時間勤務をさせられて人に怒鳴られるかもしれないのなら、僕はいったい何を考えていたんだろう。今ここで手を引いたらどうだ？　僕は超幸せで有頂天な気分だったのに、意気消沈して落ち込んでしまった。だってトレードで生活していくことなんて絶対にできないし、仮にできたとしても、きっと好きになんてなれないんだから！

ウィンクルシュタインが考え込んでいた僕を現実に引き戻した。

「まあふくれるんじゃない。今日話したことだけじゃないんだから。悪い知らせはまだある。それは明日教えてやろう。悪い知らせは全部吐き出してしまおうじゃないか」

僕は背筋を伸ばした。

「分かりました」と同意して言った。「教えてくれることは何でも聞く心構えはできています。少し混乱していますけど、でも大丈夫です。僕はトレーダーになりたいんです」

「今の話を聞いてもかね？」

「はい。たった今あなたは僕が思い描いている夢を打ち砕いて、トレードが書類整理と同じような仕事だと言いましたが、それでもです」

「そうか。それはいいぞ、ベインズ」と彼は返した。「この話はな、昔から夢を現実に戻す特効薬だったんだ。たいていはもっと時間がかかるものだがな。それにみんなもっと落ち込むんだよ。ではさっき言ったとおり、速度を上げてやっていこうじゃないか。悪い知らせは吐き出してしまうぞ」

「その悪い知らせって何ですか？」

「明日、君をヘッジファンドへ連れて行く。20億ドルという他人の資金を運営している会社だ」

そんなに悪い話には聞こえない。実にすごい話じゃないか！

「すごい話だと思うかもしれないがな」と僕の心を読んだように彼は言った。「かなり貧相なものだと知ることになるよ」

第12章

物事は見かけによらない

Looks Can Be Deceiving

ミッドタウンとチャイナタウンの中間、そこそこの地域に建てられた質素な25階建て、そのなかの受付の前に僕たちは立っていた。受付係の机は、のこぎり台を２つ並べてその上に扉を１枚置いただけではないかと思えるような代物だった。コンピューターはかなり調子が悪いらしく、ガチャガチャという音がしていた。モニターもおしゃれな薄型ではなく、まるでゴミ捨て場に置いてありそうな大きくて不格好な粗大ゴミのようなものだった。ここがどこなのかを示す表示や看板は何もない。極秘裏に運営されているヘッジファンドか、あるいは業績が悪すぎて人目を避けようとしているヘッジファンドかのどちらかに違いない。

ここは一体どんなヘッジファンドなんだろう？　受付で待たされていたので、その間に聞いてみようと思った。こんなゴミのようなコンピューターやみすぼらしいじゅうたんを置いておくような怪しい会社がどういうところなのか。

「ここはどういう場所なんですか、ハーベイ？」。ウィンクルシュタインと自分が恥をかかないように、僕は小さな声で話をした。主任トレーダーかだれかを待っていたので、このおんぼろの仕事場のことをぼろくそ言っているところをその人に見られたら困ると思ったからだ。

「すぐに分かるよ」

するとこの場所の所有者か主任トレーダーらしき人物が部屋に入ってきた。その男はここのだれよりも、そして何よりもみすぼらしい格好をしていた。彼の着ていたスーツは少なくとも700年はたっているだろうというくらい古いもので、シャツは袖口がほころんでいた。彼の後ろ髪はつんと立っていて、まるで転んで机に頭をぶつけたあとのようだった。彼の笑顔はとても明るかったけれど、なんだかかわいそうに思えてしまった。差し伸べられた彼の手が清潔なのかあやしいと思ってしまった。でもとりあえず握手をした。

「ハリー・ベインズ君、ジョージ・シスラー君を紹介しよう」とウィンクルシュタインが言った。僕はたじろいでしまった。この男の握手には力がこもっていて、ためらいがなかったからだ。

「お会いできて光栄です」と僕のほうから挨拶した。さっさとここを出て、ウィンクルシュタインが話していた20億ドルのヘッジファンドとやらに行きたかった。

僕たちは（またしても）古びた扉を抜け、シスラーさんのトレーディングフロアと思われる場所へ着いた。そこは古いじゅうたんが敷かれていて、ここにも古い扉をのこぎり台の上に置いたような机らしきものが散乱していた。コンピューターのモニターは受付にあったものよりは新しそうだったけれど、20人ほどいるトレーダーはみんな（若い人たちも）シスラーさんよりも古いスーツか、普段着を着ていた。ここがほかのトレーディングフロアと明らかに違う点は、男女の比率が同じか、もしかすると女性のほうが多いかもしれないということだった。見るかぎり、トレーダーはみんな同じ画面を見ている。横長に列がいくつも並べられたエクセルのスプレッドシートと、ピカピカと光ってはレートを知らせている通貨の一覧、そしてチャートだ。その場所は静かでもなければ騒がしくもない。みんなが仕事に集中していることが分かる。

僕はてっきりシスラーさんの部屋に行って話をするものだと思って

いたけれど、ここには個室らしきものがどこにもない。あるのはだだっ広いこの部屋だけで、それほど高い場所にないその部屋の窓からよく見えるのは、中華レストランの窓と、あふれるほどのゴミが入っている大型ゴミ収集箱、それからマンハッタンらしく車が折り重なるように置かれている駐車場くらいだった。部屋のなかにある机以外のものといえば、壊れた30インチのテレビと冷水機だけだ。なんて古めかしい場所なんだろう！

シスラーさんの部屋というものがないので、僕たちは彼の机の前に座った。その机もほかの人の机と変わりばえしないものだった。大きくもなければ、モニターの数が多いわけでもないし、目立った場所（部屋の中心とか）にあるわけでもない。ただ、とてもきれいに整理されていた。紙切れ１枚散らかっていない。すべてきちんと片づけられている。この人の仕事について話をするというのに、周りの人たちが僕たちの話が聞こえてしまうほど近くに座っているのは、とても変な感じだった。

僕はこの場所に対してあまり良い印象を持たなかったのに、ウィンクルシュタインはここにいることを喜んでいるようだった。師匠と（明らかに助けが必要な）元弟子の再会、といったところか。僕たちがこの会社に入った直後から、ウィンクルシュタインは部屋を見回してはニヤニヤしながらうれしそうにしていて、目に入るものすべてに過剰なほどの喜びを感じていたようだ。机と机の間を歩きながら、顔見知りと握手を交わしたり、腰をかがめて彼らの画面をのぞき込んだり、トレードのことを聞いたりして、まるでピップタウンの市長のように振る舞っていた。

「ハリー」と僕たちのところへやっと座りにきた彼が聞いた。「この場所は素晴らしいだろう？　いいかい、ハリー、20億ドルというのはこうやって運用するものなんだよ」

僕は言葉を失った。でもシスラーさんは口を開いてこう言った。

「30億ドルですよ」
ウィンクルシュタインの表情が明るくなった。
「おやおや！　それは！　すごいじゃないか、ジョージ。思ったとおりだ。今年は50％のプラスかい？」
「ええ、そうです。この４カ月間、本当に業績が良かったもので」
ウィンクルシュタインはうれしさで張り裂けそうになっていた。頭が体から飛び抜けて、それでもまだこの場所のすごさについて話している彼の姿が想像できた。と同時に、僕は自分の頭が体から飛び抜けないようにするのに必死だった。聞き間違えたかな？　それともこのジョージ・シスラーという男が、本当に30億ドルもの資金を管理しているのか？　だとしたらもっと見栄えの良いものを買うことはできないものだろうか？　ここはアーネスト・ウエリントンやほかの大手銀行、あるいは経済番組で見たことのあるような場所とは似ても似つかない。
ここには学ぶべき教訓がありそうだ。そしてウィンクルシュタインがこれまで教えてくれたことのように、それはトレードという仕事に対して持っている僕の誤解を解いてくれるものなんだろう。ウィンクルシュタインの声で、ぼうぜんとしていた僕の目が覚めた。
「今でもコツコツとやっているのかい？」
シスラーさんはうなずいた。
「ええ。コツコツやってますよ」
そしてウィンクルシュタインは僕を見た。
「質問をしていいんだぞ、ハリー。何でもジョージに好きなことを聞いてみなさい」
質問はたくさんあった。でもほとんどの質問は失礼にあたるか、そうでなくても聞いちゃいけないことのような気がした。
「いいんだぞ」とウィンクルシュタインは僕の迷いに答えるように言った。「何でも聞きなさい。ジョージはもう分かっているんだから。

どうしてこの場所はゴミ箱のように汚いかと、そう君が思っていることは」

シスラーさんに聞いたこと

シスラーさんと話せたのは少しの時間だけだった。でもその短い時間の間に、僕はいろいろなことを学んだ。ヘッジファンドがどうやって運営されているか、それから僕が成功するには何をしなければいけないのか。

僕　確かにそうなんです。この仕事場のことを不思議に思っていました。

シスラー　こぎれいな場所じゃないのは分かっているよ。でも仕事はきっちりやっているさ。

僕　他人の大金を管理しているのに、ほんの少しでも見栄えを良くしないのはどうしてですか？　お客のためにも。

シスラー　分かると思うけど、その質問をされるのはこれが初めてじゃない。でもそれに答えるとだね、僕はもう富に興味がないからなんだ、というより富を見せびらかすことに。当たり前の真実に気がついたんだよ。富を見せびらかすことは富を持つこととは違うって。物を買ったりするのは富を築く過程でするべきことだ。でも富を見せびらかしたり、ほかのヘッジファンドのマネジャーよりも良い格好をしたりするのは――そういうことはこの場所の目的じゃないんだよ。

僕　この場所の目的って何ですか？

シスラー　富を増やすことだ。できるだけ多くの金額をできるだけ小さなリスクで稼ぐ。諸経費は最小限に抑えながらね。

僕　それは納得できる話です。でも同時に机を増やすことはできないんですか？　もっと普通のいすにするとか。客が見たいのはもっと、その……。

シスラー　成功してそうな人？

僕　そうです。失礼な言い方をするつもりじゃないんですが。

シスラー　ちっとも失礼じゃないよ。いいかい、ここの客は僕たちができるだけ多く稼ぐことを期待している。だから僕は手数料を請求しない。ほとんどのヘッジファンドは管理している全財産の２％を管理手数料として請求するんだよ。それに加えて毎年の利益の２割。30億ドルの２％っていったら、いくらだと思う？

僕　えっと……。

ウィンクルシュタイン　彼は数学の天才でね。

僕　えっと……。

シスラー　6000万ドルだよ。

僕　（沈黙）

ウィンクルシュタイン　（沈黙）

シスラー　今年、うちの会社は手数料でもらうことのできた6000万ドルを自分たちの報酬にせずに放棄する。その6000万ドルを懐に入れずに、それを再投資してまたそれで稼ぐんだ。来年の終わりには、6000万ドルが8000万ドルになっているかもしれない。そうしたらどうなると思う？　その利益から報酬をもらうんだよ。だから業績が良ければ、報酬も高くなる。でも手数料で２％を請求すると、業績が良くなくても報酬がもらえてしまうだろう？

僕　（沈黙）

ウィンクルシュタイン　ジョージ。どうやら彼はまだ6000万ドルが頭から離れないみたいだよ。

シスラー　そうか！　無理もない。僕の女房だっていつもそのことを考えているんだから。でもな、ハリー。少しだけ考えてみるんだ。君のお金を僕たちに託すとしたら、僕らが成功したときに報酬をくれてやろうと思うかい、それとも失敗したときかい？

僕　成功したときです。失敗したら、お金は別の会社に託そうと思います。

シスラー　そうだろう！　僕らが失敗したのに毎年君のお金から２％取ったりするのは、おかしな話だろう。本来あるべき姿とは完全に逆になってしまう。資産運用会社の経営者は、顧客に利益をもたらした場合にのみ報酬を受け取るべきなんだ。それが本来あるべき姿なんだよ。

僕　それは納得できます。それで、成功したときにはいくらの報酬をもらえるんですか？

シスラー　うちの会社は一律、利益の２割をもらう。今年は10億ドル稼いだ。中西部のスーパーマーケットのチェーンを買って、それをもっと大きなチェーンに売ったんだ。それで大儲けをしてね。それが５億ドルの取引だった。今年のトレードを今終わらせたら、年末に成功報酬としてだいたい２億ドルをもらうことになる。

僕　いつも会社を買収して売っているんですか？

シスラー　いいや。そのスーパーマーケットの取引は思いがけなく転がり込んできたものだったんだ。うちの会社でトレードをしているある男がいてね。その男はかつてウォール街の大手企業の食料品店アナリストだったんだ。そいつがその中西部にあったチェーンに目をつけた。うちの会社はある大手全国チェーンのCEO（最高経営責任者）のお金を管理していたから、そのCEOに僕たちがその中西部のスーパーに入札することを伝えておいたんだ。長い間そのスーパーを持ち続けるつもりは最初からなかったよ。でもかなり安く買えるから、少し無駄を削減すればまた売れるだろうと思ったんだ。CEOは最初こそ興味がないと言っていたんだが、うちの会社がスーパーを買って半年たったころ、それを買いたいと言ってきた。だからすごい高値で売ったのさ。

僕　それじゃあそれは一度きりの取引だったんですか？

シスラー　そう、まあそういうことだ。指をくわえて見ているにはもったいない取引だったということさ。普段は通貨や外国株式、それから外国債券なんかを多く取引している。国内ではあまりやっていないな。今は海外のほうが成長しているから、そちらに焦点を当てている。

僕　ここにはあまりトレーダーがいませんね。

シスラー　そうなんだ。僕は人を管理するのが嫌いでね。ここにいる人たちは、みんな自分で自分を管理している。僕は人を雇うってことはほとんどしない。雇うときは契約金として100万ドルを支払う。そうすれば欲しい人材を手に入れやすくなるからね。ここは１から10まで成果主義の会社なんだよ。ここにいるトレーダーは全員、ほかのトレーダーたちに納得してもらえるだけの資金を管理できる。みんなある特定の分野の専門家なんだ。あそこにいるミッキー・コクレーンは、日本でお金を借りてイギリス、ブラジル、オーストラリア、ニュージーランドの国債を買っている。彼は今大儲けしていてね。まだまだこの調子が続きそうなんだよ。

僕　日本でお金を借りているんですか？

シスラー　そうだ。円キャリートレードって呼ばれるものなんだが。聞いたことはあるかい？

僕　いえ、ないと思います。

シスラー　説明してあげよう。僕が初めてこれを聞いたときはひどく驚いたものだよ。ゴールドマン・サックスを辞めて１年もたっていて、すでに知ってて当然のことだったから余計にね。君も同じように驚いてくれるといいけど。心の準備はいいかい？

僕　はい。

シスラー　個人や企業が低金利でお金を借りるには、何が必要かな？

僕　信用です。

シスラー　それから？

僕　銀行が低い金利を提供していること。

シスラー　素晴らしい。満点だ。今現在、日本の銀行から１億ドルを１％の金利で借り入れできると言ったら、君はどう思うかな？

僕　新しいテレビとソファーをいくつか買ったらどうですかって言うと思います。

シスラー　いいぞ！　確かにそうだよな。でもほかには？

僕　そのお金で１％以上の利益を生む方法を考えたらどうですか、って言うと思います。元金のほかに利息も支払うことになるわけですから。

シスラー　良い答えだ！　正しいよ。それでどうすると思う？　借りたお金をベア・スターンズやゴールドマン・サックスのような証券会社に持って行って入金するんだ。すると彼らは数倍のレバレッジでそのお金を運用させてくれる。つまり、３億ドルのお金を投資することができるようになる。それがレバレッジ投資と呼ばれるものだ。

僕　だんだん面白くなってきましたね。

シスラー　そして全部平均したときに７％の利回りになる主要国やほかの諸外国の国債を買うとする。そうすると、３億ドルの７％を稼ぐことになるだろう。

僕　でも支払わなければいけないのは、１億ドル分の利息だけですよね！

シスラー　大当たりだ！　景品をあげたいくらいだ。まさにそのとおりだ。お金を借りて、それにレバレッジをかけて投資する。

僕　そうするとつまり、そのお金で年間、１億ドルに対して稼いだ21％から融資の利息分１％を引いた分が、利益として残るというわけですね。

シスラー　そうだ。そのとおりだ。まあもちろん、実際はもう少し複雑になる。ミッキーはそのお金をあちこちに動かさなければいけない。一番良い組み合わせの国債を買うために、トレードを仕掛けたり手仕舞ったりする必要があるんだ。トレードをすると手数料なんかもかかるからね。でもそれが基本的な戦略だ。

僕　すごいですね。僕もやってみたいです。僕でも日本の銀行からお金を借りられますか？

シスラー　理論上はできる。でも実際に借りるのは難しいだろう。数百万ドルくらい手元にないと、うまくこのトレードをするのは難しいんだ。そんなお金があるかい？

僕　全然。とてもありません。あればいいんですけどね。

シスラー　まあ、ハーベイに教わるんなら、そのくらいのお金は稼ぐことになるだろう。いずれはな。焦っちゃいけないよ。それまで待つんだ。それにいろいろ考えてみれば、ほかにもこの手のトレード方法を見つけられるはずだ。個人向けのFX業界でも、できることがあるはずだよ。それぞれの通貨からスワップポイントを取ったりして。そうだな、そのことはまた今度話をしよう。僕はもう行かなくちゃいけないけど、ハーベイに伝えてくれ。今、ミンディ・スワンソンと話をしているみたいだから。２週間くらいしたらまた会おうって。それで個人の取引システムでキャリートレードをする方法を君に説明してもらうって言っておいてくれ。

僕　でも……。

シスラー　電話が入ってるから出なくちゃいけないんだ。

こうして僕たちの会話は終わった。約束していた電話に出なければいけなかったシスラーさんは、立ち上がって、僕を窓から投げ出すつもりかと思うくらい、僕の手を強く握った。

スワンソンさんに教わった１ピップの奥義

部屋の反対側にいた若い女性と話をしていたウィンクルシュタインが僕を呼び寄せた。

「ハリー、こちらはミンディだ。彼女は為替をトレードしている」

「そうですか！　今ちょうど、ジョージと円キャリートレードについて話をしていたところなんですよ」

スワンソンさんはほほ笑んだ。

「それは長期のトレードね。私は短期トレード専門なの。１日中仕掛けと手仕舞いを繰り返しているわ」

「どういうふうに？」と僕は聞いた。

「私の画面を見てちょうだい」と彼女は言って、目の前に表示されているレートを指差した。同時に少なくとも７つぐらいの通貨が表示されていた。動きがとても速かったので、あまり長く見ていたら混乱しそうだった。僕が見慣れている通貨ペアのレート表示はこんな感じだ。

1.8500/1.8504

でも彼女の画面のレートは、“1.85”の部分がなく小数点の下２ケタだけが表示されていた。全体の数字の最後の２ケタしかないと、その通貨ペアが実際にはどういうレートでトレードされているのか、よく分からなかった。

「私の画面とあなたの自宅の画面と、どこが違うか分かる？」

「はい、レートの表示のされ方が違う」

彼女は僕にウィンクをした。

「残念。もう一度見て。スプレッドはどうかしら？」

僕はもう一度見た。EUR/USDは買い気配値が1.2103で売り気配値が1.2104だった。スプレッドが１ピップしかない！　僕の自宅にある個人向け取引システムは、同じ通貨ペアでもスプレッドが４ピップスある。彼女にそう言った。

「そうなのよ。だから銀行の短期トレーダーたちは、自宅で為替トレードをするのはバカげてるって思うのよ。スプレッドが大きすぎるからね。たぶんハーベイはあなたに長期チャートの見方を教えてるんでしょうけど、それはそういう理由からなのよ」

ウィンクルシュタインはうなずいた。

「そのとおりだ」

「でもどうして４ピップスのスプレッドで短期トレードをしちゃだめなんですか？　それでも利益を出せるようなシステムを作ることができそうな気がしますけど」

彼女はうなずいた。

「絶対に不可能だって言ってるわけじゃないのよ。ただ手数料がすごい額になっちゃうってこと。試しに計算してみましょうよ」。彼女は紙切れを見つけてきて計算を始めた。

「家でトレードするとき、毎回トレードをするたびに仮に20ピップス狙っているとするわよね。それで１日に２回トレードをして、年間200回トレードするとしましょうよ。簡単に計算できるようにね」

「分かりました」

「それから、トレードはいつも１枚でやるとするわね。そうするといくらになるかしら？」

「１枚は10万通貨だから10万ドルです」

「そうね。その場合、１ピップ動くごとに10ドルでしょ。そうすると、トレードするたびにFX業者に支払う金額はいくらになるかしら？」

「40ドル」

「それで１日２回のトレード、かけることの年間で200日だと、400回のトレードになるでしょ。400回かけることの40ドルでは？」

「１万6000ドルだ。勝っても負けてもスプレッドを払うんですよね。つまり何があっても１万6000ドルは支払わなければいけない額ということですね」

彼女はうなずいた。僕が理解したことに満足していた。

「それはあなたのお金なのよ。スプレッドを減らせば、もっとお金が手元に残る。別の方向から考えてみましょうよ。４ピップスっていうスプレッドは、20ピップスの25％よね。トレードで20ピップス狙っていたとしたら、あなたは利益の25％をFX業者に持っていかれちゃうのよ。ここでトレードをしていれば、あと３ピップスは余分に取れる。分かる？　金額の話だけじゃないのよね。利益の25％を失うってこと。あとほんの２ピップスでもスプレッドが小さくなれば、それだけで毎年あと10％利益が増えるのよ」

「そんなことは考えたことがありませんでした」

それを聞いた彼女はうれしそうだった。

「少しでもお役に立ててうれしいわ。ここ、シスラー・アンド・カンパニーはね、節約家の集団なのよ。最高の利益を得ることだけじゃなくて、経費削減にも力を注いでるの。富は積み重ねでしょ。だから少しずつ積み重ねながらやっているのよ」

「それで、あなたはどういうトレードをしているんですか？　１日中、仕掛けと手仕舞いを繰り返しているって言ってましたよね？」

「あのね、ハリー」と彼女は切り出した。「EUR/USDのスプレッドが１ピップだと仮定しましょ。この通貨ペアは１日中、上下に行ったり来たりするのは分かっているわよね。ずっと上がり続けたり、下がり続けたりすることもあるでしょう」

「そうですね」

「この通貨ペアの１日の平均の値幅は130ピップス。つまり、平均で130ピップス動くということよね。でもその間で、価格は少しだけ上がったり、少しだけ下がったり、そういう動きをしているわけでしょう。私はそういう市場から一度に１ピップスだけ取るっていうことをしているの。１日中ね」

「何ピップスくらい取れるんですか？」

「私の１日の目標は40ピップスよ。毎週、３日か４日くらいは目標達成しているわ」

「1枚でトレードしてるんですか？」

彼女は笑った。

「いいえ、1000よ」

「1000？」

「1000万。1000万ドルのポジション。ユーロだと、1ピップ当たり1000ドルになるわね」

すると彼女は1日4万ドルを稼いでいることになる。週20万ドル。年間で1000万ドルか。すごいな。

彼女は画面を見ながら次のトレードを仕掛けているようだったので、邪魔をしないでおこうと思った。ウィンクルシュタインと僕は彼女にお礼を言って、その場を離れた。

外の通りに出るとホットドッグが売られていた。借りがあるから僕が払うと言ったのに、ウィンクルシュタインはホットドッグを買ってくれた。

「こんなにいろいろしてもらっているんですから」と僕は抗議した。

「まあまあ、そのうち返してもらうよ」と彼は返答した。「そのことは心配しなくていい。君には返してもらうから。今じゃなくて、あとで。この話はやめよう。今、君がしなければいけないのは、簡単な指示に従うことだけ。ほかはそれからだ」

「分かりました。そうですね。でも質問がいくつかあるんです」

彼はホットドッグをもう1本頼んだ。まるで機械のように食べている。2口で次のホットドッグもなくなってしまった。

僕は話し始めた。

「上にいたときには言いたくなかったんですが、ミンディが会社にもたらす利益は1000万ドルだけですよね。感心していないっていうわけじゃないんですけど、30億ドルを管理している会社なら、彼女はもっと会社に貢献していなければいけないんじゃないかと思って」

「それは良い質問だぞ、ハリー。ジョージもそのことでもうすぐミンディに話をするんじゃないかな。彼女はあそこに来て６カ月になる。年間目標の半分かそれ以上はきっとすでに達成していると思うがね、それじゃあ足りないという君の考えは正しいよ。西海岸の銀行でトレードをしていたときは、その金額でとても良い成績だと評価された。スーパースター扱いさ。でもジョージのところで働きたいなら、もうちょっと頑張らないといけないな」

「じゃあどうして彼女を雇ったんでしょう？」

「彼女は目標を設定するのがうまいからだ。40ピップス取ると決めたら、それを取ってくる。毎日毎日、同じことの繰り返し。ジョージは安定しているのが好きなんだ。彼女がほぼ自動的に毎年1000万ドル利益を出してくれるほうが、１億ドル稼ぐ確率が50％の男を雇うよりもいい」

「なるほど。予測できる利益ということですね」

「それから業績の安定だ。ジョージは毎年同じように利益を出せるということを顧客に見せたい。ミンディのトレードスタイルは、どんな理由があってもけっして変える必要はない。取引量と流動性が増えれば、ポジション量を増やしてもっと利益を出すことができる。銀行にいたときは、100万ドルと500万ドルのポジションを取引していた。彼女は今持っているシステムで使える最大量を、もうすでにトレードしているんだよ」

「じゃあもっと大きな額の利益を出すために、トレードのサイズを増やしたいと思っていることでしょうね」

「そうだろう。そしてジョージは、彼女がそれを証明できる機会を与えてやると思うぞ。次の質問は何かね？」

「経理の人はどこにいるんですか？　30億ドルも管理しているわりには、経理の人がひとりもいませんでした。ほかのスタッフも」

「そういうのはすべて外部に委託している。報告業務、調整業務、すべてだ。ジョージが最終的な承認をしてはいるが、業務自体はすべて第三者が行っている。自分では会社の経費の支払いすらしていない。彼らはただトレードをしているんだ。それ以外のことは何もしない。彼らの集中を妨げるようなものは、何もない」

「なるほど。それでもう一度聞きたいんですが、チャイナタウンに近い仕事場で、古い家具なんかに囲まれているのはどうしてですか？

　こんなこと聞いてすみません。でもどうしても悪い印象がぬぐえなくて」

　彼はうなずいた。

「私も君と同じように思うところがある。あの場所では働きたくないな。だがこれには理由があるんだ。少し歩いてイタリアンソーダを探そうじゃないか。ジョージ・シスラーの話を聞かせてあげよう」

第13章

ジョージ・シスラーの過去

The Story of George Sisler

ウィンクルシュタインはソーホーとチャイナタウンの中間辺りの地理に明るいらしく、僕を連れて路地や裏道を通り抜け、マルベリーストリートに出た。かつてこの地区には何万人というイタリア人が住んでいたけれど、その名残はもうこの辺りにしか残っていない。マルベリーストリートからグランドストリートに左へ曲がると、ディ・パロという名の料理店があった。ウィンクルシュタインいわく、ジュースを飲むならここが世界一らしい。

ウィンクルシュタインは数種類のオリーブを200グラム余りと、プロシュート（イタリアのハム）を数枚、それから神の果汁飲料と彼が呼ぶ、アランチャータという少し甘いオレンジソーダを２缶買ってくれた。それは確かに世界一のジュースだった。オリーブとハムを食べながら、ウィンクルシュタインはジョージ・シスラーのヘッジファンドの話を聞かせてくれた。

「10年ほど前、ジョージはヨーロッパの大手銀行でトレーダーたちのまとめ役をしていたんだ。彼はコモディティのトレーディングデスクで目覚ましい成長を見せていた。だから会社は彼を昇進させて、ニューヨークにある別のオフィスでプロプライエタリーのトレード業務を運営させることにした。FXトレーダーを７～８人集め、要は銀行のなかで小さなヘッジファンドを運営しているようなものだ。銀行のお金を使ってな。本物のヘッジファンドではなかったけれど、それに似た運営の仕方をしていた。トレーダーは自分たちでどんなトレードをするか決めることができ、利益の一部を報酬として受け取っていた。銀行の独自の資金を使って目覚ましい利益を生み出すこと、それが彼らのたったひとつの任務だったんだ」

「お金はいくらあったんですか？」

「少なくとも５億ドルだ。当時としてはかなりの金額だった。それにジョージもまだ若くてね。彼はトレードの方法は心得ていたが、トレーダーを管理する方法は知らなかった。これについてはあとで話すがな。まずは彼らの仕事場の話からしよう」

「ゴミ箱みたいだったんですか？　今のジョージの仕事場みたいに」と僕は聞いた。

「その逆だ。そこには当時最高の技術があった。外国のニュースを受信できる衛星放送のアンテナや、それから世界中に直接つながるデータ接続もあって、それなんて毎月何万ドルもの費用がかかっていた。有名なデザイナーを雇って内装も手掛けてもらった。本当に見事なものだったよ。家具や芸術品だけで何百万ドルという価値があったさ。ダウンタウンのウォール街にある40階建てタワービルの最上部、300平方メートルはあろうかという広いフロアに仕事場を構えてね、床から天井まで伸びる窓からは自由の女神が見えたものだ」

僕は頭の中でその光景を想像した。ヘッジファンドの仕事場としては理想的じゃないか。

「じゃあ最高の環境に身を置いていたんですね」

「30年くらいの業績がきちんとあるファンドだったら最高と言えるかもしれないがね。ハーバード大学を卒業したばかりの腕利きの若者の集まりにとっては違う。彼らはそういう環境を欲しがったら、それをすべて与えられたんだ。ジョージも先頭に立ってそういうおもちゃを要求していた。彼の契約書には、この建物の、この自由の女神の景色が見える場所でないと働かない、そう書かせたんだよ」

「どうしてですか？」

「ヨーロッパの銀行ならその要求をのんでくれるという自信がまずあったんだな。その銀行は為替のプロップ取引では出遅れていたものだから、ほかに追いつきたいと焦っていたんだ。これ以上遅れをとったら、大きな利益を逃すんじゃないかと心配していたのさ。だから会社側は折れた。さらにジョージには年俸50万ドル、ほかのトレーダーたちには25万ドルを約束した。だから彼らは最初から巨額な報酬をもらうことになったんだ」

「先が見えそうな展開ですね」と僕は応じた。

ウィンクルシュタインはオリーブをものすごい勢いで食べていて、僕は目の前に置かれたプラスチックの皿から１粒取ることさえなかなかできずにいた。とてもおいしいオリーブだったから、彼の目の前にこのオリーブを出し続けさえすれば、きっと彼は授業を続けてくれるだろうと思ったくらいだ。早く学べば、それだけすぐにトレードをしてお金を稼げるようになる。僕はEUR/USDを1.2200で売るあのトレードのことをもっと知りたかった。シスラーさんのオフィスであの通貨ペアが上昇しているのを見たからなおさらだ。ウィンクルシュタインは話を続けた。

「彼らは最初の６カ月はうまくやっていた。本当にね。年初めから20％のプラスになっていたんじゃないかな。だがあまりにもうまくいきすぎて、彼らはトレードに対して少しうぬぼれを持ち始めるようになった。みんな若かったから、過去にすごい成功をしたことはあっても、失敗というのは経験していない。だから自分たちの利益を守る方法を学んでいなかった」

「銀行のほうで、トレードしすぎないように制限するシステムを使っていなかったんですか？」

「ああ、今はほとんどの銀行がそういう自動システムを導入しているがね。でも当時、ジョージの銀行では、デイライトリミットと言って１日に出せるマイナスの上限というのを決めていただけだった。例えば、トレーダーがその日に20万ドルの損失を出したら、持っているポジションをすべて仕切って、次の日までトレードを中断させるというものだ」

「クレイグ・テイラーがその話をしていたのを覚えています。そのデイライトリミットの上限はどうやって決められるんですか？」

「たいていの場合、資本金の数％の損失までとなっている」と彼は話し続けながら、目の前の皿が空になったのを少し悲しげに見た。「オリーブがなくなってしまった。これは何とかしなければ」。彼は立ち上がって、今度はさっきの倍のオリーブを注文して笑顔で戻ってきた。そしてまた話し始めた。

「彼らはみんな個人で売ったり買ったりのトレードをしていた。だが時間がたつと、だんだんとみんなが同じようなポジションを持つようになってきたんだ。つまり、ある男がスターリング――英ポンドのことだよ――スターリングを買ったとしたら、隣の男もまったく同じことをする。みんな同じ通貨にたっぷりとお金をつぎ込んでしまうまで。それが対米ドルだったり、対スイスフランだったり、対ドイツマルクだったりといろいろだがな。すべての通貨に対してスターリングを大量に買ったものだから、トレードの修正がきかなくなってしまった」

「でもリスク制限はあったんでしょう？」

「個人的にはあった。だが覚えているかな、彼らはすでに報酬をもらっていたことを。トレードをするだけでかなりの額をもらっていたろう？　以前は基本給が６万ドル、７万ドルだったのに、その４倍の基本給をもらえるようになったことを想像してごらん。彼らは毎日仕事に行くだけでお金をもらえていた。もっと稼ぎたいという気持ちはあったろうが、財政的にすでに豊かだったから、基本給のほかにもらったところで、それはあぶく銭だという錯覚に陥ってしまったんだ。守らなければいけないほど重要なものではないと思ってしまったんだな」

「なるほど」と僕は言った。「最初から十分もらっていたものだから、それ以上もらえなくても大したことじゃないと思ってしまったんですね」

「そうだ。そのとおりだ。ジョージもこのワナにはまってしまったんだと思う。彼は以前よりも大きな家を買い、幼い娘を年間２万ドルも保育費のかかる保育園に入れた。そして自分用の車にポルシェを買い、奥さんにはベンツを買った。しまいには、年末のボーナスがないとやりくりできないっていうところまで行ってしまったのさ」

「じゃあ、50万ドルでは足りなかったっていうことですか？」

「そうだ。生活の水準を上げるスピードに、収入が追いつかなかったんだ」

「なんだか悲しい結末が待っていそうですね」

「そう思うかな？　ここが最高に面白いところなのに」と彼は答えた。「その理由はだな、この次に起こったことで、彼は一生忘れることのない教訓を学ぶことになるからさ」

「何が起こったんですか？」

「あのスターリングの買いのポジションがあっただろう。英ポンドが弱くなってくるとあのポジションが彼らの負担になってきた。価格が少し下がっただけでも、巨額の損失が出始めたんだ。ポジションを大量に積み上げてしまっていたから、英ポンドが逆行するたびに、１ピップ当たり２万ドル、３万ドルという損失を出し始めたんだよ」

「それでデイライトリミットに引っかかったんですか？」

彼は頭を横に振って眉をひそめた。

「いいや。そのことをさっき話すつもりだったんだよ。ジョージは、自分のトレーダーたちにはそのシステムを採用していなかった。やろうと思えばできたのに、やっていなかったんだ。そして会社側もそのシステムを使っていなかった」

「じゃあ彼らは負けポジションを持ち続けたんですか？」

「そう、持ち続けた。いいかい、彼らはみんな一緒にこのトレードをしていただろう。だれも最初に抜けだしたくなかったんだ。特にジョージはね。その年の損益がトントンになってしまったとき、彼はポジションをすべて手仕舞うべきだったんだよ。１億ドルの損失を出した時点で、年初めと同じ資金に戻ってしまったからな。その年に稼いだ利益をすべて失ってしまったということだ」

「それでも彼は手仕舞わなかったんですか？」

「そうなんだ。それでずっと持ち続けていた。それは、トレードを手仕舞ってしまったら、その年のそれまでの利益をゼロで確定することになってしまうからだ。つまりボーナスもゼロが確定してしまうということだ。ジョージは持ち続けることでしか利益を確保する方法はないと思ったんだな」

「でも確保する利益なんてもうなかったのに！」

「そうなんだ！」とウィンクルシュタインは叫んだ。「君の言うとおりなんだよ！　まさにどんぴしゃりだ。その忌まわしい利益はもう消えていた！　彼はトレードを続けて、その利益がまた増えることを願っていた。もうすでに失ってしまった、そんなものを確保したいという気持ちで。彼には選択肢がいくつかあった。なのに、彼も仕事場の仲間たちも、全員がもうやめなければいけないと分かっているトレードを継続したのさ」

「クビになる心配はなかったんでしょうか？」

「ハリー、彼にはかなりの権力が与えられていたんだよ。銀行の本社はスイスだ。彼は交渉してかなりの自由を与えられていた。会社の資金を１年間固定させて、利益を出すまで少なくとも１年間の猶予をもらうことで同意していた。その後初めてファンドの成功が審査されることになっていたんだ。それにトントンならクビにならない。だから自分のクビの心配はしていなかったさ。だが自分のボーナスのことを本気で心配していた。それが何よりも大事なことになっていたんだ」

「そのトレードは上向きに変わったんですか？」

「少しの間はな。回復してその年10%のプラスにまで戻った。つまり失ったのは利益の半分だけになったから、本当ならそれで十分だったんだ。だがジョージの統率力が足りなかったこともあって、彼らはみんなそのままトレードを続けることに決めた。自分たちの判断が正しいんだから、引き下がるものかとね。実は、トレーダーたちのほとんどがジョージと同じような財政状況に陥っていたんだよ。背伸びをしすぎて、ボーナスなしではもう生活できない状況に」

その解決策は簡単に思えた。

「どうしてそのトレードを仕切って、もっと良いトレードでやり直さなかったんでしょうか？」

「それが筋の通った考え方で、頭を使わないとできないことだからさ。いいかい、ハリー。お金のことしか考えないトレーダーは、必ず破滅する。負けポジションを損切りしない傾向にあるからだ。お金を失いたくないと思ったり、失ってはいけないと感じているから。生活費を払ったり、新しい車を買ったり、あるいは自分の判断が正しかったと証明するにはお金がいるから、必ず勝たなければいけない。トレードというものは非常にうぬぼれの強い人間を引き寄せるものだ。それはジョージもそうだし、君もそうだし、深夜番組を見て取引用ソフトウエアなんかを買う人は、大概そうなんだ。正しくありたい、自分が正しいに違いないとみんな信じている。だから負けトレードをそのままにしてしまう」

「トレーダーは勝ちトレードを引っ張り、負けトレードは早めに切るべきだっていうのを聞いたことがあります」

ウィンクルシュタインはウィンクをした。

「そうだ。それは正しい。もっと言うと、負けトレードを切らないと勝ちトレードはやってこないということだ」
「どうしてですか？」
「君も言っていたじゃないか、ハリー」と彼は続けた。オリーブはなくなっていたけれど、話はまだ続いていた。「彼らは負けポジションに資金をつぎ込んでしまっていたから、もうほかのトレードはできなくなっていた。だから八方ふさがりだったんだよ」
「それでどうしたんですか？」
「彼らはポジションの両建てをし始めたのさ」
「どういう意味ですか？」
「銀行との関係を利用して、持っているポジションと逆のトレードをしたんだ」
「ポンドを売ったんですか？」
「そうだ。彼らが買ったレートから100ポイントほど低いところで、今度は売り始めたんだ。つまりだな、別の金融機関を利用して、逆のポジションの注文を出し始めたんだ。つまり、彼らは100ポイントの損失を確定してしまったということさ」
「どうしてそんなことをするんですか？」
「第一に、自分たちが間違っていたと認めなくてすむから。トレードをすべて損切りしてしまうと、自分たちが間違っていたと認めることになる。そして彼らが何よりも避けたかったのは、ポジションを損切りしたとたんにトレードが自分たちの思っていた方向へ動き出すことさ。考えてごらん！　彼らはまだ手に入れてもいないお金を失うことを恐れていたんだぞ！　まだ起こってもいない、そして起こりそうもない、そんな動きに乗り遅れるのを恐れていたんだ。負けポジションに対して両建てをしたころには、資本で払える以上のお金をつぎ込み、新しいトレードをする機会をなくし、そして損失を確定してしまった」

「なんだかちっともジョージらしくない話ですね」

「今日君が会ったジョージではないな。だがこれは当時のジョージそのものなんだよ」

僕は頭をかいた。

「あなたはいつかかわってくるんですか？」

「まださ。でもこのころには、私はジョージのことも、彼のポジションのことも知っていたよ。彼が両建てを指示したトレーダーを教えていたんでね。彼はトレードの販売のほうに携わっていて、ファンドや中規模の製造会社なんかに流動性を供給する仕事をしていた。私は彼に、ポンドの相場の読み方を教えていただけではなく、リスクを減らすためにいつポジションを手仕舞えばいいか、それからいつ実際に逆のトレードをして銀行のためにポジションを作ればいいかを教えていた。彼は今でも同じデスクで働いて、大金を稼いでいるよ」

「その人に会いに行けますか？」

「ああ、もちろんさ。来週にでも行ってみよう」

「やった！　ありがとうございます。それでジョージはその後どうなったんですか？」

「彼は負けポジションを３カ月間持ち続けた。その間に３人のトレーダーが辞めていったけれど、それ以上人を雇うこともできなかった。そんなひどいトレードを見せるわけにはいかないからね。彼はだんだんうつ状態になっていった。毎日仕事に行っても、同じポジションを見るだけだ。繰り返しな。一方のトレードから抜け出して、もう一方を継続させられるときを待ちながら。スターリングは下落したが、買いと売りの両方をやっていたから、どうにもできなかった。その後スターリングは戻って上昇したが、もう底を突いたのかどうか分からないから、トレードを継続した。みんな大金をもらっているプロのトレーダーたちなのに、何カ月も座りっぱなしのまま、どうにも動かないものを見つめているんだ。そんな姿を想像できるかい？」

「難しいです。プロのトレーダーはもっとその、プロっぽく、あるいは上手にやっていると思っていましたから」

彼は笑った。

「ハリー、それは銀行で働くトレーダーに対する唯一にして最大の思い込みなんだよ。彼らがもっと知識を持っていて、特別な情報を入手できて、もっと利益の出せるシステムを持っているというのはね」。彼は周りを見回してもっと食べる物を探していた。何もないと分かったら、話を続けた。

「確かに彼らはそういう知識や情報を入手できるのかもしれない。可能性はある。だが彼らがより良い自制心を入手できるということはない。そして何よりも大事なのが自制心なんだ」

「つまり、より良い情報や内部情報なんかを入手できたとしても、差はつかないっていうことですか」。それには納得がいかなかったので、彼にそう言った。

「いいかい、ジョージや彼の仲間のトレーダーたちが、スターリングの取引をするための素晴しいシステムを本当に持っていたとしよう。そしてそれを基に彼らがスターリングを買ったとする。だがデイライトリミットや損切りの位置を決めておかなければ、そのシステムはどれだけ役に立つと思うかね？　システムや、あるいは特別な内部情報があったって、決まりに従って実行できる自制心がなければ、何の役に立つだろう？」

「じゃあつまり、お金の管理が大切だということですか」

「ああ！　もちろん！　だがそれだけじゃない。大事なのは、トレーダーを導いてくれる原則に従い、それをけっして破らないことなんだ。それだけなんだよ。私はトレーダーをもう本当に長いこと育成してきている。君が信じられないくらい長い間だ。みんなトレードの専門家さ。勝者と敗者を分けるたったひとつの大きな境目は、自制心なんだよ。だからジョージは、年末には全業務を停止したんだ」

「いくらの損失を出したんですか？」

「開始時の資金の27％を失った。12月26日に、ジョージはすべてのポジションを手仕舞いし、決済日まで待った。３営業日かかるんだ。そしてその年は損失で終わった。そして彼は仕事場の荷物をまとめて、そしてそこをあとにした」

「どこに行ったんですか？　クビになったんですか？」

「いいや、ハリー。彼はクビにはならなかったよ。少なくとも銀行からはね。銀行はあと１年は喜んで彼を雇ってくれただろう。だが彼は自分で自分をクビにしたのさ。彼は自信を失ったんだ。20％のプラスから27％のマイナスへと落ち込んでしまったんだから。驚くほどの大金を失ったんだよ。忘れられなかったんだろう。１億ドルの利益が目の前にあったのにそれを手にすることができなかったこと、ポジションを両建てしたときに自分の決まりを破ってしまったこと、そして見て見ぬふりをして負けポジションを何カ月もの間継続し、それに直面して対処しなかったことを。こういうことは、とっくの昔に彼が学んでいた基本的な原則だったのに」

「それでその原則を実行できる自制心がなければ、トレードはできないと考えた」

「そのとおりだ、ハリー。大正解だよ」

「だから彼はトレードの職を自ら辞したんですね」

「そうだ」

「でもあなたは彼を助けたんですか？　あなたがいたから、彼は今またトレードをしているんですか？」

ウィンクルシュタインは頭を横に振った。

「確かに私は彼を助けた。だがジョージがすでに自分のなかに持っていたものを、私が引き出してあげただけだ。君にも、同じようにするつもりだよ」

そう言って彼は立ち上がり、僕は今日の指導が終わったことを知った。

「ハリー。ジョージが個人向けの取引システムでキャリートレードをする方法を探してみろと言ったことは覚えているかな？　君の来週までの宿題だ。調べてみなさい。できるかどうか、私にも分からないがな」

「明日は何を勉強するんですか？　EUR/USDの売りトレードは？あのトレードをする可能性はまだあるんですか？　1.2200は良い売り時だと思いますか？」

「ハリー、確かに1.2200はどんどん良くなってきている。自分の分析に基づいて、そのトレードをする理由が説明できるのなら、そのトレードをするといい。そうでなければしてはいけない。だが覚えておきなさい。もしトレードをするなら、どのように正当化したのか、私に証明できなければいけないよ。そして私は簡単には納得しないぞ」

「分かりました。それで明日は？」

「明日、私は香港へ行く。あるヘッジファンドのマネジャーを指導して１年になるので、それを祝うためにね。その後、来週君に会うまで、何人か弟子候補に会いに旅をしてくるよ」

「そうですか。いろいろ教えてくれてありがとうございます」

「分かっているよ。だがまだ暗闇を抜けたわけじゃない。私が言ったことを忘れてはいけないよ。トレードはなしだ。私に正当な理由が説明できる場合のみ、あのEUR/USDのトレードをしなさい」

「了解です」

「ハリー。ジョージの身に起きたことを忘れてはいけないよ。いいね？　分かったかい？」

「分かりました」

「下手なことをし始めたら、すぐに大金を失ってしまうんだから」

「それも分かりました」と僕は笑いながら言った。「トレードはしません。考えることがいっぱいありますから」

トレードはしないと約束したその言葉は本気で言ったものだった。彼がグランドストリートの歩道を通ってマルベリーストリートへと入って去っていくのを見ながら、僕はほっとした気持ちになった。今の時点ではトレードをしなくていいんだ。その代わりに、キャリートレードの利息の計算をしたり、シスラーさんのヘッジファンドを訪問して学んだことを書き留めたりして、そのときが来るまで自分のトレード資本を使わずにいればいいんだ。

でも僕は約束を破った。トレードをしてしまったんだ。

第14章

振り出しに戻る

Back to Square One

妻はワクワクしながらも、早くお金を稼いでほしいと思っているようだった。それについては僕も反論のしようがなかった。お金を稼がなければ、ドンドン預金に手をつけることになる。家にあった高級品を売った分と預金や解雇手当を合わせると、手元には３万ドルがある。僕はそのうちの5000ドルを取引口座に入れた。ジーニは反対すらしなかった。やっぱり銀行のトレーダーが僕のトレード計画を監督してくれているから、今回は以前よりも安心なんだろう。

急いでトレードをしないといけない、そんなふうに思う理由はなかったけれど、妻と話をしていると、トレードをしたくてたまらなくなった。僕はFXトレーダーとしてまたとないチャンスを目の前にしている。大手銀行がやる大きなトレードの波に一緒に乗ることができるなんて、一生に一度あるかないかだろう。

「トレードをするのを待てば待つほど、預金の金額が減っていくのよ」とその夜、妻は言った。「あなたが良いトレードをすれば預金の金額が増えるから、長い目でみたらトレードに使えるお金も増えるんじゃないかしら」

「確かにそうかもしれない」。彼女の言っていることは、僕がウィンクルシュタインに約束したこととは相いれない部分があったけれど、彼女は僕の妻だ。ウィンクルシュタインが妻じゃない。住む場所を確

図14.1　EUR/USDの４時間足チャート（EUR/USDの４時間足）

保するのも、食料や学用品を買うのも、彼のためにやっていることじゃない。だから僕はチャートを見てみることにした。

まず開いたのはEUR/USDの４時間足チャートだった（**図14.1**参照）。ウィンクルシュタインは、きちんと理由を説明できるならトレードをしてもいいと言っていた。だから僕はその理由を探すつもりだった。彼とハンク・ドゥーレッカーが計画しているトレードを見ているだけなんてできるわけない。もしかすると、トレードをするなという忠告は、僕を試すつもりで言ったのかもしれない。僕がEUR/USDのトレードをきちんと正当化できるかを見極めるために、そして僕が本当に彼の話を聞いていたかを確かめるために。

でもこのチャートからは何も分からなかった。これを見ていても何も思いつかない。まったくと言っていいほど何も。USナショナルバンクで彼らが見たものは一体何だったんだろう？　どうしてユーロの売りがそんなに魅力的なんだ？　金曜日の雇用統計の発表後、ユーロが暴落したのはこれを見れば分かる。それから今は少し戻っていることも。でもそれがどうしたって言うんだ！　このチャートを見ていても、トレードのアイデアは何も生まれてこなかった。今売る理由も、1.2200で売る理由も、僕には見つけられない。1.2200で何が起こるんだろう？　銀行のトレーダーだからといってより良い情報を入手できるわけじゃないとウィンクルシュタインは言っていた。でもどう考えても、何らかの情報を持っているに違いない！

そのとき、電話が鳴った。クレイグ・テイラーからだった。

「ハリー。ハーベイに会ったんだってな。噂で聞いたよ」

彼の声を聞けてうれしかった。ウィンクルシュタインを引き合わせてくれたことのお礼を言いたかったし、このトレードについて教えてもらいたかったからだ。

僕は、すでにいろいろ学んだこと、そしてウィンクルシュタインを紹介してくれて感謝していることをクレイグに伝えた。それから今壁にぶつかっていることも。

「あの人たちがこのトレードで何をするつもりなのか、僕には分からないんです」と僕は認めた。「ハーベイはちゃんとした理由があればトレードをしてもいいって言っていたんです。だからトレードをしたいんですが」

「何を見ているんだい？」と彼は聞いた。

「４時間足チャートです」と僕は答えた。「短期チャートは見てはいけないとはっきり釘を刺されましたから」

「それでいいんだよ。ハーベイが好きな時間枠を使ってるんだ。良いスタートじゃないか。チャートにはほかに何が表示されてるんだい？」

「何も」

「何の指標もないのかい？　トレンドラインも？」

そういうものは本に書いてあったから知っていたけれど、実際に使ってみる機会はまだなかったことを認めた。

「なあ、ハリー」とクレイグは口を開いた。「まず第一に、ハーベイが何を考えているかを理解しようとしてやるもんじゃないだろ。それじゃあうまくいかないよ。トレードをする理由を見つけたければ、自分自身で何かしらの分析をしないと」

「どこから始めたらいいか、見当もつきません。トレンドラインが何かっていうのは分かっているんですけど、それを使ってどうしたらいいかまでは分かりません」

「おれはもう行かなくちゃ、ハリー。考えれば分かるさ。でも自分で検証したり実験してみるのが大事だぞ」

無理やり線を引いてみる

少なくとも20分はじっとコンピューターの画面の前に座っていただろう。あきらめたくなかったから、チャートに線をいくつか引いてみるか、あるいは指標を表示させてみるまでは、その場を動かないぞと決めていた。とりあえず1.2200のところに横線を引いてみた。ここで注文を入れるんだ。この位置が僕の目標だ。この数字を正当化したい。チャートに線を引くと、**図14.2**のようになった。

ひとまずこれで注文を入れる位置が分かった。自分がどこで売るつもりなのかを目で見ることができた。このトレードをするのは間違っているだろうか？　こうやって自分で調べてはいるけれど、もともとこのアイデアは自分のものじゃないんだよな。そう考えていて思い出した。どうしてこのトレードが妥当なのかを説明するだけでなく、自分のアイデアも考えてみるようにとウィンクルシュタインが言っていたことを。彼には僕のほかにも助けているトレーダーがいるんだ。だから、彼からトレードのアイデアをもらい続けたり、それを家に持ち帰って理由を探し続けたりすることはできないんだ。この晩、僕がや

図14.2　ハリーが仕掛けた価格（EUR/USDの４時間足）

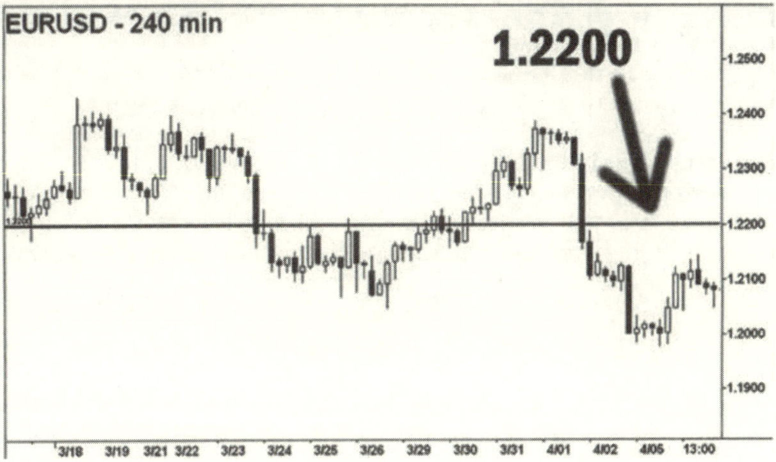

りたかったのは、どうやったら自分でこういうトレードを計画できるかを考えることだった。

本には指標のことがたくさん書いてあった。移動平均線、オシレーター系などいろいろあった。そういう指標をとりあえず使ってみよう。僕はまず、200日移動平均線を点線で表示させてみた。移動平均線は文字どおり、ある特定の期間の価格の平均を示している。このチャートの場合は200日間の動きを４時間という単位で示している。この指標をチャートに表示させてみると、点線は現在価格の上をうろうろとしていること、そして４月に一度この通貨ペアがこのラインで頭打ちしていることが分かった。もしかするとこの線にぶつかるときにまた価格の頭が押さえられるかもしれない。それならこのトレードをするいい理由になる。でも価格がこの200日移動平均線のところまで必ずまた上昇すると言えるだろうか？　そしてそれからまた反落するということも。そこまで言うのはちょっと無理があるかもしれない。

本にはオシレーター系の指標についても書かれていた。オシレーターはある通貨ペアが買われ過ぎている（そしてもうすぐ下落を始める）か、売られ過ぎている（そしてもうすぐ上昇を始める）かを示す指標らしい。僕はストキャスティックスについて書かれたページを開いた。これはよく使われている指標らしいぞ！　だからそれも14、3、3という通常設定で表示させてみた。すると何かが見えてきた。ストキャスティックスは上昇し、天井に近づいていた。こんなに単純でいいのかな？　オシレーター系の指標が天井まで行ったときに売ればいいのか？　そして底まで行ったときに買うのか？　そうかもしれない。でもウィンクルシュタインがこんなに単純なものを基に自分のトレードのシステムを考えているとは思えない。

MACD（移動平均収束拡散法）という指標は勢いを表しているらしい。もともとは、移動平均を利用して作られたもので、トレンドフォローに使われるとある。これがあればもっと何か分かるかもしれない。ある本には、指標を２つか３つ足して最初の指標と同じことを示しているかを確認すると良いとあった。予備的にほかの指標で確認しろというのは納得できる。納得どころじゃない。成功しているトレーダーなら、当然のことながらひとつの指標だけを基に自分の戦略を考えたりはしないだろう。ストキャスティックスや移動平均線だけではどこか不安だったのはそのせいか。だから僕はMACDを12、26、９という通常設定で表示させた。この数字がどういう意味なのかはよく分からなかったけれど、それはどうでもいい。僕がやろうとしているのはトレードを正当化することであって、MACDの開発者ジェラルド・アペルについての読書感想文を書くことじゃないんだ。

この指標からはまったくと言っていいほど何も見えなかった。何を意味しているかすらよく分からなかった。MACDの真ん中に、上下に山や谷を描いた棒がいくつも表示されて、その中央を数本の線が上下に動いていた。現在値ではその線が下のほうにあって、棒はゼロに近かった。なんだ、役に立たないな。EUR/USDの価格が1.2200になるときに、山が小さくなっていたり線が下を向いているような指標を見たいのに。もしかすると、ハーベイ・ウィンクルシュタインとハンク・ドゥーレッカーは、自分たちが注文したい価格になるときにMACDが天井を付けるとか下へ動き始めるとかを予測できるコンピュータープログラムを持っているのかもしれない。

価格が200日移動平均線にぶつかるときに、ストキャスティックスのオシレーター（ある方向にその通貨ペアが行きすぎたことを示す指標）が買われ過ぎを示していたらどうだろう？　何となく分かってきたような気がする。トレードを正当化できるほど十分な理由と言えるかどうか分からなかったので、もう少しほかの指標も足してみることにした。

次に足したのはフィボナッチリトレースメントだった。通貨ペアの直近の最高値から、直近の最安値まで線を引いてみた。するとその高値と安値の間にいくつもの数字が現れた。僕の目の前にある本によると、その線のところで価格は抵抗を受ける、あるいは売り圧力がかかるらしい。僕が描いたリトレースメントの50％の線はちょうど1.2182だった。なんだか近づいてきたぞ！　たぶんウィンクルシュタインは、価格がこのレベルまで上昇し、ここで勢いが衰えて頭を打つと見ているのかもしれない。これはいいぞ。ストキャスティックスが買われ過ぎを示していて、価格がフィボナッチの線に近づいていれば、このトレードをする正当な理由になるかもしれない。

気がつくと、僕はチャートにいろいろな指標を表示させていた。いろいろな、なんていう表現じゃ控えめすぎる。僕のチャートは、まるでテクニカル分析に関する本がそのうえで爆発して散らばってしまったかのようだった（**図14.3**参照）。

ここまで作業をするのに４時間もかかったので、家族はもうみんな眠ってしまっていた。妻が子供たちを寝かしつける音すら聞こえなか

図14.3　ハリーの初チャート（EUR/USDの４時間足）

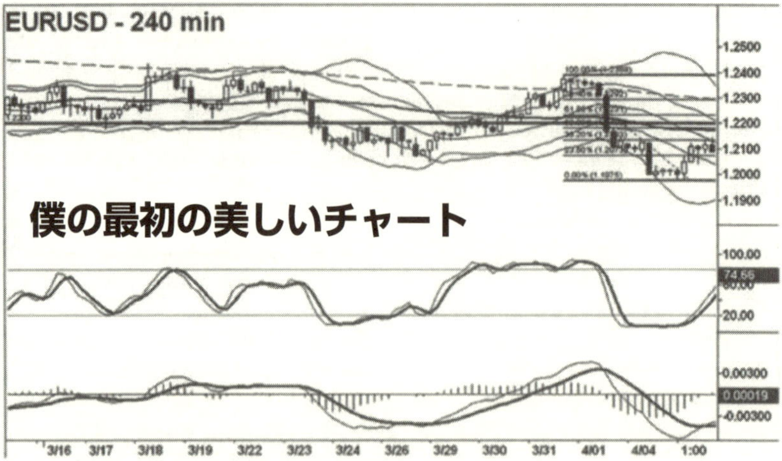

ったくらい、僕はこの作業に夢中になってのめりこんでいたらしい。チャートには新しいローソク足が描かれ始めていたけれど、上にも下にも動いていない。価格は1.2100の位置で止まっていた。僕はかなり疲れていた。トレードをする前に僕のチャートをウィンクルシュタインに見せなくたっていいんじゃないかな。僕も彼と同じEUR/USDを売るんだし、僕なりの正当な理由も見つけたんだから。

少しして、妻が現れて、目をこすりながら僕のチャートを見た。

「なんだか難しそうね」と彼女は言った。

「本当だよな」と僕は認めた。「意味がよく分からないのもある。でも、価格が1.2200になったらユーロを売るトレードをすると良いって示していると思うんだよ」

「それってあなたのお友だちのハーベイさんがやるって言ってたトレード？」

「ああ、そうなんだ」

「じゃあ今そのトレードをしたらどうなの？」

妻はたった今起きたばかりなので混乱していたんだろう。「価格があと100ポイント上昇しないと売れないんだよ」と僕は彼女に説明した。「1.2200で売るんだから」

「1.2200まで上がるって分かっているなら、今買っておけばいいんじゃないの？」と彼女は返した。

そして妻は寝室へと歩いて戻って行った。寝ぼけていたのか、それとも本当に理解してそんなことを言ったのかは分からなかった。でも確かにそうだよな！　妻の言うとおりだ！　この通貨ペアが上昇して、その後良い売りトレードになるってウィンクルシュタインが確信しているなら、上昇するときに利益を稼いで、それでまた下降するときにも稼げばいいんじゃないか？　うわ、これはすごいアイデアだぞ！

僕はもっと注意深くチャートを見た。価格は200日移動平均線へ磁石のように引き寄せられている。間違いなくあそこまで上がりそうだ。そしてストキャスティックスはトレンドが上方向だと示していて、まだ買われ過ぎとは出ていない。まだ上に行く余地があるってことだ！

それにMACDはさっき見たように上昇していて、だんだん高くなった棒が今少しずつ描かれていた。そして価格はフィボナッチの50％のレベルまで上昇しながら動いている。

次の30分間、ほかの指標もいくつか足してみたけれど、どれも同じことを示していた――価格は上向きで、今買えばもっと上がりそうだということを。だから僕は取引画面を立ち上げた。口座には5500ドル入っている。今買いの注文を入れたら、100ピップス取れるぞ。100万ドル分をトレードすれば、１ピップ当たり100ドルだから１万ドルの利益になる。かなりの利益だ。１カ月分の生活費を払ってもたっぷりおつりがくる。あのひどいトレードをする前の状態に、ほとんどすべてを戻すことができるじゃないか。僕は取引画面をクリックして数字を入力し、それをもう一度確認してから買い注文を入れた。

午前12時35分、1.2098で買った。このトレードの必要証拠金は2500ドルだった。

損切りや利食いの注文は入れなかった。僕はコンピューターの机から離れ、寝室へとふらふら歩いて行き、そして眠りに落ちた。服すら着替えずに。

翌朝――朝食は火の車

次の日の朝、僕はニンジンジュースをごくごくと飲みながら、あのユーロの取引に少し夢中になりすぎたかなと考えていた。着ていたウエークマン・バターマン・アンド・ベイリーの創立20周年記念Tシャツの胸の辺りにニンジンジュースがこぼれて、滴が流れ落ちていったのを覚えている。それから息子がTシャツの袖をぐいっと引っ張って、いつになったら“トンピューター”で遊ばせてくれるのかと聞いていたのも覚えている。それから妻が彼女の提案した買いトレードをしたのかと聞いていたのも、はっきりと耳に残っている。さらにその後見たチャートがどんなふうになっていたかも、僕は一生忘れないだろう。落ち着き払ってコンピューターまで歩いて行った僕は、チャートプログラムを立ち上げてEUR/USDを選び、そして息を詰まらせた。こんなふうになっていたからだ（**図14.4**参照）。

ああ、なんてことだ。

これは怒られるぞ、ウィンクルシュタインに。僕は突然気がついた。あれほどユーロの売り注文を調べていたっていうのに、ただの憶測だけで買い注文を入れてしまったということに。そのことに突然気がついた。またしても、この市場を手玉に取ることができると僕は信じ込んでしまった。自分が知っている以上のことを知っていると思い込んでしまったせいで、二度目の追証を迎えてしまった。僕の口座は2500ドルまで減っていた。半分以上のお金を失ってしまったんだ！

図14.4　息を詰まらせたハリー（EUR/USDの5分足）

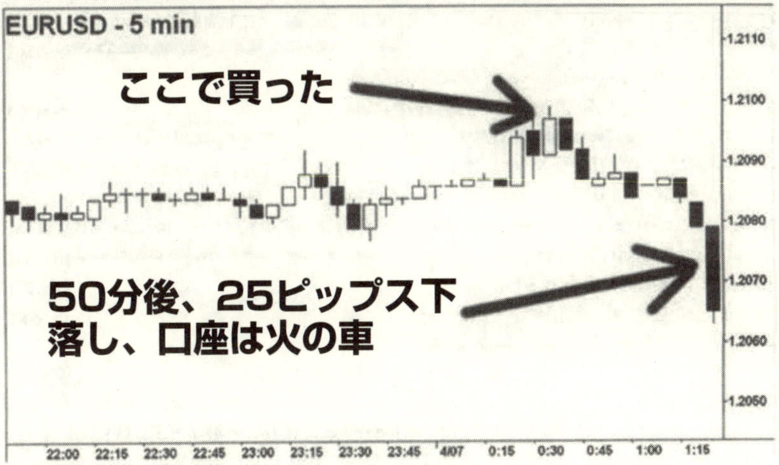

さらに追い打ちをかけたのは、自分が正しい判断をしていたと気がついたことだった。チャートを見ると（**図14.5**）、僕のトレードはいずれは利益が出ていたことが分かる。あそこまで枚数を増やしてトレードをしたりしなければ、午前８時の時点でまだトレードは継続中で、最高に脂が乗った利益を手にすることになっていたんだ。確かに価格は、僕が買った直後に下落したさ。でもすぐにまた上昇しているじゃないか！

何だよこれ！　こんなのないだろう！　僕の選んだ方向は間違いなく正しかった。僕の判断は正しかったんだ。でもタイミングが悪かった。トレード量も多すぎた。素人的な分析が火元となって、僕の取引口座は大火災に見舞われてしまった。取引口座の半分が灰と化した今、妻には何て説明すればいいんだ？　自分の判断が正しかったって分かったんだから、巻き返しを図って雪辱のトレードをすることもできる。失ったお金を取り戻せば、このことはだれにも言わなくてすむ。口座

図14.5　タイミングの悪いハリー（EUR/USDの５分足）

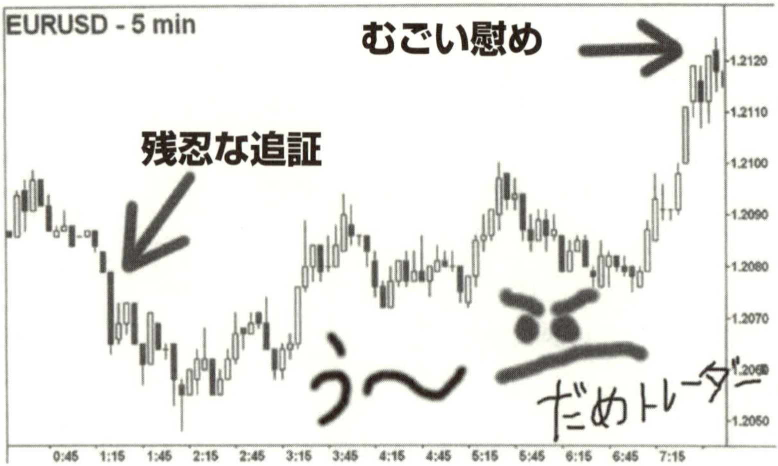

の半分を失ったからどうだっていうんだ！　過ちに気がついてそれを正せば、それだけで取り戻せるさ。

トレードの本でこういうのを読んだことがある。トレーダーというものは、判断を間違えたらすぐにそれを認め、市場に対する誤った読みにいつまでもしがみつくものではないって。プライドを捨ててトレードをなかったことにし、損失を取り戻して前に進めって。

僕はボタンをクリックして、100万ドルを買う注文をした――昨晩と同じように。すると**図14.6**のような画面が出た。

資金不足だって？　口座には10枚のトレードをするお金すら残っていないのか！

10枚のトレードをするには2500ドルが必要だ。でも口座に残っているのはちょうど2500ドルだけだ。つまり余剰金がゼロになってしまう。すると取引量を減らす必要があるのか。それなら取引量を減らそう。僕は５枚、つまり50万ドル通貨で１ピップ当たり50ドルのトレー

図14.6　ハリー、取引を拒否された

資金が不足しています！

取引口座に追加入金をするか、
取引量を減らしてください。

ドをすることにした。2004年4月7日午前8時5分、僕はEUR/USDを1.2119で買った。このトレードの必要証拠金は1250ドルだった。

この価格は夕べ買った価格とあまり変わらないけど、とりあえず上昇していることが分かっているからそれはいい。少なくとも何を失敗したかが分かったから、それを修正すればいいんだ。僕のことをこれほどバカにした市場に、正義の報いをしてやるぞ。この数秒間で僕がとった行動は、すべて感情任せにしたことだった。

僕は動かなかった。妻や子供たちの声も、電話の音も、何も聞こえなかった。これは僕対市場の戦いだ。だれにも邪魔はさせない。

8時10分、EUR/USDは11ピップス下がって1.2104になり、僕はマイナス550ドル。

8時15分、EUR/USDは17ピップス下がって1.2098になり、僕はマイナス850ドル。

これは驚くほどの金額だ。どうしてこんなふうにお金が消えていくのを見ていられるんだろう？　もしこれを昨晩見ていたら、早めにトレードを手仕舞いしてこれほど大きな損失を出し続けることはなかっただろう。僕は自分に問いかけた。今からでもそうしたほうがいいだろうか？　手仕舞いするべきか？　でも手仕舞いした直後に僕の思った方向に動き出したら、そのときはどうする？　損失は膨らみ大きな穴をあけることになる。たったひとつの解決策、それは我慢してポジションを持ち続けることだった。

８時20分から８時40分の間、この残忍な下落のなかでも、僕は小さな希望を見いだしていた——価格が1.2107まで上がって損失が少し減ってきたんだ。自分の判断が正しかったことが分かったので、一息入れにトイレに行った。家族の姿はなかった。たぶん公園かどこかに行ったんだろう。でも関係ない。妻が子供と家に帰ってきたら、良い知らせを聞かせてあげられるぞ。

トイレから戻ってくると、追証がかかっていた。

頭の中で何かをたたくような音が鳴り響いた。

ガーン！

僕は額をさすった。後頭部のほうでひどい頭痛がし始めていた。たぶんそこは脳が数字を格納する場所なんだろう。たった今失ったお金の合計とかを表す数字を。

ガーン！

今度は何だ？　そうか、僕は1250ドルの損失を出したのか。もうたったの1250ドルしか残っていない。ほんの数時間前までは5500ドルあった口座の全残高が、たったのそれだけになってしまった。どうして途中でやめなかったんだ？　どうしてまだお金が残っていたときに、少しでも出金しておかなかったんだろう？

目の前の机の上には妻のiPodが置かれていた。コンピューターにつなぐスタンドに置かれたiPodのつるつるした白い表面が、僕をあざ笑っていた。丸いコントローラー部は巨大な口のようで、まるで僕の苦

図14.7　ハリー、売る（EUR/USDの５分足）

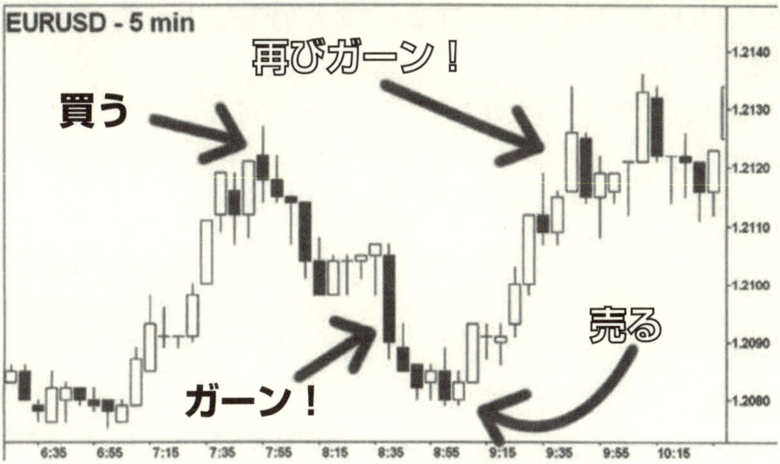

しい状況を高笑いしているようだった。

　もう失うほどのお金も残っていない。今すべてを失ったところで、どうでもいい。ここまできたら1250ドルなんて何の価値がある？　本当に、どんな意味があるっていうんだ？　もうほとんど意味なんてない。たとえ失ったとしても、今以上に後悔することはない。でも1250ドルだけでも取り戻せたら、口座のお金は今の倍に増えるから、少なくともあきらめずに頑張ったんだと満足して終われるだろう。どう考えてもEUR/USDは1.2200まで上昇する勢いはなかったんだ。４時間足に切り替えてみると、ストキャスティックスは買われ過ぎになる前に、すでに下向きになり始めていることに気がついた。

　ウィンクルシュタインの言っていた1.2200には絶対に届かないんだ！　そこまで上昇せずに、その近くで力尽きて少なくとも50か100ピップスくらい下がるんだ。だったら売ってみよう。５分のローソク足がもうひとつ下がって形成されるのを待って、自分の判断が正しいことを確認してから、僕は1.2082で売った（**図14.7**参照）。僕が売ったのは２枚だけだったから、１ピップ当たり20ドルだ。必要証拠金は500ドルだった。

価格はそこからたったの３ピップスしか下がらなかった。スプレッド分すら下がってくれなかった。１秒もプラスになることなく、たったの37ピップス上昇したところで、僕に追証がかかった。

ガーン！

ガーン！

ガーン！

午前10時15分に妻が子供と帰ってくるまで、僕は“資産残高”の欄に表示された500ドルという数字をじっと見つめていた。

妻はドアをバタンと開き、家に帰ったことを大きな声で知らせてくれた。そして明るい声で叫んで聞いた。

「ねえ、ハリー。あの夕べのトレードはどうなったの？」

そして僕は吐いた。

第15章

ウィンクルシュタインとの朝食

Breakfast with Harvey

ハーベイ・ウィンクルシュタインに殺される。

あれからたったの４時間後、別の言い方をすれば５分足が48本分、または15分足が16本分。ウエストサイドのアムステルダム通り沿い、リンカーンセンターの近くにあるユートピアダイナーというレストランで、ウィンクルシュタインが僕の目の前に座っていた。ここのメキシコ風オムレツは絶品だけれど、僕は食欲がなかったから注文しなかった。立っているのもやっとだった。ウィンクルシュタインは香港に行って友人に再会する旅を早めに切り上げたか、あるいは結局行かなかったらしい。朝、僕がうたた寝を始めて15分もしないうちに、彼から電話がかかってきた。僕はそのとき、自宅のキングサイズのベッドに横たわり、毛布にくるまって頭を枕で覆い、ウィンクルシュタインに見つかりませんようにと願っていた。どうか僕のことなんて忘れて、自らの醜態におぼれて苦しむ僕を放っておいてくれ。FXトレーダーになるなんていうとんでもない計画はあきらめるから。電話に出ると、ウィンクルシュタインは別れを言いたいから会おうと言ってきた。トレードをしてしまったことは、弟子としての信頼をすべて失ってしまうくらいの大きな罪だ。もう僕は信用してもらえるわけがない。

「ハリー。旅に出る前に、もうひとつ教えておきたい教訓があったんだ。それを君に教えたら、香港へ飛んで古い友人と祝ってくるつもりだよ」

何を言ったらいいんだ？　何も言えやしない。だから僕は黙っていた。

「ピップオークションというゲームから学べる教訓を教えよう」

僕はうなずいた。

彼は通路の向かい側にいた男女に声をかけた。

「すみません、そこのおふたりさん」

彼らは僕たちを見た。ここはニューヨークだぞ。そうやって他人にいきなり声をかけて会話を始めるなんて、普通はしない。でも彼らはどうやらニューヨーク出身ではないようだ。ウィンクルシュタインは続けて言った。

「メキシコ風オムレツを頼んだんですか？」と彼は聞いた。

「ええ、そうなんですよ」と若い男が答えた。その南部なまりのアクセントから、彼がニューヨーク出身ではないこと、それからウィンクルシュタインが考えているそのゲームとやらに興味を示すんだろうなということが分かった。

ウィンクルシュタインは言った。

「ジョージアからいらしたんですか？」

若い女の両目が輝いた。

「あら、そうなんですよ！　どうしてお分かりになったのかしら？」

「ただのまぐれですよ」とウィンクルシュタインは答えたが、僕にはそれがまぐれなんかじゃないことは分かっていた。ウィンクルシュタインは続けた。

「少しお時間をお借りしてもいいでしょうか」と言って一瞬間をおいた。「ほんの少しだけですよ」

「何をするんですか？」と若い男が答えた。「30分ほどしたら舞台を見に行くんです」

それでもウィンクルシュタインはまったくひるまなかった。

「舞台には必ず間に合います。約束しますよ。少しこちらの席へ来て、ここにいる男にある教訓を教えるのを手伝ってほしいんです」

若い男女は互いの顔を見つめ、そして自分たちの皿へと目を落とし、そしてまたウィンクルシュタインを見つめた。彼らは肩をすくめた。どうやら老人の頼みを断ることに慣れていないようだ。彼らは立ち上がって僕たちのテーブルへやってきた。ウィンクルシュタインが互いに向き合って座るように彼らに頼むと、女はウィンクルシュタインの隣に、男は僕の隣に座った。

「これは100ドルをオークションにかけるゲームです」と彼は説明を始めた。「賭けのゲームですがね、参加したからといってあなた方が損をすることはないのでご安心を。お金を払えとか、何か物を置いていけとか、そういうことは言いませんから」

２人はうなずいた。故郷に帰ったらニューヨーク市で出会った変わり者の老人について家族や友人に話ができていいぞ、そう考えているのが分かった。このゲームが終わったら、きっとウィンクルシュタインや僕と一緒に写真を撮りたいって言うんだろうな。そして大金をはたいて買ったであろうブロードウエーのつまらない舞台を見に行く彼らを、僕たちは見送るんだろう。

「ルールを説明しましょう。このお金を落札するには、ただ入札をするだけでいいのです。最高額で入札をした人が、お金を手に入れます。ここに座っているだけで、100ドルが丸々手に入るわけです。でも負けた人は自分の最後の入札額を支払い、何も獲得できません」

彼らは再び互いを見て、肩をすくめた。そして聞いた。「じゃあ100ドル以下で入札をしても、勝てば100ドルもらえるってことですか？」

「そのとおり。ただ、もうひとりの入札者は何ももらえないのに最後の入札額を払わなくてはいけない。１日中魚を待っていたのに、古いタイヤを釣ってしまうのと似ていますね」

若い男は眉を上げた。彼は頭の中で、まだ勝ってもいないお金で買い物をしているところを想像しているようだった。そして言った。
「それならおれは1ドルで入札しよう」。彼は、自分のほうが妻――あるいは恋人なのか――とにかく彼女よりもずっと賢いと信じているみたいだ。できるかぎり少ない額で100ドルを獲得しようとしている。
彼がそう言うや否や、妻が口を開いた。
「私は2ドルにするわ」
少しの間、沈黙が漂った。僕はレストランのほかの客が僕たちのほうを見始めていることに気がついた。入札は続き、その速さと両者の興奮ぶりに僕は驚いてしまった。
「5ドル」
「8ドル」
「12ドル」
「16ドル！」と若い男が叫んだとき、僕が顔を上げると、僕たちの周りに小さな人だかりができていた。ウエートレスやコック、それからほかにも人がいたので息がつまりそうになってしまった。この最後の入札で小さな拍手が起きた。みんながこのゲームの結末が気になっているのは明らかだった。
入札が進んでいくと、2人の目的は相手に勝つことに変わっていった。でも僕だって入札し続けるだろう。たとえ99ドル支払うことになっても、100ドルをもらえるなら割安なのはだれの目にも明らかだ。値引きはたったの1ドルになるけれど、それだってそう悪くない。
そして入札額は本当に99ドルまでいった。ほんの数秒前、入札価格がまだ59ドルだったとき、若い女のほうが叫んだんだ。
「99ドル！」
レストラン中に叫び声が上がり、勝者は決まったとだれもが思った。でもそうはいかなかった。
小さな人だかりのなかで、みんなが笑いながら若い女を祝福していると（それは彼女が先に99ドルと言ったから）、彼女の夫（ということがあとで分かった——新婚の２人はジョージア州アセンズ出身で、州外に旅をするのは今回が初めてだったという）が、悔しさを通り越した表情をしながら、どう考えてもバカげていると思うようなことを言った。

「100ドルだ！」

だれもが沈黙した。

「何考えてんだあ？」と言ったのはコックだった。彼の言葉はみんなの心を代弁していた。だれもが当惑していた。

妻はさっき以上にやる気にあふれた表情をしている。夫の声は、彼の心の中で何か激しい感情が生まれたことを示していた。彼は言った。

「おれは金を失うのはごめんだぜ。おまえが99ドル払って、おれが100ドル払えば、少なくともおれはトントンだ」

その若い男も、僕たちみんなも、入札に興奮していてこのゲームのルールを忘れていたことに気がついた。勝者は最後の入札額（落札額）を支払って100ドルをもらえるけれど、敗者は最後の入札額を払わなければいけないのだということを。何ももらえないのに！　急にそのことに気がつくと、みんな緊張してきた。

もうこのゲームの目的は、100ドルを安く手に入れるってことじゃなくなっている。大金を失わないことに変わっているんだ。

みんな心のなかでこのゲームが早く終わればいいのにと思っていた。これから何が起こるかが目に見えていたからだ。

「入札するのをやめるんだな」とコックが言った。「どっちも勝てねえんだから」。彼はふきんをテーブルの上に乱暴に放り投げ、そして歩き去った。ウエーターがまだ食べ終わっていない２人の皿を片づけてしまっても、２人はまったく気にしなかった。２人とも、朝食なんてもうどうでもよくなっていた。

ウィンクルシュタインはこれを見て喜んでいた。どうやら彼は、この南部出身の美男美女カップルの結婚に（もしかすると消えない）傷を付けたことを、まったく後悔していないらしい。熱っぽく大きく見開いた彼の両目は、この２人を言いくるめて、２人があとで後悔するようなことをするように仕向けたことに、彼が喜びを覚えていることを物語っていた。こんなのウィンクルシュタインらしくない。ここ数日僕が見た、親切でやさしい男とはまったく違う。

若い夫のほうはもう汗をかき、息を荒げ、だんだんと怒りがこみ上げているようだった。

妻のほうも気が立っていて、入札額を102ドルに上げた。

やじ馬の後ろのほうからため息が漏れて、僕はその100ドルの上に自分の手を置いた。

「なあ２人とも」と僕は言った。「もうここでやめよう。ハーベイは君たちにお金を支払わせたりしないよ。ただ自分の言わんとしていることを証明したいだけなんだ」。僕はウィンクルシュタインのほうを向いた。

「僕に何を教えようとしているのか分かりましたよ」と僕は彼に伝えた。「だからもうこのゲームはやめにしましょう。２人とも舞台に遅れてしまいますよ」

ウィンクルシュタインが言葉を返そうと口を開く間もなく、妻はテーブルをバンとたたき、僕の手を押しのけて、ここに書けないような下品な言葉を僕に投げかけた。おおこれが南部の人のもてなしの心であるサザンホスピタリティというものか！

「115ドル！」。なんと彼女は夫が入札額を上げてくる前に、自分から入札額を上げてきた！

僕はつばを飲んだ。この２人は信じられないことをしていた。１人が100ドルの権利を得るために、２人で合わせて215ドルを払おうとしている。とんでもない話だ！

しかもまだ終わらなかった。

「116ドル」

下品な言葉が飛ぶ。

「117ドル！」

「120ドル」と若い男が答えた。まさか暴力ざたに発展したりしないだろうな。

妻は拳をテーブルにたたきつけた。そして叫んだ。

「150ドル！」

そして夫はまた下品な言葉を叫び、そんな大金を入札するなんておまえは頭がどうかしてるぞと言った。結婚祝いでもらったお金なんだろうに！

こんな仕打ちを新婚夫婦にできるくらいだ。ウィンクルシュタインはこれが終わったら僕を殺して腹を空かせたこの南部人に食べさせてしまうんだろう。彼は２人を見た。

「ファイナルアンサー？　これ以上入札はしませんか？」

よくこういうシーンで、２人の客のどちらか一方がチェーンソーを取り出してレストランにいる人を全員バラバラに切り刻み始めるんだよな。ここを埋め尽くしている怒りの度合いを考えると、そんなことが起こってもおかしくない。

ウィンクルシュタインは夫婦に、お金はもらうつもりですよと伝えた。270ドルくれと言う。２人はポケットの中を探し始めた。実際にそれほどの現金は持っていなかったに違いない。この時点で、２人の互いに対する怒りは、苦い気持ちと不安に変わっていたことだろう。

僕の頭は混乱していた。その日の朝出した取引口座の損失のことは忘れて、この状況にくぎ付けになっていた。そのとき、ウィンクルシュタインが言った。

「ジミー？　マリアン？」

彼らは顔を上げた。ゲームのせいであまりにもぼうぜんとしていて、どうしてウィンクルシュタインが自分たちの名前を知っているかすら聞かなかった。でも彼が２人の下の名前まで知っているという事実に、僕は恐ろしさを感じた。

2人ともウィンクルシュタインのほうを見上げた。夫のほうはいまだにポケットを探っていて、妻のほうは手をハンドバッグに入れていた。

「舞台に遅れてしまいますよ。外まで一緒に歩いて出ましょう」とウィンクルシュタインは言った。それが合図となって、2人は素早く荷物をまとめた。ウィンクルシュタインは2人の肩に両腕を回し、外のアムステルダム通りへと2人に付き添いながら出ていった。そこで彼が2人と話をしているのが窓越しから見えた。彼らからは笑いがこぼれた。ウィンクルシュタインは夫に100ドルを渡したが、夫はひとまず断った。するとウィンクルシュタインは夫のほうへ身を乗り出し、そして彼の耳元で何かをささやいた。何を言ったかは知らないけれど、彼はお金を受け取り、2人はうれしそうに小走りで舞台へ向かって行った。ウィンクルシュタインが席に戻ってきたときにはやじ馬もいなくなっていて、僕たちは2人きりになった。彼は言った。

「見たかい、ハリー」と彼が切り出した。「さっき何が起こったかを見ただろう？」

僕が見たのは2人の愚かな人間が、お金を手に入れるために高額を支払ったということだけだ。そう彼に言った。

「そうか。これはトレードと似ているかな？」

僕は少しの間考えた。そして気がめいってしまった。今朝の損失のことを考えたくなかったからだ。

「きっと似ているところがあると思います」と僕は答えた。「僕が学べる教訓がきっとあるんでしょうね。でも正直言って、その話をする気分じゃありません」。僕は黙った。そのとき、ある真実に気がついた――ウィンクルシュタインはもうすぐいなくなり、僕がトレードで成功する日は永遠に来ないんだ。そして僕はどこかのつまらない法律事務所でまた働くことになるんだろう。どこかで雇ってもらえれば、の話だけれど。僕の瞳は涙でいっぱいになった。

「ハーベイ。こんな話、どうやってしたらいいのか。僕は今日、預金のお金をほとんど全部失ってしまったんです」

彼は厳しい顔で僕のことを見た。

「そんなことはもう知っている」。同情のかけらもない。今さっき、赤の他人には100ドルをあげたばかりのくせに。

「そのことは知っている。私がまだ知らないことを告白するつもりでないのなら、私の話を聞きなさい」

僕は彼の話を聞かずに、立ち上がってレストランを出た。

レストランから一歩外に出たところで、彼は僕の肩をがしりとつかみ、僕を振り向かせた。彼は本当に、本当に、怒っていた。両目は火がついたようだった。そして彼は話し始めた。

諭す師

ウィンクルシュタイン　さあ、ハリー。質問に答えるんだ。あのゲームがFXトレードと似ているところは何かな。

僕　（沈黙）

ウィンクルシュタイン　では答えなくてよろしい。残りの人生ずっと何もせずに、犯した過ちから逃げて暮らせばいい。ひどい失敗をしたあとにうたた寝をすれば、何かを学ぶべきときに寝て過ごすことができる。間違いを何度も犯してその結果から逃げ続ければいい。レストランから逃げ出すのは、最悪の自分と向き合うのを避けているだけだ。また家に帰ってうたた寝をすれば、もう二度と起き上がれないかもしれない。そりゃあ、ベッドで１日中眠り続けることはないだろう。だが、起き上がったって魂が抜け落ちている。この経験は、君のなかで永遠に消えない傷になるだろう。そして君は自分の将来の経済事情についていつまでも責任を取らずに終わってしまうんだ。

僕　ハーベイ。僕にはもうトレードをするお金も残っていません。今日、ほんの数分の間に5000ドルを失ってしまったんですよ。妻が許してくれるはずがありません。僕の経済事情にはもう将来なんてありません。持っているすべてのトレード資金を、FXディーラーに渡してしまったんですから。確かにまだ預金口座に少しお金はありますけど、それはもう使えません。僕にはそのお金を守ることもできません。あれは生活費として必要なんです。あんなに速くお金を失ったなんて、信じられない。ものすごい速さでなくなってしまったんです。話したくもありません。

ウィンクルシュタイン　ハリー。この角に座って、少しだけ私と話をしよう。

僕　（沈黙）

ウィンクルシュタイン　それでいい。それこそ私の知っている、聞き分けの良いハリー・ベインズだ。

僕　（沈黙）

ウィンクルシュタイン　あのトレードが君の最後のトレードになるかもしれない。その可能性はある。だが話を聞いてもらいたい。この出来事を受け入れられるようにならないといけないんだよ。

僕　分かりました。やってみます。話を聞かせてください。

ウィンクルシュタイン　まず、レストランでさっき何が起こったかを考えてみよう。あれとFXトレードで似ている点はあるかな？

僕　今朝僕がしたことは、通貨オークションのゲームだったんだと思います。

ウィンクルシュタイン　ピップオークションのゲームだな。

僕　そうですね。ピップオークションのゲームです。

ウィンクルシュタイン　ゲームを始める前、ジミーとマリアンはどれだけ儲けられるんだろうと思いを巡らせていたが、そのことには気がついたかね？　２人とも、どうやったら相手を出し抜いて、100ドル札を安く手に入れられるかを考えていた。できるだけ少ない額で、できるだけ大きな金額のお金を手に入れたかったようだが、入札の手法についてはほとんど何も考えていなかったね。

僕　僕も身に覚えがあります。今日僕がしたことと同じです。僕の場合は自分の取引口座でしたというだけの違いです。負けトレードで終わりたくなかったので、僕はトレードをし続けた。勝ちトレードで終わりたいと思ったんです。途中、どれほどお金を失っても。

ウィンクルシュタイン　そうだ！　そのとおりだ！　これが次の教訓だ。今朝の君のようなトレードをしているとき、君はお金を追い求めている。その代償が何であろうと。君にとって重要だったのはただひとつ。それは敗者で終わらないこと。どんな額の利益でも受け入れるつもりだったろう。覚えているかい？　100ドルオークションのゲームを始めてすぐ、ジミーとマリアンは儲けようとしていたお金のことを忘れてしまった。そして敗者にならないことばかりを気にするようになってしまったね。

僕　はい、確かに気がつきました。恥をかきたくないと思ったみたいですね。何ももらえないのにお金を払うほうにはなりたくない、どちらもそう思っていた。今朝、僕がトレードをしていたとき、いくらでもいいからお金を取り戻せたらそれで満足でした。手元に残ったのが1250ドルになったとき、ただ1250ドルを取り戻せればそれでいいと思いました。その前のトレードの穴を埋めるためにトレードをしたようなものです。次のトレードがいい計画かどうかなんてまったく考えていませんでした。ただ、出した損失を取り戻そうとしていたんです。

ウィンクルシュタイン　どんなトレーダーでもそのワナにはまる可能性がある。私はそれをピップオークションゲームと呼んでいるんだよ。銀行のトレーダーたちだって、このワナにはまることがある。トレードをするというのは、単にピップスに入札をする機会を得たということにすぎないのに！　入札の元手になるのは……。

僕　必要証拠金ですね。

ウィンクルシュタイン　いや、そうではない。それがリスクだと思うかもしれないが、実は違う。トレードをするときの本当のリスクとは何かね？

僕　損失を出すことです。トレードがうまくいかなかったときに資金を失うことです。

ウィンクルシュタイン　それで、今日のリスクの上限はいくらだったのかな？

僕　決めていませんでした。

ウィンクルシュタイン　では莫大なリスクを抱えていたということになる。

僕　そうです。

ウィンクルシュタイン　それから利益の見込みはどうだったのかな？

　君のしたトレードの利益目標はいくらだったんだい？

僕　ええと、決めてやったトレードもあったんですが、決めないでやったトレードもありました。

ウィンクルシュタイン　つまり君は、漠然とした額の利益を求めて、取引口座にあるすべてのお金を入札する覚悟だったということだね。

僕　聞くとひどい話ですね。

ウィンクルシュタイン　でも本当の話だ。

僕　あなたが言っていた、ジョージ・シスラーが初めてお金を管理したときの話を思い出しました。ジョージのような成功しているトレーダーと自分を比較したくはありませんが、でも似ている点があると思います。自分がトレードをしている理由を忘れてしまったこと、それから負けないためだけにトレードを継続してしまったこと。彼はずっと、漠然とした利益を勝ち取るために、莫大なリスクを背負っていました。

ウィンクルシュタイン　ようやくジョージのことを思い出したじゃな

いか！　だが今朝は思い出せなかったようだな。

僕　完全に忘れていました。

ウィンクルシュタイン　それは自分に起こった話じゃないからさ！　やっと話が進んできたぞ。君が偉大なトレーダーになったら、こういう教訓は頭のどこかにいつも残ることになる。今朝君がとった行動のほうが、ジョージに起こった出来事よりもはっきりと思い出せるんだよ。

僕　僕が偉大なトレーダーになることなんてあるんでしょうか。もう二度とトレードすらしないんじゃないかな。

ウィンクルシュタイン　いや、またトレードするさ。

僕　トレードをするお金がありません。

ウィンクルシュタイン　あるじゃないか。

僕　あのお金には手を触れないつもりです。仕事を見つけるまで、あのお金で生活しなければいけないんですから！

ウィンクルシュタイン　ああ、そのお金で生活しなさい。君は仕事を見つけなければいけない。それはそのとおりだ。だが、だからと言って、君が二度とトレードをしないということにはならない。ジョージを見てみなさい。彼が今どうしているか。彼はひどいトレードをして１億ドル以上失ったんだぞ。君はその上を行けるかね？

僕　いえ、無理です。

ウィンクルシュタイン　そうだろう。君はまだ何も始めていない。最初の大きな損失を出しただけだ。まだトレードはできる。

僕　でも、もう僕を助けてはくれないんですよね。僕があなただったら、助けたりしません。

ウィンクルシュタイン　ああ言ったのは、君への信頼を大きくなくしていたからだ。確かにもう助けないかもしれないよ。君はこれからとても大事なことをいくつかしなければいけない。それをすれば、また君を助けてあげよう。だが簡単なことじゃない。私の弟子たちの半分は、ここで完全にあきらめてしまうんだ。

僕　僕はあきらめたくないです。

オムレツと恥フライ

「君が何よりも最初にやりたいことは何かな？」とウィンクルシュタインが聞いた。

僕たちはレストランのなかに戻っていて、僕はメキシコ風オムレツを食べていた。噂どおりの美味だった。ウィンクルシュタインが外で僕を引きとめてくれなかったら、いろんな悪いことが起こっていただろう。このせいで結婚生活だって終わっていたかもしれない。でも実際は終わらずにすんだ（それについてはまたあとで）。それから、だれかの下で働いていたかもしれない。でも実際は今は働かずにすんでいる。それから、何かとんでもないことをしていたかもしれない。でも実際はそんなことせずにすんだんだ。

そうなるかわりに、僕はユートピアというレストランでピップ病の治療を受けていた。それは成功するトレーダーになる方法についてのとんでもない誤解を除去する大がかりな手術だった。こうして話をしているだけで、自分が取引口座に与えた損害についての心の重みが少し和らいでいた。ほかのトレーダーたちも――たとえそれがものすごく稼いでいるトレーダーでも――同じようにまともに考えずにトレードをしてしまった経験があることに気がついたからだ。ジョージ・シスラーだって、その後数十億ドルのヘッジファンドを運営するほど回復しているじゃないか。

ウィンクルシュタインの助けがあれば（もしまだ助けてくれるならの話だけれど）、いつかは僕ももっとましなトレーダーになれるような気がした。同じ間違いはもうしない。お金の管理だってできるようになるかもしれない。でもそれはもっとずっと先の話だ。今は、次のトレードのことを考えたり、ウィンクルシュタインやドゥーレッカーやクレイグやほかのだれかのトレードのまねをしたりせずに、どうやったら自分の思考を変えることができるかを考えることに集中するんだ。僕はそのことをウィンクルシュタインに伝えた。

「僕が最初にやりたいことは、自分の考え方を変えることです」と僕は言った。「自分の物の見方を変えることです。僕は欲や感情に流されてきました。それはもうやめたいんです」

「自制心が欲しいんだな」

「そうです。自制心が欲しいです。今日と同じような状況には二度と身を置きたくありません。絶対に」

「それなら秘密を教えてあげよう」と彼は言った。そして僕のほうへ近寄った。そして彼は言った。

「秘密なんてないんだよ」

彼はいすに腰を戻して僕の反応を待っていた。

僕は何も反応を見せなかったから、彼は再び話し始めた。

「自制心を得るための秘密なんてないんだ。自制心を鍛える方法はある。でも秘密の決まったやり方というものはない」

「でも僕の自制心のなさをどうにかする手立てがあるはずです。ないと困ります。何でもいいんです。あなたが教えたほかのトレーダーたちは、どんなことをしたんですか？　ジョージだって、ある朝起きて『もう二度とあんなに長くトレードを継続させたりしないぞ』って誓っただけですべてが解決したわけじゃないでしょう」

ウィンクルシュタインは少しの間、ただ僕を見つめ返していた。

「そうかね？」と聞いてきた。「ジョージ・シスラーはそう誓ったんじゃないのかね？　じゃあどうやって変わったのか、教えてほしいな。ジョージがある朝起きて、良い方向に変わろうと決めたのではないと言うんであれば、一体彼は何をしたのかな？」

僕はそれには答えられなかった。

「分かりません」と僕は認めた。「ただ、あなただったら、僕のような状況に置かれた人間のために、何かしらの行動計画を考えているんじゃないかなと思っただけです」

「行動計画ならあるよ、ハリー」と彼は返した。「それはある。だが、君が全力で生き方を変えることが大前提になるんだ。君に無理やり自制心を持たせることは私にはできない。君の体のなかに住むこともできない。君の取引用システムのボタンをクリックしてやることもできないし、君の家にずっといていつトレードを手仕舞いしろと言ってあげることもできない。君に無理やり運動をさせることもできなければ、奥さんから隠し事をするのをやめさせることもできない。そして一度のトレードで口座の半分の資金を失うようなリスクを負わせないようにすることもできない。私には口で言うことはできても、強制することはできないんだよ」

「それは分かります。でもそれなら僕は何から始めればいいんですか？」

「自分を見直すことからだよ。今のままでは、私は君を助けたくはない。だから君にはしばらく自力でやってもらう。君のせいで私たちは中断をしなければいけない。とても短い時間で大きく前進できるところだったが、後退するしかない。私自身は先に進んで、カンザス州トピーカに住んでいるラリー・ホーという男を助けに行く。彼はコモディティのトレーダーなんだが、彼の取引口座は完全崩壊の一歩手前まできている」

「そうなる前に止めてあげてください」

彼は声を荒げて言った。

「ハリー！　私は君の自制心の代わりにはなれないんだと、たった今教えたばかりじゃないか。君には君の考える力がある！　もうその力を持っているんだよ！　私は、君が思いも及ばないほど長い間トレーダーを育成している。だが君の母親役をすることが私の仕事ではない。君が自分の取引口座を破滅させたいなら、そうすればいい！　さっさとやって、さっさと忘れて、そしてこれから先の人生を歩みなさい！　私は君を引き止めて手を握ってあげたりしないぞ。じゃないと君を信用することなんて二度とできないからだ。トレードをしたいのなら自分でやらなければいけない。信頼される人間にならなければいけないんだよ」

「僕のしたことはだれの信頼にも値しないものです。そうですね。今度は本当によく分かりました。それでもあなたが言ったようにラリーが自分の口座を破滅させないことを願いますけど」

ウィンクルシュタインはため息をついた。

「私もだ。ハリー・ベインズ。私もだよ」

「僕には聞く資格もないですが、お願いがあります、ハーベイ。ダメならダメと言っていいですから」

「分かった」と彼は答えた。「何だね？」

「もしラリー・ホーが取引口座を破たんさせずにすんだら、彼と話がしたいんです」

このお願いにはウィンクルシュタインも驚いていた。だが彼はすぐに答えた。

「ダメだ。絶対にダメだ」

「どうしてですか？」

「君たち２人が話をするだと？　そんなのは、２つのハリケーンをニューヨークに到達する前に大西洋でぶつからせるようなもんだ。お互いに悪い影響を与える。君たちがどんなトレード計画を思いつくことか」

「あなたが見ている前で話したらどうでしょうか？　電話とか？」

彼は少し考えた。この提案で少しは僕のお願いを聞いてくれる気になったらしい。

「電話じゃなく直接会ってにしよう。それなら君の話を止めることもできるからな」

「もちろんです。でも僕にはトピーカに行く飛行機のチケットを買うお金はありません」

ウィンクルシュタインはどんな質問でも答えを持っていた。

「だがラリーは間違いなくニューヨーク行きの飛行機のチケットを買うだけのお金を持っている。考えておくよ、ハリー。それは約束する。でもその前に次のトレードの法則を学ぼう。その後１週間、君には会わない」

「心の準備はできています」

僕のデイライトリミット

ウィンクルシュタイン　ハリー。口座のいくらまでなら、失ってもいいと思うかな？

僕　ゼロ、ですかね？

ウィンクルシュタイン　違う。それは説得力のない答えだ。普通のトレードをしていれば、ある程度の資金を失うのは当然のことだ。だがいくらの損失までなら許容範囲だろう？　トレーダーがトレードを損切って終了しなければいけないのは、何％の損失を出したときか、考えてごらんなさい。

僕　こんなこと言っても驚かないでしょうが、今まで考えたことありませんでした。

ウィンクルシュタイン　このことを考えるトレーダーはほとんどいない。だがジョージ・シスラーが銀行で働いていたときのことを覚えているかい？　ジョージにはデイライトリミット、日中制限があっただろう。そこまで損失を出したらトレードをやめるように言われる金額のことだ。

僕　今思い出しました。それがトレード資金の何％の損失かで決められるんですよね。一定の上限まで達してしまうとトレードを中止する、あるいは強制的に決済されてしまう。

ウィンクルシュタイン　もう一度言う。君のようなトレーダーよりも銀行でトレードすることのほうが有利だと言える数少ない利点、それが強制的に与えられるデイライトリミットなんだよ、ハリー。今朝、もし君が銀行でトレードをしていたら、あそこまで口座を目減りさせることはなかった。君が損失の波におぼれていることを上司が知り、トレードをやめさせていたからだ。君のトレードは損切りされ、君は会議室へと呼ばれる。そしてここからは上司によって違うが、クビにされるか、あるいは助けてもらえるかのどちらかだ。だが、アーネスト・ウエリントンだったら、口座の資金をどぶに流し続けるようなことは、絶対に許されん。

僕　デイライトリミットは良い考えだと思います。あなたは強制的に自制心を与えるのは好きではないでしょうけど。

ウィンクルシュタイン　そうだ。私は嫌いだ。あれがあるせいで多くの銀行のトレーダーが会社を辞め、自力でトレードをし始め、そしていろいろな問題を抱えることになるんだ。

僕　上司がいなくなるからですね。デイライトリミットがあれば、何があってもトレーダーたちは失敗することがない。

ウィンクルシュタイン　銀行は体系的に君たちに自制心を強制する方法を採用している。制度のなかに自制心を織り込んでいるんだ。銀行というのは、できるだけ少ない投資で、できるだけ多くのお金を稼ぐことしか考えていないところだ。最近ではリスク管理責任者や数学者を雇って、リスクが大きくなりすぎないようにしている。どれほど素晴らしい実績があろうとも、たったひとりのトレーダーにとんでもない行動をさせることはない。絶対にな。

僕　分かりました。僕も同じような自制心を持てるように、自分の生活などを組み立てなければいけませんね。正直言って、強制的に自制心を与えられるほうが僕にとっては魅力的ですよ。

ウィンクルシュタイン　だがそれは安易な方法なんだよ。それは分かるかい？

僕　はい。僕の勝敗の責任をほかに頼っているからです。自分を抑え切れなくなったときに、僕の変わりにボタンをクリックしてくれるのが上司かだれかだったとしたら、どうなるでしょう。

ウィンクルシュタイン　そしてその人物がいなくなったりしたらだな？　君の言うとおりだよ！　分かったようだな。君は私に頼るべきじゃない。奥さんやジョージ・シスラーやクレイグ・テイラーや、ほかのだれにも。自分で物事を決め、責任をとることのできるトレーダーにならなければいけないんだ。大変な仕事だが、君ならできる。そしてそうなるには、まず君の物の見方から変えなければいけない。

僕　変えるつもりです。

ウィンクルシュタイン　そうか。さて、最初の質問に戻ろう。損失を出しすぎたということは、どうやったら分かるだろう？　少し戻って質問をいくつかしてみるぞ。トレーダーが口座の１％の損失を出したら、どうするべきだと思うかね？　5000ドルでトレードをしていて、50ドルを失ったら、どうするべきかね？

僕　うーん。

ウィンクルシュタイン　「うーん」では満足な答えとは言えんな。「うーん」では点数はやれないぞ。

僕　あまり的外れなことは言いたくないのですが、そのトレーダーは心配する必要はないと思います。

ウィンクルシュタイン　間違った答えだ！

僕　やっぱりそうですか。何か賢い答えを言わなければいけないのは分かってたんですけど。なんだかまた法律事務所で働いている気分になってきましたよ。言ってもらいたい答えが決まっているのに質問してくるところが。

ウィンクルシュタイン　もう一度考えてごらん。

僕　そのトレーダーは心配するべきです。

ウィンクルシュタイン　さっきよりはましな答えだ。でもどうしてかな？

僕　それはお金を稼ぐ仕事をしているから、でしょうか。もう、分かりませんよ、ハーベイ！　１％の損失すら出しちゃだめって言われたら、僕は本当にトレードなんてできません。

ウィンクルシュタイン　私の言っているのはそういうことじゃない。違う方向から考えてみなさい。デイライトリミットやお金を管理する計画がなければ、良いトレードシステムを持っていても意味がないという話をしたことを覚えているかね？

僕　それは覚えています。思い出しました。なんとなく言いたいことが分かってきました。最大損失額というのは、本当はもっと広い視野で考えなければいけないということですね。

ウィンクルシュタイン　そしてその広い視野というのは？

僕　トレードシステムです。トレードシステムがあれば、そのシステムでいくらまで失って良いかが分かる。いつでも損失額と利益額を把握することができる。なるほど！　分かりましたよ。僕は決まったシステムというものをまったく持っていなかったから、いくらの損失が大きすぎなのかが分からなかった。気にすらしてませんでしたから。どの程度の利益や損失でトレードを損切りすればいいか、分かるわけなかったんです。

ウィンクルシュタイン　だんだん分かってきたかね？

僕　はい。ずっと理解しやすくなりました。

ウィンクルシュタイン　そうか。では、君が一連の決まりを持っていたとしよう。検証済みのシステムをだね。それについてはあとで話をする。それでいくらの損失を出すと大きすぎると言えるだろうか？

僕　今回はあてずっぽうで言ってみます。10％ですか？

ウィンクルシュタイン　もっと上だ。25％だよ。それがトレードを中断する目安だ。

僕　中断する目安？　だれでも使えるものですか？　だれにでも当てはまるんでしょうか？　どんな人でも？　検証済みのシステムとかいうのはどうなったんですか？

ウィンクルシュタイン　良い質問だ。これは私が気がついたことだ。私は自宅でトレードをするトレーダーたちを何千人も見てきた。もし彼らが口座を25％減らしてしまうと、彼らが口座の残りをすべて失う確率は75％以上になる。私はこれを25対75ルールと呼んでいる。

僕　じゃあつまり、トレーダーが１万ドルの口座で2500ドルを失うと、口座のすべてを失う可能性が高いということですか。

ウィンクルシュタイン　そのとおりだ。残りのトレード資金を使い果たしてしまう可能性は75％だ。

僕　どうしてでしょう？

ウィンクルシュタイン　今朝、君が負け続けてしまった理由をいくつか考えてごらんなさい。

僕　そうか！　そういうふうに考えればよかったんですね。さっき話したようないろんな理由で負け続けてしまったんです。損失で終わりたくなかったから。大金を失ったあとは、少しでも取り戻せるなら残りすべてを失ってもいいやと思いました。腹いせでトレードをしていたんです。

ウィンクルシュタイン　腹いせでトレードをするのは、トレード資金の下にダイナマイトを敷いているようなものだ。

僕　そうですね。分かりました。これならできます。口座の25％以上の損失をけっして出さないと約束できます。こうして考えてみると、この決まりがあれば自動的にその損失額より早く損切りすると思います。そこまで損失を大きくさせないために。だってそこまで損失が出たら……えっと、どうしたらいいんですか？　トレードを中断するのはいいとして、その後は？　あなたに電話をするんですか？

ウィンクルシュタイン　そんなのダメだ！

僕　ですよね。そんな状況には巻き込まれたくないですもんね。僕に強制したくはない。じゃあ、あなたに電話をするんじゃなくて、僕は少し休むことにします。そうしましょう。

ウィンクルシュタイン　どのくらい？　トレードの世界にもう戻っても大丈夫だと、どうやったら分かる？

僕　分かりません。期間を決めないで中断するだけでは意味がない気がします。その間に何かをしないと。お仕置きのようなもの。もう二度とそんなことをしないような、何かを。そうでもしないと……。

ウィンクルシュタイン　そうでもしないと、君は25％ずつゆっくりと取引口座をすべて失っていくことになるだけだ。

僕　それは嫌ですね。ほかに何かしなければいけないことがあるんですよね。

ウィンクルシュタイン　トレードについて考えてみて、君が思いつく一番嫌なお仕置きとは何かね？

僕　妻に5000ドル失ったと報告することです。

ウィンクルシュタイン　本当にそれが一番嫌なお仕置きだったら、君は5000ドルも失っていなかったと思うがな。違うかい？　だからその答えでは間違いだ。君が一番恐れているのは何だい？

僕　前の仕事に戻ること。だれかの下で働くこと。

ウィンクルシュタイン　そうだろう！

僕　しまった。そんなこと言うんじゃなかった。

ウィンクルシュタイン　いや、言うべきだったんだよ。それは本当のことだから。君は二度とウエークマン・バターボール・アンド・アッホーのもとでは働きたくないと思っている。あそこに戻ってまた仕事をさせてくださいとお願いするのは嫌だろう。

僕　絶対に嫌です。あそこには絶対に戻りません。

ウィンクルシュタイン　じゃあ代わりにピザ配達でもすればいい。1925年式のシュウィンの自転車を貸してやるぞ。

僕　ありがとうございます。でもお断りします。僕は法律事務所には戻りません。実際あなたの古い自転車でピザを配達するほうが、まだましです。

ウィンクルシュタイン　どうやら私は、君が心の一番奥深くにしまいこんでいた繊細なツボを見つけてしまったようだな。私が今、「だれかの元でまた働きなさい」というツボを押してしまったものだから、君はそれが気に入らない。

僕　そうです。だって僕はトレードで生計を立てたいんですよ。

ウィンクルシュタイン　君はまだ、トレードで生計を立てる権利を得ていないんだよ！　私はね、何万ドルでも払うから教えてくれと頼んでくるトレーダーたちを毎日毎日断り続けているんだ。どうしてだか分かるかね？　それは彼らが、トレードで生計を立てるのが自分たちの権利だと信じているからだ。だが本当はそうじゃない。それは権利じゃないんだよ。自制心を身につけて初めて得ることのできる特権なんだ。私は自制心を持っていないトレーダーには教えない。それは君も同じだよ、ハリー・ベインズ君。

僕　分かりました。

ウィンクルシュタイン　そして明日、君がウォシュレット・バリウム・アンド・ベンジョーだか何だか知らないが、その法律事務所に行って考えることは何だと思う？　分かるかい？　君はこう思うんだ。「なんてこったい、ハリー。おまえは今この瞬間にユーロを1.2200で売ることだってできたのに。でもそれをしていないのは、取引口座に入金するためのお金をもっと稼がないといけないからだぞ」。自分にそう言い聞かせなさい。

僕　そうすることで、トレードで失ったお金は、実際に僕が苦労して得たものだということに気がつく。

ウィンクルシュタイン　そして取引口座にあるお金に対する君の考え方が変わる。
僕　あなたは無理やり僕を会社に戻そうとしてるんですよ。
ウィンクルシュタイン　いや、それは違う。会社に戻らなくたっていいさ。残りの預金を使ってトレードをしたっていい。やりたければ今すぐトレードを始めたっていい。ユーロの売りを私と一緒にトレードしたっていい。クレイグと話ができるか、あるいはほかのだれかに助けてもらえるか、聞いてみればいい。私がやれということを必ずやる必要はないんだよ。私は君に強制したりしない。でも約束はする。
僕　何ですか？
ウィンクルシュタイン　もし私の言うとおりにしてこの最初の一歩を踏み出せたら、もう二度と助けてやらないぞなんて言ったりしない。君が自制心を得るための大きな一歩を踏み出せるようになることを約束してあげよう。そして、すぐに私たちがまた一緒に勉強をすることになるということも。
僕　僕にとっては本当に難しいことなんですよ。
ウィンクルシュタイン　君がそんな状況にいるのを見るのは、私だってつらいんだ。だからと言って大目に見てやるわけにはいかん。さあ、どうするかね？
僕　やります。やりますよ。明日、ジョンソンさんのところへ行って、また雇ってくれと頼んでみます。雇ってくれるとは思えませんけど、聞いてみるだけ聞いてみます。そしてもしダメだと言われたら、何かほかの仕事を探します。
ウィンクルシュタイン　どんな仕事でもするのかい？
僕　そうです。必要ならピザの配達だってします。そうしてでも僕は失った5000ドルを働いて取り戻さないといけないんです。
ウィンクルシュタイン　同感だ。今週それがきちんとできたとしよう。そうしたら、次のトレードの法則を自分で実践してみなさい。それは検証の法則だ。詳しいことは自分で考えなさい。それが終わったころにまた会おう。じゃあ私はもう行くよ。

ジョンソンさん再び

ウィンクルシュタインが行ったあと、僕はレストランの席でいろいろと考えていた。そのほとんどの時間、ハービー・ジョンソンが僕の頭をもぎとってオフィスの外に投げ出す姿を想像していた。パスポートの期限が切れていないかを確認して、ジョンソンさんや妻に顔を会わせずに国外に逃げたほうがいいかもしれないなんてことまで考えた。

それから5000ドル失ったことなんて取るに足らないことだということにも気がついた。ウィンクルシュタインの助けがなければ、僕は多分１週間ほど待ってもっとお金を入金していたことだろう。妻には損失のことは話さなかっただろう。彼がいなければ、僕は本当に預金のお金もすごい速さですべて使い果たしていたに違いない。

だからウィンクルシュタインに感謝の気持ちを表すためにも、また仕事をさせてくれとすぐに頼みに行くことにした。僕に費やしてくれた時間と労力に対して、彼には何の代償も支払っていない。それなのに、僕ときたら問題しか起こしていないじゃないか。彼の指示に従うことで、僕は少なくとも彼の助けをきちんと聞いて感謝していることを示すことができる。本当に彼の助けには感謝している。また雇ってくれと頼みに行くのを、明日まで待たずに今日するということは、正しいことをしようとしている僕の気持ちを証明することになる。

それに今仕事を得ることが、僕が直面している問題を解決できるただひとつの正しい答えなんだ。預金のお金をもっと使ってトレードをさせてくれなんて妻には言えない。僕たちのお金にはかぎりがあるから、できるだけ長い間預金には手を付けないと決めたんだ。僕の計画は、たとえ２～３カ月かかっても今朝の損失を取り戻すこと、そして働いて稼いだお金でまたトレードを始め、そして今度は水に流すようなことはせずにきちんとそのお金を守ること。これなら預金に手を出さなくてすむ。でもそうすることは、だれかの下でまた働くということだし、僕をクビにした人たちに顔を会わせるということでもある。それにトレードで大きく前進する大きな機会をうかつにもムダにしてしまったことを認めるということでもある。正直言って、絶好の機会をムダにしてしまったことを認めることは、今までした何よりも難しいことだった。

道がすいていたので僕はタクシーを捕まえた。早く会社に着いたからそれだけ早くジョンソンさんの怒りを目の当たりにできる。つまりそれだけ早くこの仕事のことなんか忘れてウエストビレッジにあるブリーカーストリート・ピザで配達の仕事を始めることができる。少なくともあそこのピザは好きだから。

僕には計画なんてなかった。会社がまた僕を雇ってくれる理由すら見つからない。まずは会社の受付係に、僕の代わりにだれか雇われたかを聞いてみるのがいいかもしれない。とりあえずエレベーターで上に向かいながら、秘書のクリスティ・マシューセンと話をしてみようと考えていた。もう一度彼女が僕をクビにするか、あるいは僕なんて必要としていないんだということを説明してくれるだろう。そうすれば、ハービー・ジョンソンに僕を怒鳴り散らす労力と苦しみを味わわせる必要もなくなる。

そんなにうまくいかないかな。

44階でエレベーターを降りると、ハービー・ジョンソンが受付のところに立っていた。

「ベインズじゃないか！」と彼は叫んだ。「ちょうどおまえに会いたかったんだ。おれの部屋に来い。すぐにだ」

第16章

すべての始まりに戻る

Back to Where It All Began

ジョンソンさんは最後に僕と話したときほど怒ってはいないようだ。というよりも、僕に会えてうれしそうにすら見える。彼がうれしそうにしている顔なんて今まで一度も見たことがなかったから、本当に驚いたし、どう振る舞えばいいか分からなかった。彼の前を歩いて部屋に向かう間、僕はまだ自分がそこで働いていて、何もあまり変わっていないような錯覚にとらわれた。

途中の廊下で、僕は文書管理室の外の中央にある作業場のほうをのぞき込んだ。整理されずに置かれたままの書類がこれでもかというほど僕が使っていた机に山積みにされていた。これほどの量の書類は見たことがない。休暇を取ったあとだって、こんなにたまっていたことはない。

「ベインズ」と部屋に入ったジョンソンさんは言って扉を閉めた。「さっそく本題に入ろう。あのけしからんスコット・ニードルウエーがアンダーソンのファイルを売っていたことについて、おまえは何か知っていたか？　どんな小さなことでも知っていることがあったか？」

「何も知りません」と僕は言った。「もちろん知りません。そんなことを知っていたら、僕が自ら彼をクビにしていましたよ。あのなくなったファイルは彼のせいだったんですか？　それが理由で僕はクビにされたんですか？」

彼はうなずいた。そしてかなり下品な言葉でスコットをなじったけれど、ここには書かないでおく。彼は、何が起こったのかを僕がまったく知らなかったと聞いて、喜んでいるようだった。

「そうだ、それが理由でおまえをクビにした。それが理由で先週スコットもクビにした。奴はファイルに入っていた手紙や宣誓供述書をマスコミに売りつけていたんだ。奴がテレビのレポーターと電話で話しているところを見つけてな。ずいぶん大それたことをしおって、身から出たさびだ。クビを切られてさすがに縮こまっていたがな。おまえもそのことでここに来たんだろう。われわれが奴を捕まえたと聞いて、何らかの腹いせをしに」

僕は首を横に振った。

「ジョンソンさん、その話は今聞くまで何も知りませんでした。それに腹いせなんて考えていません。実は、ここに来たのは謝るためだったんです」

彼はうなった。

「謝る？　何をだ」。そして彼は自分の机の前に座るように僕に身振りで知らせた。彼も同じ机の角、僕からほんの１メートルほどのところに腰を掛けた。あまりにも近くて少し居心地が悪い。でも怒鳴られていないだけましか。

電話が鳴り響くなか、僕は何年もの間自分がどれほどひどい従業員だったかを話し始めた。もらっていた給料に見合った時間の仕事をいつもしていたわけではないことも説明した。昼休みを15分余計に取ったことが数百回もあること、しょっちゅう時間前に帰宅したり、遅刻して出勤していたこと、クビになる直前には仕事中なのにトレードをしていたこと。彼にときどきウソをついたこと。それを申し訳ないと思っていること。そして自分自身でも驚いたことに、僕はこんなことも言った。

「だからその時間を働いて返したいんです。僕はこの会社に借りがありますから」

これはあとから聞いたことだけれど、ジョンソンさんがこの法律事務所で共同経営者になって以来、社員がそんなことを言ったのはこれが初めてだったらしい。そんな話聞いたこともないし、二度と聞きたくもないそうだ。

「そんなことは二度と聞きたくないな、ベインズ」と彼は言った。電話がまた鳴った。驚くことに彼はその電話を取ろうとしなかった。その間、彼の両目はずっと僕を見つめていた。そして口を開いた。

「というより、おまえが仕事中にどんな悪さをしていたかなんて、気にしているような暇はないんだ。今だって、過剰請求をした社員を７人ほどクビにしたいのに、仕事が多すぎてそれができんような状況だ。アンダーソンの訴訟には弁護士10人が取り組んでいるが、悩みの種と山のような書類が出てくるばかりだ。それにみんな忙しすぎて後任の社員を雇うような時間もない。おまえに整理してもらいたい書類が山積みになってるんだよ」

僕は躊躇しなかった。

「僕が働いて力になります。どのくらい長く働けるかは分かりませんけど、１カ月か２カ月くらい。僕は急いでお金を稼がなくちゃいけないので。会社は人手が必要なんですよね。僕はお金が必要なんです」

ジョンソンさんは雇用手当については何も言わなかった。僕も黙っていた。彼はうなった。

「おまえの給料がいくらだったかは知らんが、今すぐ仕事を始められるっていうのなら話し合って決めようじゃないか。いくら欲しいんだ？　いくら払えばいい？」

電話がまた鳴った。これほど長時間、ひとつのことしかしていない彼を見るのは初めてだった。やらなければいけない仕事がたくさんあるんだろう。

「契約社員として働いて、２カ月の間に僕の後任を見つけます。月に5000ドルでどうですか」

「それでいい」と彼が言うと電話が鳴り、さすがに今度は受話器を取った。「もう行っていい」

僕は自分の机へと直行し、書類の山を机の片側に寄せた。そこには僕が使っていた電話機があった。机にはもうコンピューターすら置かれていなかったけれど、僕はそれが気に入った。気が散るものは何もいらない。僕は受話器を持ち上げて、自宅に電話をした。

最初の呼び出し音で妻が電話に出た。

次にしたこと

僕は妻にすべてを話した。トレードで損失を出したことは直接会ってから話そうと思っていたけれど、もう何も秘密にしていたくなかった。一度にすべて謝ってしまったほうがいい。僕が会社に行ってまた雇ってくれと頼んだことに、妻は衝撃を受けていた。でも、僕があまり好きでもない仕事をしてでも失ったお金を取り戻そうとしていると聞いて、妻は元気になった。もう二度と同じ過ちを犯さないようにこれから毎晩何を間違ったのか考えること、それからトレードに対する正しい姿勢を身につけるつもりでいることを妻に伝えた。妻は理解を示してくれた。仕事に戻っていなければ、この会話はまったく違う結末を迎えていただろう。

電話を切ると、僕はすぐに仕事に取り掛かった。いつもよりも長く会社に残って、その後５時間かけてかなりの仕事を片付けた。ここにある書類を全部片付けるだけでも、少なくとも２週間はかかるだろう。でもまた仕事をしていることは気分が良かった。自分の力で家族を支え、失ったお金を稼ぎ直しているということが。ウィンクルシュタインは正しかった。僕のトレード人生を救うにはこれしかなかったんだ。トレードをまったくせずに僕のトレード人生を救うなんてつじつまが合わないと最初は思っていたけれど、働いている今だからこそ自分の口座を守ることがどれほど大切なのかが分かる。

午後７時、僕はその日の仕事を終えた。机から白紙を１枚取り出し、大きな文字でこう書いた。

口座残高を守れ

そしてそれを画びょうで壁のボードに張り付け、エレベーターへと向かった。でも僕は一番下まで行かずに、31階のアーネスト・ウエリントン・アンド・カンパニーのトレーディングフロアで降りた。クレイグあてにメモを書いて、自分が出した損失を埋めるために前の仕事に戻ったこと、間抜けなトレード判断をしてしまったこと、時間があったら彼と話がしたいことを伝えた。これから数週間は昼休み中も仕事をするつもりだけれど、仕事が終わってから会う時間が取れればいいなと考えていた。そのメモを受付係に渡してその場を去ろうとしたとき、だれかが僕を呼び止めた。

「ハリー・ベインズ君？　君かね？」

それはアンダーソンだった。

いつもと違うアンダーソン

話がしたいとアンダーソンが言うので、僕はもちろん断らなかった。トレーディングフロアまで彼のあとをついて行くと、そこにはまだ何人か残っていた。アンダーソンいわく、みんなアジア市場を見ているということだった。

「もちろん日本やほかの地域にも社員はいるんだが、ほとんどの社員は本社近くに置いておきたいのでな」と彼は言った。

「ごもっともです」

「君も少しトレードをしているとクレイグに聞いたぞ。調子はどうだい？」。僕たちはだれもいないトレーダーの机に座ることにした。目の前には薄型モニターが４台あり、僕のひじがキーボードに触れるとモニターの電源が入りチャートや主要通貨の現在価格やウエブサイトなどが表示された。アンダーソンはそれをのぞき込んだ。

「どうやらEUR/USDがまた高くなってきているな」

僕は価格を見た。

レートは1.2160だった。今日はずっと1.2200に到達しそうになりながらも、まだそこまでたどり着いてはいなかった。

「ええ、僕も今朝ユーロのトレードをしたんです」と僕は言った。「負けましたけどね。１～２週間ほどトレードを休むつもりです」

「ドローダウンの限界を超えたのかい？」

僕はうなずいた。どうして彼は僕なんかと話をしているんだろうと不思議に思った。僕がクビになったことすら知らないようなのに。僕の知っているアンダーソンは無駄話をするような人物じゃない。何か裏に目的があるはずだ。

「そうなんです」と僕は認めた。「今朝、自分のトレード資金をほぼ全部失ってしまいました」。いつもならこんなことを告白するのはとても嫌なものだけれど、今はとても良い気分だった。ウソをつく理由なんてない。別に雇ってもらうつもりじゃないんだし。アンダーソンに良い格好を見せなければいけない理由はどこにもなかった。

「だれだって最初はそんな経験をするものさ。みんな同じだよ。私だって経験した」

そして彼は遠くを見つめて長話を始めた。大学を卒業して６カ月ほどたったころ、ある大きな銀行に就職が決まり、ほかの新卒者たちと同じように銀行のいろいろな場所で働く研修に参加したらしい。そして６カ月間続いたその研修が終わったあと、彼は証券のトレードデスクで働き始めた。そこで彼は大きな損失を出し、クビになりそうになったという。その後何が起こったかの話は、それまでの話よりもずっとつまらなくて、特に僕が新しく学べるようなことは何もなかった。

話し終わると、彼は自分の前にある机を軽くたたいた。

「ハリー。仕事が終わったあとここに来てトレーダーと話がしたければ、そうしていいぞ。君がトレードをまたするようになったら君専用のコンピューターをここに置くから、そこから自分の口座にアクセスすればいい」

この人は何の話をしているんだろう？　どうして僕のためにそんなことをしてくれるんだ？　気は確かなのか？

彼がハーベイ・ウィンクルシュタインの知り合いで、そのせいで僕を特別扱いしてくれているとしか考えられない。でも確か、ハーベイはアンダーソンに会ったことがないとか、彼を知らないとか気に入らないとか言っていたような。クレイグが話してくれたのかな。もちろん、そんなことをずっと考えて過ごすつもりはなかった。僕はすぐにその言葉に甘えることにした。

「ありがとうございます。仕事はいつも夕方までやっていますから、１週間ほどして仕事がある程度片付いたらここに来ることにします」

「分かった。私は明日はここにいないが、名札を作っておこう。そうすれば自由になかに入ることができるようになる。数日内にコンピューターも使えるようにしておこう。うちのITはやることが早いからな。何か問題があれば、私の携帯電話に連絡しなさい」。そう言って彼は僕に名刺をくれた。そして立ち上がり、僕と握手を交わし、僕の目を見つめた。

「君は少しすればなかなかの新人トレーダーになりそうだな、ハリー。いつか一緒に仕事ができるかもしれん。その損失から抜け出して、またトレードをやってみなさい。損失を出したからってあきらめてはいけないよ」と言ってくれた。

僕はうなずいた。

「ここにしばらく座っていてもいいんだよ」とさらに彼は言った。「私はもう行かなければならないが、君はエレン・ハンセルのコンピューターにログインしている。チャートを見たければ見ていいぞ。外に出ると扉の鍵が自動でかかるようになっている。外線に電話をする場合は9を押すんだ」

そして彼は机をいくつか隔てた先まで、トレーダーたちの様子を見に歩いて去っていった。彼は僕を指差しながら、みんなに僕を紹介してここにいることを知らせているようだった。

あぜんとしていた僕は、少なくとも5分間は動かずにじっと座っていた。本当にコンピューターに触っていいものだろうか。もし魔がさしてトレードをしてしまったらどうしよう。

それともアンダーソンは僕にトレードをさせようとしているのか？

もしかするとこれは就職試験か何かなんだろうか？　クレイグが忍び込んだときにしたような？　僕にどんなことができるのかを、彼は見ようとしているのだろうか？

僕は妻に電話をして今どこにいるかを伝えた。そして家に帰ったあとに何かを見たくなったりしないように、ここで少し調べものをしてから帰ると言った。ここで調べ物をするほうが賢い。ここなら自分の取引口座にアクセスできないから。それは僕にとっては良いことだ。

気持ちを落ち着かせてからまずしたことは、EUR/USDのチャートを開くことだった。でも出てきたのが短期チャートだったから今朝のあの出来事を思い出してしまった。長期チャートを見なければいけない。ウィンクルシュタインもそうするように僕に言いつけていた。だから僕は4時間足のチャートへと画面を切り替えて、1.2200のところに横線を描いた。無心になって、ただこの通貨ペアが1.2200に達したところを見つけてはチャート上に印を付けていった。それが**図16.1**だ。

僕はワクワクしてきた。トレードをすることにじゃない。どうせで

図16.1　EUR/USDが1.2200に達したとき（EUR/USDの４時間足）

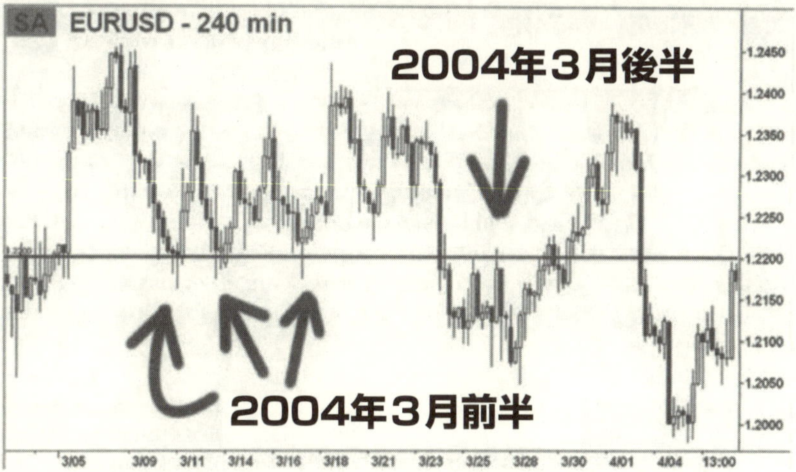

きるわけでもなかったし。そうじゃなくて、やっと実際に、本当に意味のある、そして役に立つ分析をしたかもしれないと思えたからだった。しかも自分の力だけで！

1.2200という数字は、なぜかブレイクするのが難しい価格だったのか？　それだけか？　そんなに簡単なことでいいんだろうか？　そういえば僕が読んだ本に、切りの良い数字は強い壁になることがあると書いてあった。それから抵抗線（現在レートの上にある価格）がひとたびブレイクされると、それが今度は支持線、あるいは強い底になる傾向にあるということも。なるほど。通貨ペアが何とか頑張ってその価格をブレイクしたら、価格をその上で維持しようという力が精神面と金融面から働くわけか。

同じように、もし通貨ペアが支持線の下にブレイクしたら、そこが強い抵抗線か、あるいは天井になる傾向があるという。これもすぐに理解できた。僕の目の前のチャートでも同じ現象が起こっていたから

図16.2　1.2200の強さ（EUR/USDの４時間足）

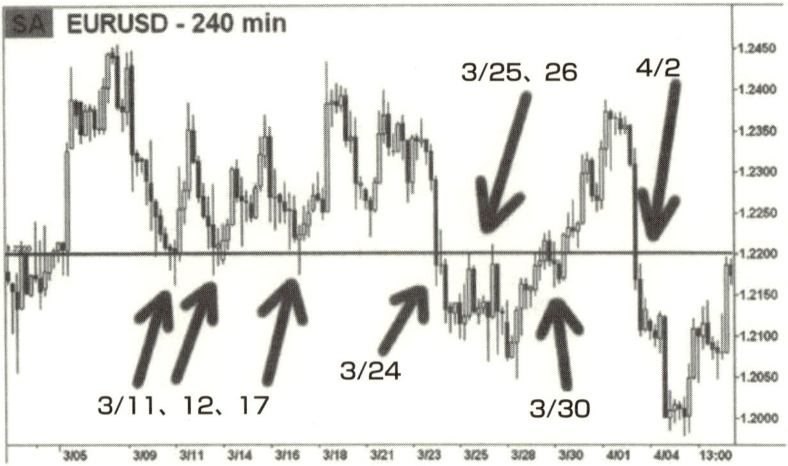

だ。

EUR/USDは３月前半に３回も1.2200の下へブレイクしようとした。そして３月24日、やっとブレイクして、そして1.2200の下で引けた。それが次に1.2200の上へ行こうと動いたときには、この価格をブレイクできなかった。チャートで読めるだけでも、二度もあっさりと頭打ちしている。これは良い売りのチャンスだったに違いない。

というより、絶好のチャンスだったんだろうな。もしかして今もそうなのか？

３月30日、価格はこの線を上にブレイクしたあとすぐにその下まで押し、そしてその上へと急上昇している。そして４月２日にすごい速さで下にブレイクしている。これは僕の抵抗線や支持線の理論を覆すものだろうか？　このせいで1.2200という数字の持つ力が弱くなってしまっただろうか（**図16.2**参照）？

僕にはこの線にはまだいくらかの力が残っているように思えた。４

図16.3　5分足チャートで見た1.2200（EUR/USDの5分足）

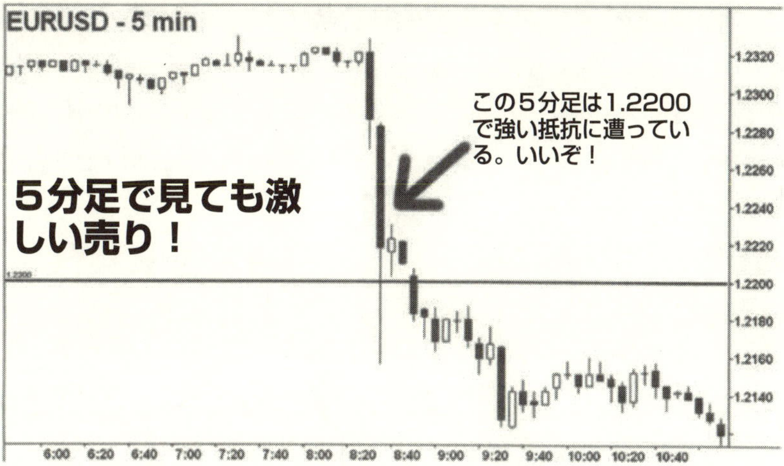

時間足はこの線を簡単にブレイクしたけれど、５分足ではどうだろう？　４時間足では簡単にブレイクしたように見えても、もっと短期の時間枠で見てみれば価格が跳ね返されているのが分かるかもしれない。

僕はもっと短期の時間枠でチャートを見てみることにした。陳腐な表現かもしれないけど、５分足チャートを見たとき、背筋が震えた（**図16.3**参照）。

５分足チャートは、僕が思っていたとおりのことを示していた――1.2200という線は、総合的に見るとまだ強さを保っている。４時間足がこの数字をブレイクしていても、すべてのトレーダーがこの数字の重要性を忘れてしまったわけじゃない。５分足はほんの少しの間1.2200の下まで行ったけれど、その後すぐに上昇して戻っている。これはつまり、この数字は今でも重要で、今から数時間後か数日後かにでも価格がこの数字まで上昇したら、そこで失速して下へと跳ね返される可能性がとても高いということだ。

これがハンク・ドゥーレッカーの使ったシステムなんだろうか？　僕がチャートに描いたのは、たった１本の線。なんだかあまりにも単純で、そして……簡単だ。ドゥーレッカーはトレードをする前にもっとほかの情報を探したに違いない。ただの横線１本では十分とは言えないだろう。でも僕には十分かもしれない。

僕は机から付せんを１枚出して、“EUR/USD　1.2200で売り”と書いた。自分の口座でトレードをしなくても、トレードをするつもりになることはできる。これで仕掛け値は見つかったけれど、自分が間違っていたと判断して損切りする価格はどこにしよう？　このペアがどれくらい動いたら、このトレードから手を引くべきか？

このペアが1.2200の線を越えて上昇して反落するまでの幅は、一番大きくても40ピップスだった。それは、この線を越えた最近８回すべてで言えることだ。それなら、1.2200を越えて50ピップス上昇したら僕の考えが間違っていたと判断していいだろう。だから“EUR/USD　1.2200で売り”の次に、“損切り　1.2250”と書いた。これが意味することは、もし価格が線を勢いよく越えてしまったら、僕は50ピップスの損失で取引を手仕舞うということだ。でもこれは防衛手段として決めておくものだ。最近の価格動向から見ると勝算はある。

損切りする場所を決めるのは気分が良いもので、正しいことをしている気分になれた。少なくとも大金を失うことはない。もちろん、これはすべて模擬トレードだ。でも紙きれ１枚に書いてみるだけで、このトレードに対してもっと責任を強く感じることができた。ウィンクルシュタインがこの方法に賛成してくれることは分かっていた。

でも利益目標はどうしようか？　何を利益目標にすればいいんだろう？

僕は４時間足チャートを見て、価格が1.2200の位置を交差したところをすべて観察してみた。

図16.4　ハリーのメモ

EUR/USD　売り
1.2200

損切り　1.2250
利益目標　1.2080

３月11日は186ピップスも上昇してからようやく下落に転じ、再び1.2200へ向かった。３月12日の上昇は172ピップスで、３月17日の上昇は234ピップスだ。

一方、３月24日は30ピップス、３月25日は131ピップス、そして３月26日は153ピップス下落した。３月30日は40ピップス上昇してから下落した。そして４月２日からは５分足チャートに戻って見てみると、価格は支持線を突き抜けたあと20ピップス上昇して引けた。必ずある程度の利益を取れるくらいは下落している。下落幅の平均は120ピップスだ。それを僕の利益目標にすることにした。僕の付せん紙は**図16.4**のようになった。

僕は目の前の机にそれを貼り付け、明日思い出せるようにそのまま置いておくことにした。そして家路に着いた。こんなに良い気分になったのは本当に久しぶりだった。僕は家族を支えるために働いている。そしてついに、たとえ少しでも何らかのシステムを発見したんだ。考えることはまだある――もっとたくさんトレードを検証したあと、クレイグやウィンクルシュタイン、あるいはほかに僕の話を聞いてくれる人ならだれでもいいから話をしてみたかった。だれか僕の話を聞いてくれるといいけれど。

勢いに乗る

自分のした失敗を正すために僕が仕事に戻ったことに、妻は満足していた。そもそも僕が安定した仕事を辞めたことは妻の心にずっと引っかかっていた。僕が失ったお金を稼いで取り戻すつもりでいること、それからウィンクルシュタイン以外にもアンダーソンやアーネスト・ウエリントンのほかのトレーダーたちからもいろいろと教えてもらえるかもしれないということは、僕がもっとうまくトレードをする方法を学べるということを意味していた。それは２人とも分かっていた。僕は正しい方向に向かっているんだ。

次の日、僕はたっぷり１時間は早く会社に行き、午前中は休まずにずっと書類を整理し続けた。そして昼食もとらずに（僕の後任を探すための）求人広告を申し込んだ。スコットやインターンの助けなしで働いていたけれど、自分の力だけで物事を終えられるのは悪くなかった。文書管理者として、僕はかなり怠けていたんだということに気づかされた。

午後５時になるころには、僕は勢いに乗って仕事をしていた。コンピューターで処理できる新しい文書管理システムについて調べてその費用を書き留め、そのソフトウエアを販売している会社に電話をして伝言を残した。その後は、もうどこかにいって絶対に見つからないと弁護士たちが思っていただろう大量の事件簿を整理した。宣誓供述書や手紙や謄本などから、この４週間に出てきたアンダーソンの裁判資料のありとあらゆるものまで、すべてを整理し直した。すると、スコットがマスコミや相手側の弁護団に情報を売るかたわらで、かなり間違ったり、本来の場所ではないところにいい加減に書類をしまっていたことが分かった。今ごろスコットがどこにいるだろうなんて立ち止まって考える暇すらなかった。彼はもう過去の人なんだし、ある程度友好的に別れられただけでも良かった。

午後７時に仕事をするのをやめた僕は、31階へ寄って行くのを忘れるところだった。アンダーソンが約束したとおり、僕が31階へ着くと、夜勤の警備員が僕の名札を持っていて、ちゃんと使えるようになっていた。トレーディングフロアは前日と同じようにほとんど人がいなくて、たぶん15人ほどが自分たちの机の脇に座っていた。トランプで遊んでいるのが何人かいて、ほかはインターネットをしていた。だれもトレードはしていなかった。

部屋の後ろの角のほう、クレイグの机からほんの６メートルほどの場所に、昨日まではなかったコンピューターが置かれていた。その両隣の机はあいていて、そこにはコンピューターもモニターも電話もなかった。アンダーソンのメモが置いてあり、その机は僕が使っていいということ、コンピューターにソフトウエアをインストールしたければテクニカルサポートの社員を呼ぶようにということ、そして気楽にやりなさいということが書いてあった。

そのメモの隣には、アリステア・マーティンという人物からのメモがあった。そこにはこう書かれていた。

“ハリーへ、ユーロのトレードは良かったぞ！　アイデアに感謝！”

アリステア・マーティンってだれだろう？　僕は顔を上げて夕べ座っていた机のほうを見た。そしてあの付せんをエレン・ハンセルというFXトレーダーの机の上に置いていったことに気がついた。たぶん

図16.5　ユーロの動きを見るハリー（EUR/USDの４時間足）

彼女がアンダーソンの了解を得てそのトレードをしたんだろう。僕はすぐさまコンピューターのキーをたたき（いつの間にか自分がコンピューターの扱いにだいぶ慣れていることに気がついた）、そしてチャートを立ち上げて今日のユーロの動きを見た（**図16.5**）。

驚いたなんてもんじゃない。衝撃だった。５分間、僕はチャートをいろいろな角度から見つめてみた。見方を間違ってないかな？　本当に僕がこのトレードを計画したのか？　実際にチャートを分析して、注文を入れる価格と損切りと利益目標を選んだのも僕なのか？　口座を破たんさせずに？　僕のアイデアを利用したアリステア・マーティンは、いくら稼いだんだろうか。100万ドルのポジションを取引したとしたら、120ピップスで１万2000ドルの利益になったはずだ。500万ドルのポジションだったら、６万ドルだ。この数字はすごい。

やっぱり僕には長期チャートのほうが向いているみたいだ。ウィンクルシュタインは最初から正しいことを言っていたんだ。僕は短期チャートなんて見るべきじゃなかった。ただ急いでポジションを作りたくなるだけなんだから。短期チャートは僕の欲に訴えてくる。長期チャートは忍耐が必要だけれど、分析をすればその分の見返りがあるし、短期トレードではあり得ないくらいの利益を一度のトレードで生み出すことができる。

ジョージ・シスラーのヘッジファンドにいたミンディ・スワンソンのことを思った。ウィンクルシュタインが言っていたように、本当にシスラーさんが彼女にもっと業績を上げるように言うとなると、彼女も長期チャートを見ることで恩恵を受けるんじゃないだろうか。僕にはそのほうが納得がいく。わざわざ１日に100回以上もトレードをする必要があるだろうか。長期チャートを注意深く見てトレードを一度するだけで、同じ額の利益が得られるっていうのに。

次に思ったのは、支持線と抵抗線を利用したこのシステムが一度うまくいったのなら、またやってもうまくいくだろうということだ。それから違う時間枠を見たくなったら、４時間足よりももっと長い時間枠のチャートを選んでみよう。でもその前に聞きたいことがあった。

最初に目に入ったトレーダーは、僕の前方、６メートルほど離れたところに座っていて、きっと自分の机のそばを離れながらも一生懸命働いているに違いない別のトレーダーとサイコロで遊んでいた。２人とも普段着を着ていた。そしてどちらも30歳にはなっていないように見えた。でも見かけが若かったり市場のことなんて気にしていないようなそぶりをしていても、それがトレーダーとしての彼らの腕前とは何の関係もない。それがトレーダーの特徴だということは、これまでに学んで分かっていた。それどころか、すごいトレーダーであればあるほど、その人物は実際にはトレーダーらしく見えないというか、僕が思っていたトレーダーの姿とは違う。もっと言えば、僕が思っていたトレーダーとは違うことをしている。そもそも、彼らは１日中何をしているんだ？　どうしてここにいるんだろう？　僕にはそれが不思議だった。

「やあ、ハリー」と最初のトレーダーが言った。「何してんのさ？」。彼はカナダなまりのアクセントを持っていた。

「やあ。もしよかったら質問していいかな。忙しいところを邪魔したくはないけど」

「全然邪魔なんかじゃないさ、ベインズ君」ともう一方のトレーダーが答えた。「おれたちは注文中のポジションを見張ってるだけなんだから」。このトレーダーはイギリスなまりで力強く話していた。彼の声は自信に満ちていて、僕は感心させられた。僕もあんなふうに話せたらいいのに。あんなふうに自分に自信を持てたら。特にトレードをするときは。どうやらトレードの成功には自信が一役買っているようだ。クレイグかアンダーソンかウィンクルシュタインにそのことを聞いてみようと心に決めてから、僕は質問をした。

「４時間足から日足のチャートに切り替えると、何か大きく変わったりするのかな？　同じシステムを使っていると仮定してさ」

イギリス人のほうは顔すら上げなかった。彼は頭を横に振った。どうやら素人だと思われたようで（議論の余地もないけれど）、僕が答えを得ようが得まいが知ったこっちゃないというそぶりだった。カナダ人のほうはとても協力的で、明るく答えてくれた。

「あんまり関係ないよ。４時間足で使えるものは、日足でも使えるはずさ。でも過去にさかのぼって検証をして、確認してみないとな」

それは納得だ。でもそんな検証なんて、どうやったらいいのかさっぱり分からない。もうひとつ質問をしようと思ったところで、カナダ人が先に口を開いた。

「日足でトレードをするなら、かなり大きな動きを狙うことになる。スイングでトレードすれば価格の動きを大きくとらえることができるからね。そんな理由があるから、ここにいるトレーダーも長期チャートをよく見ている人がたくさんいるよ。利益は大きいし、労力は少ない。君は家でトレードをするんだろう？　それなら１日に一度チャートを見ればいいだけなんだから、どう考えてもずっと簡単だよな。トレードの計画を立てる時間を東部標準時間の午後５時前後にするといいよ。ニューヨークの取引が完全に終わって、日足のローソクが形成される時間だからさ」

１日に一度？　なるほど。もし支持線と抵抗線を利用したトレードを日足チャートを使ってするなら、日足のローソクが形成されたときにチャートを見るだけでいいのか。その日のローソクが午後５時に形成されるということは今知った。24時間止まらない為替トレードの世界では、東部標準時間午後５時というのは１日の終わりと次の日の始まりを意味しているということはあとで知った。その時間にアジアで新しい日が始まり、ニューヨークの就労時間が終わる。世界という観点から考えると納得できることだった。

ほかに何を聞いたらいいか思い出せなかったので、彼らがサイコロを何度か振るところを立って見ていた。イギリス人が口を開いた。

「一緒にやってみるかい、ハリー少年？」

「いや別に。何を賭けてるんだい？」

カナダ人が笑った。

「このゲームは“ペイチェック”って言う給料ゲームなんだ。今おれは奴に２回分の給料を持ってかれてる。簡単なゲームさ。３回サイコロを振って、出た目の数を合計する。そこで相手のロディが賭けをするんだ。一度目の振りでその合計を出せるか、それとも二度目か、それとも三度目かってね。一度目の振りだと“１賭け”、二度目の振りだと“２賭け”、そして三度目の振りだと“３賭け”あるいは“臆病賭け”って言う。どうしてそう言うのかは考えれば分かる。奴が３賭けをして勝った場合は、お互い何も失わない。そしておれがもう一度サイコロを振ることができる。もし３賭けをして負けたら、ここアーネスト・ウエリントンではそれを“アーネスト”って呼ぶんだけど、奴がおれに給料の半分を支払う。もし奴が２賭けをして勝てば、奴がおれの次の給料の半分を持っていくことになって、それで次にサイコロを振ることができる。だから数字を見て一度の振りで勝てそうなときは、もちろん１賭けか２賭けしかしないってわけだ。分かるだろ？」

「ああ、分かったよ」。どうかしてるな。木曜日の夜８時だっていうのに、僕が２カ月かけても稼げないような額のお金を、彼らはサイコロ勝負で賭けているのか。

「それから１賭けだけど」と彼はカナダなまりで続けた。「これが面白いんだ。ロディが１賭けで勝つとな、奴はおれの次の給料をもっていくだけじゃなく、２回連続でサイコロを最初に振れるんだ。おれが勝っても負けてもだ。もし奴がそこで負けると、おれが奴の次の給料をもらって、順番もおれに交代だ」

僕は思った――やっぱり彼らはどうかしてる。一体いくらお金を持ってるんだ？

僕がその場を去ろうとすると、イギリス人が大きな声で言った。

「なあ、ベインズ！　あのトレード、今日はどうかな？　あれはどこまで動くと思う？　1.2000まで下がると思うか？　おれは勝手に“キリ数”って呼んでるんだけどさ」

「さあ」と僕は返事をした。「僕の目標は1.2080だったんだ。今の価格は？」

彼は自分のキーボードのほうへと体を寄せて、キーをたたいた。

「まだ1.2000台の上のほうをうろうろしてるな。でもおれはもう一段下がると思ってる。このままトレードを続けるつもりさ」

「あのトレードをしたの？」と僕は聞いた。

「ああ、もちろんだ。君のことはいろいろと聞いたぜ。ハーベイに教わってるんだってな。あのウィンクルシュタイン大先生かよ。ここにいるみんながあのトレードをしたんだぜ。小さいポジションや大きいポジション、いろいろだ。なかにはクロスって言ってEUR/JPYとかGBP/CHFとかの通貨だけをトレードする奴らもいるから、そういう奴らはしなかったみたいだけどな。でもおれはやったぞ。ここにいるウィニペグのジョージもだ」

「君たちがそのトレードをしたこと、アンダーソンは知ってるのかい？」と僕は聞いた。

「そりゃあ知ってるさ」とすぐに言い返した。そんなことも分からないなんてどうかしてるぞ、というそぶりで。「アンダーソンは知ってるさ。そのトレードをしようとしていた全員に承認を出したんだ。あれはいいトレードだったぞ、ハリー。君のおかげでおれは結構な金を稼がせてもらった。やったな！」

「ああ、やったな！」と僕は返し、ほかの質問はすべて忘れてしまった。

何だ？

ビビビッ！　あの失敗したトレードのときのように、僕の頭を強い衝撃が走った。でも今回のはずっと心地良い衝撃だ！　ファーストキスをしたときのような胸を打つ衝撃。違いはキスの相手が僕が取り戻したピップたちによるものだということだけ。僕はここにいる人たちにいくら利益をもたらしたんだろう？　100万ドルのポジションかけることの10人から20人のトレーダーがいるとするといくらになる？　それとももっといるのか？　さらにそれに100ピップス以上をかけるとどうなる？

僕は頭を落ち着かせて、自分の仮のトレーディングデスクへと歩いて戻った。平静を装うつもりなんてなかった。スキップして机に戻れるものならそうしていた。今の僕の仕事は、こういうトレードをもっと見つけることだ。一度きりの偶然だったのか？　もともとはクレイグがこっそりと教えてくれたアイデアで、しかもウィンクルシュタインが確かにやると言ったトレードだったから、運良くできただけなのか？　また同じようにできるだろうか？

僕はユーロの日足チャートを開き、仕事に取り掛かった。

栄光再び？

実は本当に驚いたのは、ウォール街のトレーダーたちが僕のアイデア（そりゃあ完全に僕のアイデアじゃないのは分かってるけど、あのときはそういう気分だったんだし、僕には自信が必要なんだからいいじゃないか）を使ったことじゃない。そうじゃなくて、支持線や抵抗線のような単純なものでピップスをしっかりと獲得できるということだった。これは癖になりそうだ——もっとやってみたい。ほかの通貨ペアもこんなふうに動いていたんだろうか？　ほかの通貨ペアでも同じことができるんだろうか？　ロディが言っていた、EUR/JPYのようなクロス通貨ではどうだろう？

今すぐにそういうことを心配する必要がないのはいいことだった。今は４時間足や日足に集中することができる。ウィンクルシュタインは検証をするようにと言っていた。その意味を考え始めることができる。彼は僕に、ひとつのことに集中して勉強してみなさいとも言っていた。それをどうやってやったらいいかは分からないけど、でもやってみる決心はできていた。これをきちんとやらないと、もう彼に会えないんだから。

日足ではとても大きな価格の動きが見えた。ウィニペグのジョージが言ったとおりだ。つまり損切りの幅をもっと大きくとって、この動きからより大きな利益を狙うのか。たぶんウィンクルシュタインが長期チャートに集中するようにとあれほどきつく言っていたのは、こういう理由からなんだろう。同じ労力でもより大きな報酬を得る可能性がある。気に入ったぞ。４時間足と日足とEUR/USDだけで今のところは十分だ。

その後、ロディに聞かれた質問を、自分自身にいくつも問いかけてみた。ユーロはあとどれくらい下落するんだろう？　下落が止まるのはどこになりそうか？　1.2200と同じような価格帯を、もっと低い位

図16.6　日足チャート（EUR/USDの日足）

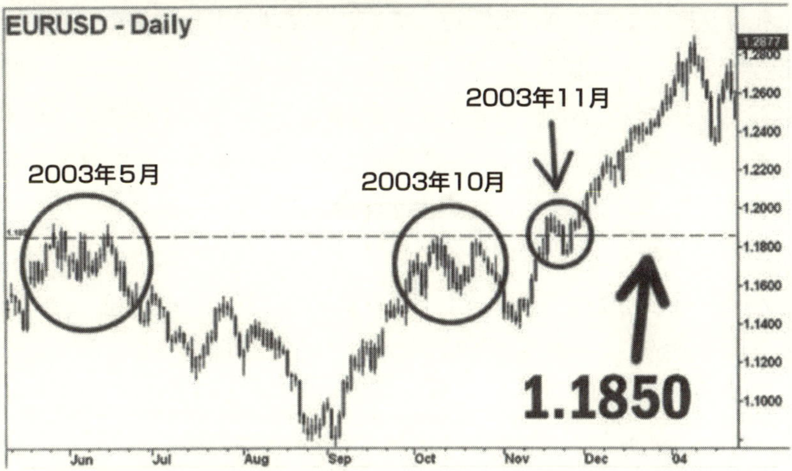

置で見つけることができるだろうか？　この通貨ペアが上や下に動けずに壁にぶつかったのはどこだ？

4時間足チャートはまったく役にたたなかった。1.2200の上で頭打ちしそうな個所はいくつか見えたけれど、その下は見えなかった。その下でちょうど良い損切りの価格を見つけないといけない。そこで日足チャートに移動してみると、なんだか良さそうなものを見つけた（**図16.6参照**）。

1.1850は間違いなく重要な数字らしい。チャートの左側、2003年の5月と6月には、この通貨ペアはここの線を越えるのに苦労している。そして同じく2003年の10月は、まったくそこを上へ越えることができなかった。そして11月になってやっと力を蓄えてこの線をブレイクしたみたいだけど、それでも数日間はそこでうろうろしながら、かなり大きく行ったり来たりをしている。全体で、2003年の5月から10月の間に、この通貨ペアがこの辺りで反転している確かな例が5回も見つかった。

利益目標はこの辺りにしたい。でもこれだけで十分調べたと言えるだろうか？　僕は現在のチャートをもう一度見た。どうしてここで底打ちするって言える？　昨夜の僕の計画は、クレイグやウィンクルシュタインが教えてくれた数字から考えることを始め、その数字でトレードをするいい理由を探していくというように逆から組み立てたものだ。でも今回は完全に違う。この数字を付せんに書くだけの自信があるか？　そして僕の机に置いていけるか？

もっと確認しよう。もっと確かめたい。僕の理論を後押ししてくれる別のチャートが必要だ。

そこで週足チャートを見たけれど、何も分からなかった。そこには、1998年10月にこの通貨ペアが1.1850の位置で止まったことが示されていた。でもユーロはそのころ存在していなかったんじゃないか？　まだ存在しなかった通貨のチャートがどうしてあるんだろう？

僕は週足チャートを閉じて、ウィンクルシュタインだったらこんなときどうするだろうかと考えてみた。そして彼なら、どんなことがあってもこのトレードでお金を失うようなリスクはけっして背負わないだろうという結論に達した。だから僕も損切りと利益目標を示した売りトレードを提案をするのはやめた。それはできない。でもEUR/USDが1.1850まで行ったら底打ちすると思うと書くのはまずいだろうか？　どこまで下落するかってロディにも聞かれていたことだし。それくらい書いておいたっていいんじゃないか？　どうせ紙に書くだけのトレードなんだし。だれも傷つきはしないだろう。

だから僕は付せんに“EUR/USDは1.1850で止まる”と書いて、それを机に貼り付け、荷物をまとめてそこを出た。トレーディングフロアの扉が背後で閉まるとき、ロディの叫び声が聞こえた。

どうやら給料を持っていかれたみたいだ。

第17章

検証

Testing

次の日、僕は為替の分析はもっと明確にしておかないといけないことを学んだ。というのも、午前７時にウエークマン・バターマン・アンド・ベイリーに着いたとき（２時間以上早く来たのは、たとえ全部は無理でも今までさぼった時間を少しでも働いて返したいと思ったから）、留守番電話に冗談抜きで37もの伝言が入っていたからだ。

僕は辺りを見回してみた。ジョンソンさんの部屋の明かりがついている。彼はいつも朝早く会社に来ているけれど、彼からの伝言ってことはあり得ない。彼だったら、もう二度と会社に来なくていいぞと書いたメモを置いて行くだけだ。それに37も伝言を残すなんて彼らしくない。これは何かまったく別の事態だ。

最初の伝言がすべてを物語っていた。それは下の31階のロディが２時間前に入れたものだった。

「ハリー。おまえがここに残していったあのメモのせいで、トレーダーたちが取り乱してるぞ。1.1850でユーロを買うつもりなのか売るつもりなのかって、みんな知りたくてどたばたしてる。31階に電話しろよ。おれにじゃないぞ。おれは家にいるんだから。おまえのメモを最初に見たのがおれだったもんだから、こっちに電話が鳴りっぱなしでうんざりしてるんだ。この野郎！　もうあんなメモ残していくなよ！」

残りの伝言は僕が会ったこともないトレーダーたちからだった。どこで僕の番号を聞いたのか、それにどうしてあのトレードがそれほど気になるのか、僕にはまったく分からなかった。今日は幸い早めに来たことだし、2時間くらいのうちにこの騒ぎに収拾をつけてから、ここに戻って来て仕事を始めればいいか。書類整理の仕事を遅らせるのは嫌だったけれど、僕への電話のせいで会社に着いたばかりの受付係を手いっぱいにさせてしまうのはもっと嫌だった。

電話の受話器を取り上げる前に、また内線が鳴った。クレイグからだった。背後からは大きな声が聞こえてくる。きっとほかのトレーダーたちに囲まれているんだろう。彼は言った。

「ハリー。こっちに来てくれよ。どういう風の吹き回しだか知らないけど、みんな君と話をしたがってるんだ」

「分かりました」と僕は同意した。たった一度のトレードで、どうして僕はこんなに人気者になってしまったんだろう？　一体何が起こっているんだ？　クレイグはみんなを代表して僕を捕まえる係にさせられてしまったようだけれど、彼の声から察するにそのことを格別楽しんではいないみたいだ。やっぱり、僕みたいな未熟者のトレーダーがこれほど注目を浴びるのは良い気分じゃないんだろう。僕は31階に行き、扉の前で名札をかざして鍵を開け、トレーディングフロアへと歩いて入った。なかは騒然としていた。それにかなり混乱している。何か悪い事でも起こったみたいだ。その真っただ中にいるクレイグがなんだか浮いて見えた。

彼のところへ行くと、一体何が起こったのかをまず聞いてみた。

「今ちょっと大変なことになってるんだ」と彼は教えてくれた。「どうもうちのロンドンのトレーダーたちが大きな打撃を受けたらしくてさ。かなりのな。1億ドル以上の損失らしい」

「為替トレーダーなんですか？」

「そうだ。ここはみんな固定給だから、そのせいでパニックになっているのさ」

「どうしてここの人たちが影響を受けるんですか？」

部屋があまりにも騒然としていたから大声で話さないとお互いの声が聞こえなかった。でもこの騒ぎのおかげでだれも僕がいることに気がつかず、僕は注目を浴びずにすんだ。僕たちの頭上にいくつもある画面はすべて経済番組を映し出していて、そのニュースについて報道していた。レポーターの話が途切れるたびに、考えつくありとあらゆるやじが飛びかった。

「ここは世界一安定したトレーディングデスクっていうわけじゃないからな」とクレイグが教えてくれた。「こいつらは禅の精神とか平和な生活をしている奴らじゃない。まるでサメの群れさ。水中で血の匂いをかぐ。変化に敏感だ。なかにはもう人材スカウトに電話をして、ウォール街の別の仕事に移れないか探している奴もいる。このせいで人員削減があるのかどうか、自分はそれに生き残れるのかどうかを心配している奴らもいる」

ロディやジョージもこの混乱に巻き込まれているんだろうか。

「夕べ、ロディっていうトレーダーに会ったんです。あとカナダ人のジョージっていうのにも。彼らも大変なことになってるんでしょうか？　あなたは大丈夫ですか？」

彼は首を横に振った。

「ロディは絶対に大丈夫だ。奴はアジア時間に精通していて、世界中のあちこちにコネがある。かなりの大企業数社に対して売り気配と買い気配を提供している。なかにはロンドンの会社もあるんだが、奴はロンドンには帰りたくないらしい。ここでみんなの給料を勝ち取るのが楽しいみたいでな。この騒ぎで彼に影響があるとしたら、良い影響だけだろう。もしかすると昇進だってあるかもしれない。奴がロンドンに帰るつもりさえあればな。ジョージも大丈夫だ。ウィニペグのジョージって呼ばれてるけど、それは奴がウィニペグっていう地方の出身だからだ。ジョージもすごいトレーダーだよ。奴はもう長いことロディと一緒に働いているな」

「あなたは？」

「おれかい？　おれは平気さ。今月の成績はかなりいい」

「ほっとしました。あなたはこの集団から浮いているように見えるので」

彼は肩をすくめ、自分もそう思うけれど今ここでそれを認めたところでどうしようもないといったそぶりを見せた。

「ところでさ、ハリー」と彼は言った。「おれはユーロを1.2200で売って、まだそのトレードを続けている。どうしてここの奴らにあのトレードをするように言ったんだ？　アンダーソンから聞いたけど、机をもらったんだってな。でもここで働いているわけじゃないんだろ。どうなってんだ？」

今度は僕が肩をすくめる番だった。

「僕にも分からないんです。銀行のトレーダーが僕の言うことを聞くなんて、こっちがびっくりしてるくらいですから」

「普通なら聞いたりしないんだけどな。でもアンダーソンが君のことをかなり持ち上げてたんだよ」

「本当ですか？」

「ああ、本当さ」。クレイグの声には少し嫉妬の色があった。「彼に何を言ったんだよ？　君のトレードはとんでもない状態になってたんじゃなかったのか？　君がハーベイに教わっていることをここの奴らに話したら、みんな飛び上がっちまってさ。そのうえにアンダーソンが君を褒めるのを聞いたもんだから、頭がいっぱいになっちまったらしい。ここの短期トレーダーにとって３月は難しい月でさ、先月は顧客に売り気配と買い気配を提供して痛い目に遭った奴らもいた。みんな業績を回復させたくて君に期待してるんだろう」

「そんなこと言われても」と僕は返した。「これだけは言っておきますが、僕は、自分はひどいトレーダーでトレード資金も全部失った、ってそうアンダーソンさんに言ったんですよ。彼は何とも思わなかったみたいですけど」

クレイグはいぶかしげな顔をした。

「何で君なんだろう」

その言葉はちくりと胸に刺さった。そりゃあ僕は自分の取引口座をスッカラカンにしたさ。自制心も持っていなかったし。それは確かに本当のことだ。でもまったくのバカってわけじゃない。僕は困難に立ち向かい、そしてウィンクルシュタインに助けてもらいながら良いトレードを計画したんだ。

クレイグは自分の言ったことに気がついて、撤回しようとした。

「悪かった、ハリー。悪い意味で言ったんじゃない。何で君なのかってのは、その……」と言って彼はためらった。そして僕の目をまっすぐ見つめた。

「そうだな、やっぱり悪い意味で言ったんだよな。でも言っちゃいけないことだった。実際、君のトレードはすごく良かったよ。仕掛ける値はハーベイの考えだったけど、損切りと利益目標は君が自分で考えたんだからな」

「それにしても、どうしてここの人たちは会ったこともない人の考えなんかをまねするんでしょう」

「いつものことさ。奴らはいつもだれかとアイデアを交換したり、噂について話をしたりしてる。それは驚くことじゃない。それにアンダーソンが人の才能を見抜く目を持っていることは、おれもよく知ってる。だから、彼が君に何らかの可能性を感じたと聞いてもそれほど驚かない。だけどここに君専用の机まで用意するってのはどうだろう。それに自由に出入りできるように名札まで作ってさ。ほとんど知らない君のことをずいぶん信用しているみたいじゃないか。何か変だと思わないか」

「僕も同じ意見です。何と言っていいものやら」

「今日と昨日ここに来て、みんなが君のトレードのことを話しているのを聞いてたらさ、自分がここに初めて来たときのことを思い出したよ。良いトレードを一度したからって有頂天になってた自分をさ」

彼が何を言おうとしているか分かった。でも僕は彼を止めなかった。彼は話し続けた。

「前にも言ったけど、君を見てると昔の自分を重ねちまうよ。君も僕みたいにやりすぎるんじゃないか、また同じようにいいトレードをしたい、失敗なんてあり得ない、そう思っちまうんじゃないかって心配になる。そんなふうになったら、すぐに大変なことになるからな」

僕はうなずいた。彼は、僕が聞かなければいけないことを話してくれていた。昨夜、僕はまたトレードをひとつ計画したくなった。でもやめた。新しいトレードを計画するほどの自信がなかったからだ。だからその次にユーロが止まりそうな（少なくとも僕の考えでは）数字について考えた。これは僕が自分の取引口座をすべて失う一歩手前まで行ったから思うことなのかもしれないけど、今は思い切って世界を征服するような気分にはなれない。ウエークマンで仕事をしたい気分だった。そして妻の信頼を取り戻したい。自分の感情を制御できるようになってウィンクルシュタインを喜ばせたい。そして何よりも、またトレードをするチャンスを得るために、自制心を持った人間になりたい。そして今度こそ利益を出すんだ。

もう戻ろう。上でやらなきゃいけない仕事がたくさんある。それに僕は興奮したトレーダーたちと座って無駄話をするために給料をもらってるわけじゃない。早くもトレーダーたちが僕の周りに集まり始めていて、僕に質問をしていた。彼らは、僕が1.1850でユーロを買うつもりでいるのかを知りたがっていた。僕は、最初のトレードの利益目標がなかったと仮定して次の良さそうな利益目標を提案しただけだ、ということをほんの数秒で説明した。第一、どうして彼らは自分で自分の利益目標を考えることができないんだろう。みんな僕よりもトレードに詳しいはずなのに。

アーネスト・ウエリントンのお金でするトレード

僕は全力で仕事をした。金曜日はあっと言う間に終わった。ロディとウィニペグのジョージにまたなとあいさつをするためだけに下の階に行ってみたけれど、彼らはいなかった。トレーディングフロアは空っぽだった。EUR/USDの価格を調べると、1.2100の辺りでウロウロしていて、１日中ほとんど動かなかったみたいだ。チャートを開いたついでに、1.1850の辺りで何らかのトレードを組み立てられないものかと考え、見てみることにした。たぶんそこで価格が止まるだろうということ以外は、特に何も思いつかなかった。もし本当にここで止まるのなら、ほんの数ピップスしか取れなくても買ってみたらどうだろうか？

僕はまた４時間足を開いて、1.1850に達した場所を探してみた。それから15分足チャートを開いて、価格がそこに達したときにどんな動きをしていたのかをもっと細かく見ることにした。

一番最近の例は、2003年の11月18日のものだった。10時15分に、この通貨ペアは1.1850を勢いよく下からブレイクし、息を継ぐ間もないほど上昇し続けた。たぶんこの日は政策金利の発表でもあって市場が大きく動いたんだろう。どちらにせよ、価格は1.1850から127ピップスも上昇し、その後６日間はその価格を下にブレイクすることはなかった。いったん下げ始めるとかなり勢いよく下落したけれど、僕だったらきっとそうなる前に手仕舞っていただろう。127ピップスは放っておくには大きすぎる損失だ。そこで目の前にあった紙切れにこう書いた。

2003年11月18日——127ピップスの損失

そして次の例の11月16日までさかのぼっていった。価格は上昇して1.1850まであと５ピップス（つまり1.1845）になり、その後一瞬のうちに122ピップスも下落している。それは短期チャートでも同じだった。その大きな下落の前に価格が1.1845の上に行くことはなかった。これも数えていいだろうか？　いいだろう。５ピップスにこだわるつもりはなかった。これからは、狙った価格の５ピップス手前で売ってしまってもいいかもしれない。これは妥当な考えだろう。そこで僕は目の前にあった紙切れにもうひとつのトレードを付け加えた。2003年11月16日——122ピップスの利益。

次は10月24日まで戻った。価格は1.1856まで上昇したものの、すぐに反転して下落している。1.1850の辺りにとどまっていたのは15分足で見て２本分だけだ。その後は、たった２日の間に1.1720まで130ピップスもぐんぐん下がっている。これも良いトレードになっていただろう。僕はこう書いた。2003年10月24日——130ピップスの利益。

10月23日、価格は1.1843まで上昇したけれど、それ以上上がることはなかった。だから５ピップス幅のルールに従ってトレードをしなかったことにした。それは最高のトレードをしないことを意味していた。けれど、今ルールを変えると結果に信頼性がなくなりそうだったから仕方ない（**図17.1**参照）。

10月10日、価格は1.1845に届いたけれど、それを越えることはなく、その後たったの７日で1.1547まで下落した。その後、さっきの10月23日の1.1843のところまで上昇していった。これは300ピップス近くの利益で、しかもほとんどリスクはない。僕はこう書いた。2003年10月10日——297ピップスの利益。

その次の例は10月9日で、少なくとも150ピップスの利益が出ていただろう。1.1845から1.1850の間で売っていたはずだ。価格は1.1857ま

図17.1　ハリーの5ピップス幅ルール（EUR/USDの15分足）

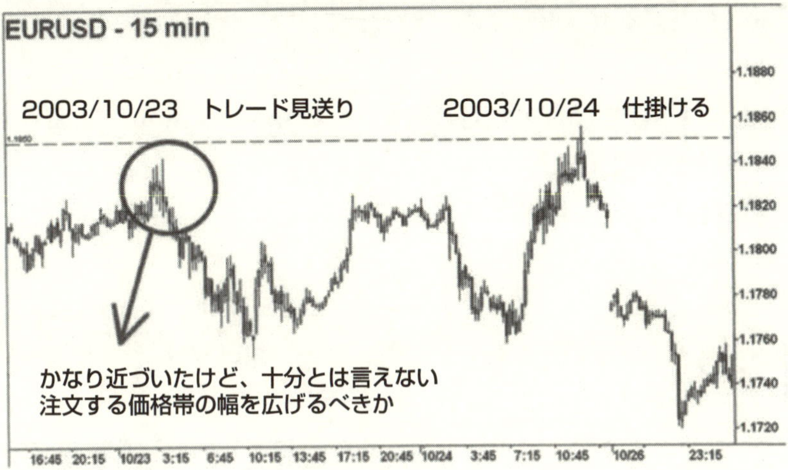

でしか上がらなかった。どう考えてもこの価格帯は重要だ。もしかすると1.2200と同じくらい重要かもしれない。

ほかにも6回、この通貨ペアがこの価格まで行って反転した例が見つかった。そのうち3回は、反転して下落する前に1.1900の辺りまで上昇している。一度は1.1931まで行ったこともあるけれど、その幅は100ピップス以内で収まっている。さっきと同じように、価格がどこまで下落してから1.1850の価格帯に上昇して行ったかを調べると、たったの30ピップスの利益しか出ていないトレードが2回あった。そこで、今度は各トレードで最大どれくらいのピップスが取れたか、その数字を知りたくなった。

トレードの数は11で、10勝1敗だった。もし損切りを100ピップスにしていたら、損失の平均も100ピップスになっていた。すべてのトレードの利益を平均すると171ピップスだった。そういえば、EUR/USDを売るほうしか見ていなかったな。1.1850では一度も買っていない。

僕は付せんを取り出してこう書いた。

EUR/USDを1.1850で売り（下からこの価格まで上がってきたら）
損切り――1.1950
利益目標――1.1700

これも妥当だろう。でもこのトレードをするには、価格が1.1850よりもどれくらい下がってから上昇しないといけないんだ？　この辺りで買いトレードをすることも考えたほうがいいのかもしれない。ロディかジョージ、もしくは興味を示してくれるならクレイグに、このシステムを逆にして使えるかどうか聞いてみよう。

それまでは、単純に買いトレードを計画するのは危険だろう。これは付せんには書かないでおこう。分かるまで待たないと。このトレードを逃したところで、気にする人なんてだれもいない。僕はつもり売買をしているだけなんだし、それにこれはお金を危険にさらすことなく経験を積んで自信を得るための練習なんだ。

まあ、少なくとも僕のお金は危険にさらしていない。アーネスト・ウエリントンのお金は知らないけど。

ここまでするのに３時間以上もかかっていたけれど、僕にはたったの15分くらいに感じられた。こうやって分析をするのは、トレードをするのと同じくらいか、あるいはそれ以上に楽しかった。新しいことを発見する楽しさを味わいつつも、トレードを実際にするときの忍耐や苦しみや感情といったものは味わわずにすむんだから。これまで僕がしたトレードは、すべて衝動でやったものだ。でも今は、分析と考察が僕のトレード計画の活力になっている。

それに僕はまだほんの少しトレードについてかじっただけだ。質問が山ほどある。

このシステムはどんな通貨ペアでも使えるのか？

もっと短い時間枠でも使えるのか？　短期トレードをしたいわけじゃなくて、横の支持線と抵抗線を使ってトレードができることを証明してみたい。

金利はどうなんだ？　ジョージ・シスラーに金利について勉強しておくように言われているんだ。それだけじゃない。金利決定が市場を大混乱させるのは、この目でも見ている。この金利が僕のシステムにどう関係してくるのか？

僕は妻に電話をして、今日は家に帰らないことを伝えた。僕は勢いに乗っていた。

はめをはずした週末

土曜日の朝になるころには、僕はかなりの情報を入手していた。午前７時に家に帰り、家族と朝食をとると、彼らに別れのキスをして、アーネスト・ウエリントンへと戻ってきた。妻は何から何まで協力的で、たとえ僕が何の話をしているのか理解できなくても、僕がかなりの時間をかけて勉強していることを喜んでいた。僕がやっと分別と秩序のある方法でトレードをしようとしていることは、僕も妻も分かっていた。これは投資だと思えるくらいにまでなってきていた。僕たちはそれが気に入った。

それから２日間、僕はいわゆるクロス通貨と呼ばれるものを調べただけでなく、インターネットで金利についての情報を集め、その量はかなりのものになった。ジョージ・シスラーは、金利を勉強するようにと方向性を示すことで、僕に素晴らしい贈り物をくれたんだ。金利を横の支持線や抵抗線とどう組み合わせれば使えるかが、何となく分かってきたけれど、まずは彼と話をしてみないといけない。

日曜日の夕方、ロディとジョージが一番乗りでオフィスにやってきた。日曜日に出勤するのは、彼らがアジア時間担当で、そのアジアはもうすでに月曜日になっているからだった。２人とも機嫌が良くて、すぐに僕のところへ寄って来た。

「ベインズ。またこの会社のみんなのためにトレードを考えてるのか？」。そう言ったのはロディだった。

「違うよ、ロディ。君の口座でトレードしてるだけさ。１億ポーランドズロチのマイナスを出しておいたよ」

彼は笑った。

「言うな！」。彼は僕の背中をたたいた。「ペイチェックでもやって１週間を始めるか？」

ジョージが口をはさんだ。

「ハリー。奴の言うことなんて耳を貸すなよ。おれたち、週末はちょっとはめをはずしてたんだ」

どんな問題を起こしたんだろう。どこの酒場に行って、どれくらい飲んだくれて、どこのパーティーに行ったのか、検討もつかない。聞くだけ聞いてみるか。

「どんなふうにはめをはずしたのさ？」

「テストしてたんだよ！」とロディが大声で言った。

テスト？　薬物陽性反応が出るかテストしたのか？　それとも性病の陽性反応が出るかを？

ジョージはうなずいた。２人とも興奮で舞い上がっていた。

「おれたちさ、ここんとこ新しい短期戦略のバックテストをしてたんだけど、すごい発見をしたんだ。もう48時間眠ってないぜ」

僕はうなずいた。

「僕も寝てない」

「ベインズ！」とロディは大声で言った。そしてなんと僕を持ち上げて強く抱きしめ、そして叫んだ。「おまえも検証してたんだろ、この野郎！　そうなんだろ！」

僕は笑うしかなかった。彼の体格は僕の2倍もあり、活力は普通の人間の50倍あった。僕も検証していて僕なりに発見したことがあること、そしてそれを僕より詳しい人たちと話して確認しないといけないことを認めた。

「おれたちに話してみろよ」とジョージが言ってくれて、そして2脚のいすを僕の隣に引き寄せた。ロディは興奮しすぎていたので座らずに、僕が見つけたことを聞くのを待ち切れないでいた。

僕は横の支持線と抵抗線の検証について話し始めた。2人は夢中で聞いた。

バックテストを学ぶ

ロディ　それで、通貨ペアはいくつ見たんだい？

僕　5つだけ。EUR/USDをまず見て、それからGBP/USD、GBP/JPY、EUR/JPY、USD/CAD、それとEUR/CAD。

ウィニペグのジョージ　時間枠は？　長期中心かい？

僕　そうさ。全部長期だよ。でも短期の時間枠まで掘り下げて見て、損切りと利益目標を確認したけどね。

ウィニペグのジョージ　それってロディとおれの見方とすごく似てるな。おれたちはそれを“長期チャートを使った短期トレード”って呼んでるんだ。

僕　それはぴったりの名前だね。僕もそんな感じだよ。反転したときのピップスに食らいつこうとしているんだ。ほとんどのトレードは2日ももたず手仕舞いされる。4時間足と日足を見ながら計画するのが一番気に入ったけど、でもこれって1時間足のチャートでも同じように使えるような気がしているんだ。

ロディ　そりゃあ、当たりだな、ベインズ！　1時間足でも間違いなく使えるぜ！　1時間足はおれの一番好きなチャートだ！

僕　どうして１時間足が一番好きなのさ？

ウィニペグのジョージ　それよりも長いチャートを見るほどの集中力がこいつにないからだよ。

ロディ　それは違うぜ！　おれは15分足チャートを１日中だって見てられるぞ！

ウィニペグのジョージ　そりゃもっと短いチャートじゃないか。

ロディ　そう言えばそうだな！

僕　これについてずいぶんと分析してみたんだよ。各通貨ペアごとに20のトレードをやってみて、それを全部メモしたんだ。

ウィニペグのジョージ　メモがあちこちにあるな。これ、全部手書きでやったのか？

僕　うん。もっと簡単でましな方法があるんだろうけど、やり始めたら止まらなくってさ。

ウィニペグのジョージ　これからは表計算ソフトにこういう情報を記録しないとな。

僕　表計算の使い方なんて知らないよ。

ウィニペグのジョージ　まあ、使い方のことはあとで考えればいいとして、表計算がどうして重要なのか教えてやるよ。おれたちがやった検証用の表計算のファイルがここにあるから、それを開いてみよう。仕掛けた価格と仕切った価格を入力するだけで、このソフトが勝ち負けを計算してくれるんだ。最終的に何ピップス取れたかも教えてくれる。平均利益や平均損失も。それから、入力した情報から勝率、つまりどのくらいの割合で勝ちトレードになるかも教えてくれるんだ。

僕　それで、君たちは検証するときにいつもこれを使ってるのかい？

ロディ　これなしでは家を出ないぜ！　検証するときには必ず使ってる。すべてを表計算に入れて確認するんだ。表計算だらけさ。どれがどのファイルだかも分からなくなっちまうくらいだ。ベインズ、おまえ、これまで20のトレードしか検証してないって言ったか？

僕　そう！　各通貨ペアごとに20だよ。だから実際は合計すると100のトレードを検証したんだ。

ロディ　おい少年、100じゃ足りないぞ！　もっとやらないとだめだ！

僕　もっとってどのくらい？

ウィニペグのジョージ　そうだな、おれたちは週末ずっと検証してたんだ。だいたい1000のトレードを見たかな。

僕　（沈黙）

ロディ　そうさ、ハリー。おまえも1000のトレードを見たか？　見てないだろ！

僕　どうやったらそんな数がこなせるの？

ウィニペグのジョージ　２人でノートパソコンをひざに乗せてソファに座るのさ――１人はチャートを開き、もう１人は表計算を開いた状態で。食べ物は出前を頼んで、バスケや野球やアニメを見ながらやっても、休憩するのはトイレに行くときだけさ。風呂も入らず、電話も出ず、人間との接触は一切しない。完全にこれだけに集中するのさ。

僕　それで、同じシステムを何度も繰り返し検証したのかい？

ウィニペグのジョージ　実際は同じシステムを使った２種類の方法を、各500トレードずつ検証した。主にやったのはCCI（コモディティ・チャネル・インデックス）っていうオシレーター指標と長期の支持線と抵抗線の組み合わせだ。それで同時に検証したもうひとつのシステムは、利益目標を最初から決めずに、フィボナッチリトレースメントを使って手仕舞う価格を探す方法さ。

僕　どうやってそんなことを？

ウィニペグのジョージ　今説明すると時間がかかりすぎるから省くけど、要はな、かなり使えそうなフィボナッチリトレースメントのレベルをいくつか見つけたんだ。そのフィボナッチで手仕舞う場所を探したら、平均利益が20％も上昇したんだよ。

僕　それを使ってトレードしてみるのかい？

ロディ　ああ！　今日の午後早速やってみるぜ。

ウィニペグのジョージ　それはまだ話し合ってるところなんだけどな。おれは実際にトレードをせずに１週間様子を見てみたいと思ってる。この計画は長いことかけて少しずつやってきたんだ。もう７カ月も週末になると検証してたのさ。戦略やルールを数え切れないほど変えて、ようやく長期にわたって使えそうな何かを見つけたような気がしてるんだ。

僕　それじゃあその間、何をトレードしていたの？　トレードだってしなくちゃいけなかったんだろう？

ウィニペグのジョージ　ああ、おれたちは顧客にたくさん売り気配と買い気配を提供している。覚えているかな、それがおれたちの主な仕事なんだよ。顧客に価格を提示するんだ。その意味はもう知ってるだろうけどさ。

僕　うん。メーカーやヘッジファンドが銀行に電話をしてきて、例えば、英ポンドを買いたいって言う。だから彼らに価格を提示するんだろ。

ウィニペグのジョージ　そうだ。おれたちはそういうのを１日中やってる。価格の差を利用して銀行は利益を生み出す。直物市場で売ったり買ったりしてそのトレードの埋め合わせをすることもあれば、利益を出せそうならそのトレードをそのまま継続することだってある。

僕　それでこの新しいシステムはどう関係してくるの？

ロディ　それは言ってくれるな、ウィニーよ！

僕　ウィニー？

ロディ　おれがジョージにつけたあだ名、ウィニーさ！　奴はカナダのウィニペグ出身だから、それをあだ名にしてやった。

僕　僕、もっと作業しないといけないな。100トレードじゃ足りないのか。

ウィニペグのジョージ　でも今までみたいにつもり売買はやめることないぞ。これまでのトレードで君が選んだ価格は、ちゃんと理にかなってたからな。1.1850はおれたちも気にしている価格なんだ。

僕　買いで？　それとも売りで？

ウィニペグのジョージ　買いさ。あの通貨ペアはあの価格の上にしばらくいたから、状況が逆転していると思う。昔の抵抗線は今は支持線になっていると思うんだ。あの価格でならユーロを喜んで買うよ。買えるだけね。君は次は何をするんだい？　どの通貨ペアを検証するつもりなのさ？

僕　全部だよ。でもその前にジョージ・シスラーにもう一度話を聞かないと。

ウィニペグのジョージ　シスラー？　あのヘッジファンドの？　彼と話をするのかい？

僕　ああ、もしできるならね。先週彼に会ったときに金利について調べるように言われたから、調べてみたんだ。でも、そしたら答えより質問のほうが多く出てきちゃってさ。

ウィニペグのジョージ　おれも一緒に行っていいかな？

僕　僕は構わないよ。彼が本当にまた僕と会ってくれるのかは分からないけど。でも行くだけ行ってみるつもりさ。

第18章

宿題

Homework

ウィンクルシュタインが不在なのに、シスラーさんは僕と話をしてくれるんだろうか。巨額の資金を持つヘッジファンドを運営しているような人が、僕みたいな男に時間を割いてくれるわけがない。それに、僕が無謀なトレードをして取引口座のお金を失ったことを、彼もウィンクルシュタインから聞いているかもしれない。だったらなおさら、彼が僕に会ってくれる可能性は低いだろう。

そう思っていたから、翌日シスラーさんが僕の電話に出たときは驚いた。僕は朝７時に会社に着くとすぐに彼に電話をした。すると彼が電話に出た。

「ジョージ・シスラーです」

電話に出るのは秘書や受付係かと思っていた。僕が一瞬躊躇して心を落ち着かせようとしていたら、その一瞬の間に、シスラーさんは電話を切ってしまった。かなり忙しいに違いない。もう一度電話をすると、再び彼が電話に出た。

「ジョージ・シスラーです。どちら様ですか？」

「ハリー・ベインズです。あの、この前お会いした……」

「ハリーか！　金利の宿題はやったのかい？」

「はい。たくさん調べました。でも次に進む前に、質問があるんです」

「昼休みに会いに来なさい」と言って彼は電話を切った。

昼休みを２時間ほど取れるようにと、その日の午前中は夢中になって仕事をした。数週間は昼休みを取らずに、会社でムダに過ごしてしまった時間を働いて返すつもりでいた。だけど今は、ジョージ・シスラーに会うほうが優先だ。昼休みになったので、ウィンクルシュタイン抜きで会いに行っても失礼じゃありませんようにと願いながら、僕はタクシーに飛び乗った。

実際はウィンクルシュタインがいなくても、あまり関係ないようだった。シスラーさんはすぐに会ってくれた。彼の仕事場は、僕が最後に見たときと同じで相変わらずみすぼらしかった。でも今回はその良さを感じることができた。彼はどんな家に住んでいるんだろう。もしかして車の中や橋の下で生活してたりして。

それはいずれ分かるだろう。まずはシスラーさんが僕に次から次へと質問をしてきた。

「何を発見したんだい？」と彼は聞いてきた。

「キャリートレードを個人向け取引システムでする方法があるか調べてみろっておっしゃってましたよね」と僕は答えた。「ですからそれを重点的に調べました。金曜日は徹夜でかなりの調べ物をしたんです」

「それで？　それは不可能だって分かったろう」。その言葉から、彼はそんなことは不可能だと思っていて、次の要点に移るように僕を促していることが分かった。だから僕の次の言葉は彼をかなり驚かせた。

「それが、できるんですよ。シスラーさんがやる方法とは少し違いますけど」

彼の両目が輝いた。

「本当かい？　もっと聞きたいな」

僕はノートを出して“金利――個人向けキャリートレード”と書いたページを開き、話し始めた。

「お金を安く借りて、それを高金利の通貨に投資するっていう話を教えてくれましたよね。僕は少なくとも２時間くらい、どうしてそれがうまくいくのかを考えたんです。それでよく分かったんです。借り手の信用度が高ければ、事実上大きな資本を持ち出しできます。だから常にできるだけ低い金利で借りて、そしてできるだけ高い金利で投資して、そこそこの利益を得ようとするのが賢い投資家なんです。今までそんなこと考えたこともありませんでした。その方法が理解できないからじゃなくて、ただ考えるような機会がなかったからです」

シスラーさんは笑顔を見せた。

「それで考えてみた今、何を学んだんだい？」

「キャリートレードをするトレーダーたちは、通貨だけに投資しているわけじゃないことを知りました。米国株式、各国の債券、不動産、それから借りたお金で会社をまるごと買い取ることもあります。世界中でかなりの円が借りられている状態です。でもそのことはまたあとで話します。こんな話はもちろん全部ご存じでしょうから」

彼はうなずいた。

「確かにそうだな。でも30分あるから、全部聞かせておくれ」

僕は自分の書いたメモに目を落とした。30分ですべてを話すのはどう考えても不可能だ。それでも僕は話を進めた。

「その仕組みを理解するのにかなりの時間がかかりました。でもいったん分かってしまうと、それと同じ原理を自分がやっている通貨取引にも応用できるかもしれないことに気がついたんです。そこで自分のFX業者に電話をして金利のことを聞いてみました。すると、個人向けのFX取引システムでも、銀行と同じように金利を課したり支払ったりしていることが分かったんです。ただ違うのは、個人向け取引システムではそれをスワップ金利と呼んでいる点と、金利の計算は通貨取引が終わるとき、つまり東部標準時間の午後５時に行われるという点です」

「金利はいくらで取引されているんだい？」

「それですが、英ポンド対日本円、GBP/JPYで調べてみました。理由は日本の金利はゼロでイギリスの金利は４％だから、さらにイギリスの金利はこれからも継続して上昇すると予想されているからです。それで仮に、僕が自分の取引口座でGBP/JPYのクロスペアを１枚、つまり10万ドル分買ったとします。そうすると、僕は毎日金利として20ドルを受け取ることになります」

「レバレッジは何倍なんだい？」

「それを次に話そうと思っていたんです。僕の業者は400倍という信じられないようなレバレッジを提供しています。すごい数字です。でもレバレッジはほとんど関係ないんです。これが面白いところなんですよ。的外れなことを言っていないといいんですが。本当にすごいことを発見したと思ってるんです」と僕は言って続けた。

「仮に、ユニバーサル・カレンシー・ブローカーズという業者で口座を開くとします。そこに10万ドルを入金します。そんなお金持ってませんけど、あると仮定します。必要証拠金として使うのは、そのうちの１万ドルだけです。そしてレバレッジがあるので、400万ドル分のGBP/JPY、つまり40枚の通貨を買うことができます。その通貨を持っている間は、１枚ごとに20ドル、つまり合計で800ドルが毎日僕に支払われます。買いポジションでその通貨ペアを持っているだけでですよ。出来すぎた話のように聞こえますけど、金曜の晩、少なくともFX業者20社に電話をしてみましたら、ほとんどの会社が同じような金利を支払っていることが分かったんです。ほとんど全部ですよ。ここまでで僕、何か変なことを言ったりしてないでしょうか」

シスラーさんはうなずいた。そして腕時計を見た。興味を持ってくれたみたいだ。彼は言った。

「サンドイッチを注文しておいたんだが、君が金の話をするのを聞いていたら食欲がなくなってきてしまったよ」

「僕もです。あとで食べますよ」

「そうか。ここまでの君の調査は素晴らしいものだ。僕らのやり方とは少し違うが、今のところは完璧だ」

「良かった。これまでの調査がダメだと言われたら、ほかに言うことがありませんでした。でも次に考えたのはこうです。GBP/JPYを買って毎日800ドル稼ぐなんて、そんなうまくいくもんだろうかって。だって、この通貨ペアが上昇せずに下落することだってありますよね。例えば、大きなニュースが入ったり、テロ事件があったりすれば、通貨ペアは急激に行ったり来たりするでしょう。1枚トレードすると、1ピップ当たりだいたい9ドルです。仮に、100ピップス下落したときに僕が40枚トレードをしていたとしましょう。1日で100ピップス下落すると、100と9と40で――ええと、100ピップスかけることの9ドルかけることの40枚ですから、大金になります。金利で稼げるよりもはるかに大きな額です」

「そんなリスクは大きすぎる」と彼は付け足した。

「そうなんです。バカげた話です。でも、この通貨ペアを良い価格で買って、それを持ち続けられたら、とても有利な状況を作り出すことができます。かなり有利な状況を。金利を稼ぐだけでなく、ピップスも獲得できるわけですから。金利の低い通貨で同じようなトレードをするよりも、ずっと良いですよね。この方法なら、基本的にトレードを持ち続けているだけで、お金を余分に手に入れることができます」

「なかなかいいぞ。でもどうやってヘッジするんだい？」と彼は聞いた。

「ヘッジ？」

「ああ。リスクの分散だよ」

「ええと、ひとつには、損切りの決まりをいくつか作ることです。そうすれば損失額を少なくできます」

彼はうなずいた。

「それもひとつの方法だ。だが突然起こる大きな下落に備えて、オプション取引や先物取引を使ってヘッジする方法はないだろうか？」
「意味がよく分かりません。オプションや先物は取引したことがないので」
「いいかい、ハリー。君は良い出だしを切ったと思うよ。でも世界で通用するトレーダーになりたいのなら、もう１歩踏み込まないといけない。リスクをゼロに近づける必要がある。できるだけ低くするんだ。つまり、損失額を最小限にする。それにな、トレードをヘッジして長期間継続させる方法があると思うんだ。新しいトレードを仕掛けたり、手仕舞ったりしなくても」
「それはいいですね。でもそんなことが可能でしょうか」
彼は笑った。
「ああ、もちろん可能だよ。僕らもここでいつもやっている。オプションや先物でな。君の契約している会社がそういう金融商品を扱っているかどうかは分からない。でも必ず方法があるはずさ」
「もしそんな方法があるのなら、僕は必ず見つけてみせますよ」
「良いだろう。君にやってもらいたいことがある。簡単なことではないが、やるだけの価値はある。今度は金利についてもっと掘り下げて調べてもらいたい。もっとずっと深くだ。表計算の使い方は知っているかい？」
知らないと彼に言わなければいけないのは、恥ずかしいことだった。
「そうか。それなら、だれか使い方を知っている人を見つけるんだ」
ロディとジョージがいるじゃないか！
「ちょうどいい人たちを知っています」
「それはよかった。CDにデータを落として君に渡そう」と言って、部屋の反対側にいるトレーダーに声をかけた。
「ボビー！　直物相場のCDを持ってきてくれ」
「シスラーさん、どのCDを？」
「スターリング、スイス、それと円を頼むよ」

「分かりました」

ボビーはこちらに歩いてきて僕にCDを手渡してくれた。シスラーさんはそれを見てうなずいた。

「いいかい、そのデータはだれにも渡してはいけないよ。長い時間をかけて集めたんだ。GBP/CHFとGBP/JPYのクロス通貨ペアの直物相場20年分のデータが入っている」

「分かりました」

「イギリスとスイスと日本の金利を20年間さかのぼって調べてみなさい。そして金利の変化がどのように為替レートに影響を及ぼしたかを、グラフに描いてほしいんだ。君は金利が為替の価値を変化させると言っていたが、それを明確に示して証明してもらおう。分かったかい？」

「はい。分かりました。いつまでにやればいいでしょうか？」

「今日から１週間後。４月19日の月曜日だ。今日と同じ時間にここで会おう」

「この作業を手伝ってくれる仲間も連れて来ていいですか？」

「もちろんさ。さあ、もう私は仕事をしなければ。また１週間後に会おう」

ポンド円をぶったたく

ウィニペグのジョージとロディは興奮したなんてもんじゃなかった。僕は午後７時に仕事を終えると、彼らのところに行ってすべてを説明した。金利に関する情報を集めるのは簡単だと彼らは言う。

「今晩ここに残ってやれば、明日の朝にはすべての情報を集められるぜ」とロディが教えてくれた。

徹夜でか？　平日なのに？　最近はあまり家族と時間を過ごしていないし、少しは体を休めないと明日の仕事に支障を来す。

「それはちょっと。週末にできないかな？」と僕は聞いてみた。「もし本当にそんなに簡単ならさ」

「もちろんいいさ」とウィニペグのジョージが答えた。「それまで、もっと一緒にトレードを計画して、君は表計算の使い方を覚えればいい」

「そうしよう」と僕は言って、今週はトレードの計画と表計算ソフトの使い方の勉強に時間を割くことにした。

それから数日間、どちらも順調に進んだ。表計算ソフトを学ぶのは簡単だった。それからトレードも全体的にはかなりうまくいった。1カ月以上継続したトレードもあれば、注文した直後に決済されたものもあった。

最初のトレードは、イギリスと日本の金利差から利益を得たいという思いから考えた。いつもどおり、僕はGBP/JPYの４時間足チャートから始めた。仕掛け値を見つけたかったからだ。この通貨ペアは上下にかなり激しく動く傾向にあることにまず気がついた。いつも一定の幅のなかを動いているようだ。次に気がついたのは、最近では193.00の辺りがそこそこ強い支持線になっているということだった。３月の後半、価格は193.00をブレイクすることができずに下がってしまった。けれどもその１週間後、193.00をブレイクして上昇し、その上でとどまることができた。これは抵抗線が支持線に変わった良い例だろう。

ロディとウィニペグのジョージも、193.00が良い支持線と抵抗線だと思う理由をそれぞれ持っていた。この価格になるといつも、CCIのオシレーター指標が買われ過ぎか売られ過ぎを示すらしい。２人が検証したシステムもこのトレードが良さそうだと示しているのはうれしかったけれど、それがあってもなくても、僕はこれを紙に書いてつもり売買をするつもりでいた。この通貨ペアが以前に193.27で完全に失速したことがあるのを僕たちは知っていたけれど、それでも価格が

図18.1　損切りと利益目標（GBP/JPYの４時間足）

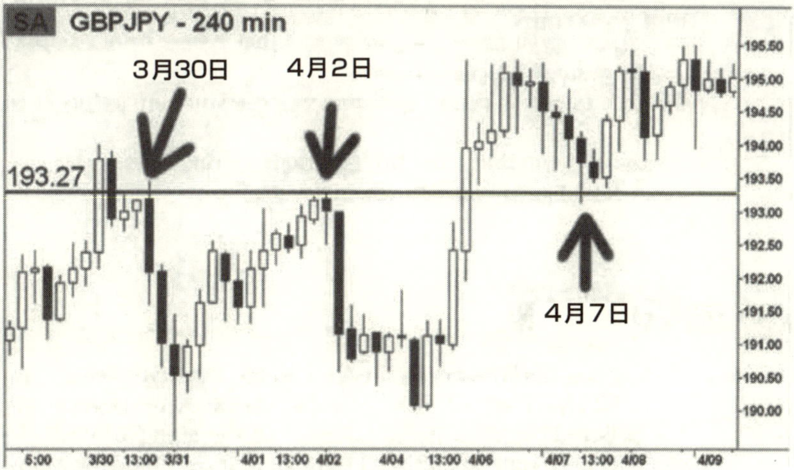

193.00ぴったりまで下がるのを待つことにした。僕の新しいトレード仲間いわく、この通貨ペアは切りの良い数字を好む傾向にあるからだ。ここまでくれば、損切りや利益目標まで考えることができる（**図18.1**参照）。

ウィニペグのジョージは195.00がこの通貨ペアを手仕舞う最適の価格だと言う。200ピップスの利益になるし、ここで三度もこのペアが抵抗に遭っているからだ。最初は３月18日で、このペアが上から195.00まで下落していたときに、ここでしばらく停滞してからさらに下がっている。その次は４月６日、ようやく価格が193.00を下からブレイクして上昇したときも、それが195.00で止まっている。そして三度目は４月８日。価格は毎回195.00まで行くものの、たったの50ピップスほどしかその先に突き抜けない。僕が一番気に入ったのは、195.00がすでに支持線と抵抗線のどちらの役割も担ってきたということだった。

図18.2　ジョージとロディのトレード（GBP/JPYの60分足）

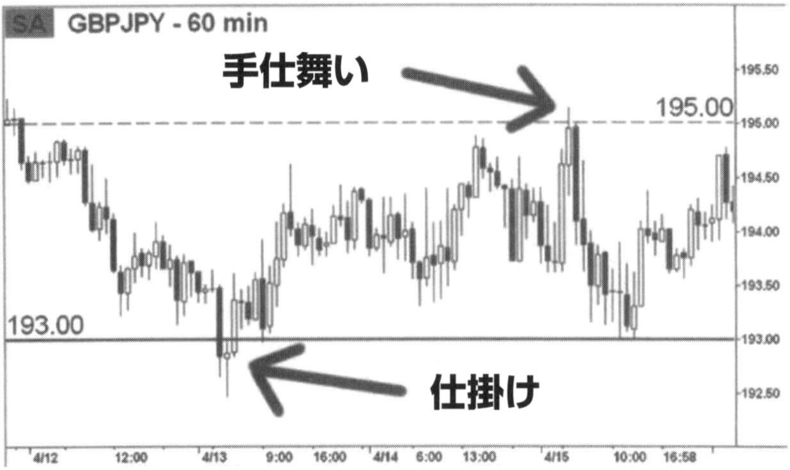

僕はこう書いた。

GBP/JPYを193.00で買い、損切りは192.00、利益目標は195.00

ロディとウィニペグのジョージは会社でそのトレードをした（**図18.2**参照）。僕は、彼らがそのトレードをしているところを見るだけで十分だった。

このトレードは、ジョージとロディが夜勤をしている最中に注文が入り、そして利食いした。注文が入ったのは４月13日の午前３時で、利食いしたのはそのほぼ48時間後だった。

僕はまだ、自分でトレードをしたいとは思わなかった。その前の週の損失が頭の中に鮮明に残っていたからだ。１カ月後に最初の給料がもらえるから、それまでにはトレードをする心構えができるかもしれない。もしかするともっと早くできるかもしれない。どちらにせよ、ハーベイ・ウィンクルシュタインと話をしてからトレードを始める時期を決めたい。彼に近いうちに会えるといいけれど。

たとえウィンクルシュタインが不在でも、僕はトレードの計画を立て続けた。ウィニペグのジョージとロディと一緒に、僕はさらに４つ、トレードを分析して計画を立てた。そのうちの２つはGBP/USDの１時間足チャートを見ながら立てたもので、それぞれ40ピップスの利益を生んだ。そのどちらのトレードも、注文が入るところを僕は見なかった。もう１つのトレードはEUR/USDの15分足チャートで、50ピップスの利益を生んだ。短期チャートはあまり好きではなかったけれど、ロディとウィニペグのジョージに、僕のシステムが短期チャートでも使えるかどうか知っておく必要があると説得されたのでやってみた。そして短期でもきちんと使えることが分かったので、僕にはもう十分だった。僕は自分のトレードを短期チャートを使って計画するのはやめようと心に決めていた。

そんなことをしているうちに、いつのまにか僕たちはこのトレードシステムを“ウィニペグスペシャル”と呼ぶようになっていた。理由はジョージの故郷ウィニペグをたたえようとロディが無理やり決めたから。それから、僕らが何をしているのか知りたがる人たちを混乱させたかったから。ロディはそうやって楽しんでいた。クレイグも含め、ほとんどのトレーダーたちは、まるまる１週間僕たちをそっとしておいてくれたので、僕のトレードアイデアの人気もやっと収まった。アーネスト・ウエリントンのトレーダーはみんな、ところ構わず最新のアイデアを探しているみたいだった。でもひとつのアイデアに長い間集中することはない。彼らはほかの業務もたくさんしていた。顧客に価格を提示したり、オプションや先物やほかの商品を取引したり。僕の付せんは、彼らの興味を長い間引きつけておくほど魅力的なものではなかったというだけだ。

たとえアーネスト・ウエリントンのトレーダーたちが僕のアイデア

に興味を示してくれなくても、自分自身でトレードできるようになるぞという僕の決意は固かった。トレードをするたびに、僕は自分の実力に自信を持てるようになっていった。週末までに1000のトレードを検証してその結果を表計算ソフトに記録しようという目標を立て、それに向かって順調に進んでいた。

ウィニペグのジョージからは、注文価格、損切り、利益目標、トレード中の最大ドローダウン、そしてピップスで示す最終結果を記録できる表計算ソフトの作り方を教えてもらった。その表計算ソフトには、全体の勝率と、平均損益ピップスも表示されるようになっていた。成功するにはこういう情報が絶対に不可欠なんだと彼は言っていた。その理由はあとで知ることになる。

金曜日までに、僕は練習トレードを1000回行い、それを表計算ソフトに記録した。1週間ほとんど眠らずに、家族と過ごす時間もほとんどなしで作業を続けた。それが終わったとき、ジョージ・シスラーに言われていた金利に関する調べ物がまだたくさん残っていることに気がついた。まだ、ほとんど始めていない調べ物が。

第19章

チーム・ベインズ始動

Team Banes Begins Anew

ウィニペグのジョージとロディは、金利を調べるのは簡単だと言う。そして土曜の夜から日曜にかけて集まって一緒に調べようと誘ってくれた。でも僕は日曜の朝開かれる教会のミサに妻や子供たちと一緒に出席する約束をしていた。僕が教会に行くことなんてめったにないから、家族を悲しませたくはなかった。この考えは正しかった。

日曜日の朝はとても明るく陽気な天気で、僕は家族と一緒に時間を過ごせることをうれしく思った。朝食をとりながら会社での仕事ぶりについて僕が話すのを、ジーニは興奮した様子で聞いていた。自分の後任にふさわしそうな希望者数人と面接をしたこと、それからまだあまり話していなかったウィニペグのジョージやロディのことと、彼らが僕の調べ物の情報収集を手伝ってくれていることを説明した。その週にやったトレードや、今後どんなトレードをしようとしているかも話した。妻は、僕のおかげでジョージとロディがいくら稼いだかということが少し気になったようだけれど、それよりも僕が自分で分析ができるようになってきた話を喜んで聞いてくれた。

「アンダーソンさん、それからジョージやロディがあなたにそれなりの報酬をくれるのは当然のことだと思うのよ。あなたは彼らが大金を稼ぐのを手伝ったわけでしょう」

「先週だけで300ピップス以上だよ。僕がそんなトレードを計画する手助けをしたなんて、まったく信じられないよ。だからそのお返しにって、今こうして僕が君と一緒に過ごしている間、彼らがいろいろと調べ物をしてくれているんだ」

「そうかもしれないけど。でも、２人がお金を稼ぐのをあなたが手伝ってるのなら、あなたもその分をもらうのが筋ってものじゃないかしら。あなたがうまくやってることは意外でも何でもないわ。あなたならできるって、分かっていたもの」

その言葉で僕の１週間の努力は報われ、僕は教会までずっと笑顔で歩いた。教会に着くとゴンザレス神父が扉の前に立っていて、教徒たちをひとりひとりあいさつして出迎えていた。僕が近づくと、神父は僕を脇へと引き寄せた。家族と一緒にもっと定期的にミサにくれば神の御加護をより多く享受できますよ、そう言われるに違いないと思った。それには僕も同意見だったけれど、神父が言ったのは違うことだった。

「なかであなたを待っている人がいます。今朝は、あなたのことでその方と話が弾んだんですよ、ハリー」と言って、僕の背中を軽くたたき、僕を家族のもとへと返してくれた。

なかでだれを探せばいいのかは明確だった。

一番後ろの席に座っていたハーベイ・ウィンクルシュタインは、僕を見ると大きな笑みを浮かべた。彼は立ち上がって、妻と子供たちに自己紹介をした。脇に大きな紙袋を抱え、そのなかには礼拝中に一番行儀良くできた子がもらえる秘密のご褒美が入っていると言っていた。妻が自宅での夕飯に彼を招待すると、彼はそれを承諾した。

そして彼は、これからブルックリンを散策して古い友人にあいさつをするから礼拝のあとにまた会おうと言って、去っていった。

その日のミサは上の空だった。どこで立ったり座ったりひざまずいたらいいのか、よく分からなかった。代わりに考えていたのは、ウィンクルシュタインの大きな笑顔とうれしそうな表情だった。自分が世界一だめなトレーダーだと思い知らされたのは、ほんの１週間ちょっと前のことだ。ウィンクルシュタインも僕のことをそう思っていた。あるいはそこまで思っていなくても、トレードを続ければ僕がすべての財産を失うのは必至だと思っていた。たったの１週間で人はこんなにも変われるものなのか！　僕はまったくトレードをしていなかったけれど、自分で分析や検証をする方法を学んだ。彼に見せたい表計算が山ほどある。

ハーベイ・ウィンクルシュタインは、僕たちが今まで夕食に招待した客のなかでも最高の客だった。ジーニと僕が夕食を作る間、彼は子供たちに本を読んで聞かせ、その後、妻のミートローフを２皿もペロリと平らげて作り方を教えてくれと頼んでいた。子供たちが食事を終えて自分たちの部屋へ遊びに戻ると、ウィンクルシュタインはトレードの話を始めた。

チーム・ベインズ、ここに結成

ウィンクルシュタイン　今日はあなた方２人と話がしたかったんです。これからは２人でチームとなって互いにかかわりあっていかなければなりません。ジーニ、トレードをしなくても、あなたはチームの一員なんですよ。

ジーニ　私もかかわりたいと思っています。これまでもだいたいは見てきたと思っているんですよ。たとえ数日遅れたとしても、トレードのことは夫から聞いていますから。

僕　僕も、妻と一緒にできたらいいと思っています。きっとプラスになると思うんです。

ウィンクルシュタイン　どうしてかね？

僕　口座にいくらお金があるのか、そしていくらのお金をリスクにさらしているのかを妻も知っておく必要があります。妻のお金でもあるわけですから。もうすぐトレードを再開したいと思っていますが、自分だけでは気乗りしません。

ウィンクルシュタイン　それは良い考えだ。ジーニ、そうなると、少なくとも１日に一度はハリーと時間を過ごすことになりますね。できれば新しいトレードをする前に、どのようなトレード計画を立てているのか、どのようなトレードがすでに利益や損失を出しているのか、そしていくら失うリスクがあるのかを話し合うといいでしょう。ときには２人でリスクをもう少し減らそうと決めるかもしれないし、もう少しリスクを増やして大きなトレードをしようと決めるかもしれない。それはあなた方が一緒に作業していくなかで、だんだんと慣れていくことです。

僕　僕が作った表計算を妻にも見せたいと思っています。

ウィンクルシュタイン　私も見たいな。検証についてどんなことを学んだか教えてほしい。

僕　まず、あなたに教わったお金の管理の原則、あの25対75ルールですが、たくさん検証をしてみたら、とてもよく理解できました。

ウィンクルシュタイン　それはどうしてかな？

僕　それは、勝てるシステムがどれほど有利なのかを実感することができたからです。口座を25％以上減らしてはいけないというのが、あなたの教えでした。検証をしていて分かりました。自分でシステムを作り上げてそれを検証すれば、損益がプラスになることを予測できる。表計算に1000行もの数字を埋めていったら、もう感情任せでトレードをする気にはなりません。感情任せでトレードをすると、損益がプラスにならないということにも気がつきました。

ウィンクルシュタイン　そうだな。というよりも、マイナスになる。

僕　それに検証をしていたら、実際にやるのは自信のあるトレードだけにしたいと思うようになりました。自信を持ってトレードをするには、もっと大きな視野で考えた大きなシステムにそのトレードがどうやって当てはまるかを理解する必要があります。今なら100ピップス失っても動揺することはありません。だって、大きなリスクを背負ってトレードをすることは絶対にないからです。それに時間がたてば勝ちトレードのほうが負けトレードよりも多くなることも分かっているからです。平均すると勝ちトレードの獲得ピップスのほうが負けトレードで失ったピップスよりも大きくなりますし。

ウィンクルシュタイン　どのくらい大きくなるんだい？

僕　それは場合によります。GBP/USD、GBP/JPY、EUR/USDの日足チャートで少なくとも300ずつトレードを検証しました。すると、勝ちトレードの平均は212ピップスで、負けトレードの平均は88ピップスでした。つまり、この時間枠では勝敗の倍率が2.5だったわけです。

ジーニ　それってどういう意味なの？

僕　これは良いことなんだよ。平均すると勝ちトレードのほうが負けトレードよりも2.5倍ピップスが多いっていうことなんだ。

ジーニ　でもトレードの半分以上が負けだったら意味がないんじゃない？

ウィンクルシュタイン　良い質問だ！　ハリー、その300のトレードの勝敗を数えてみたかい？

僕　もちろんです。勝ちトレードが232、そして負けトレードが78でした。つまり、数百回のトレードをすれば、77％の勝率で勝ちトレードになるだろうということです。

ジーニ　それってとても良いシステムよね。

僕　そうさ。でももっと良いのがあったんだ。ほかのどの時間枠よりも、４時間足のチャートの結果が一番良かった。さっきと同じ通貨ペアで600のトレードを検証しました。結果は勝ちトレードが平均267ピップス、負けトレードが平均94ピップスです。これの勝率も74％でした。

ウィンクルシュタイン　素晴らしい。実際のトレードでもそのチャートを中心にやるつもりなのかな？

僕　はい。準備ができ次第ですが。それまではつもり売買を続けます。

ウィンクルシュタイン　よろしい。そのことはまたあとで話そう。今はもう少し２人に聞きたいことがある。

僕　はい。

ジーニ　分かりました。

ウィンクルシュタイン　ジーニ。仮にハリーが今週トレードを再開したとしよう。ところが４月の残りのトレードが負けトレードだけで終わった。10回トレードをして、それがすべて負けトレードになってしまったんだ。その場合、ハリーはどうしたらいいかね？

ジーニ　正しい答えが何かは分かりません。でも私ならトレードを続けなさいって言うと思います。

ウィンクルシュタイン　理由は？

ジーニ　それは時間がたてば、夫が検証したシステムは利益を生むことが分かっているからです。

ウィンクルシュタイン　そのとおりだ。素晴らしい答えだ。だがハリー、別の答え方はあるだろうか？　君のトレードの決まりは何だったかな？

僕　各トレードのリスクを最小に抑えるということです。だから10回負けたとしても、僕の口座は痛くもかゆくもない。

ウィンクルシュタイン　完璧な答えだ！　それが次の話につながるのだが、もし5000ドルで口座を開くのなら、１ピップ当たり１～３ドルでトレードをするのがいいだろう。負けトレードの平均が100ピップスだとしたら、危険にさらしているのは口座の数％だけになる。トレードは小さければ小さいほど良い。そのほうがずっと長続きするのでな。

ジーニ　そんなに少ないと、トレードで大金を稼ぐのは難しいんじゃないかしら？　もっとお金を口座に入れてリスクの割合を同じにしておけば、もっとお金を稼げるんじゃありません？

ウィンクルシュタイン　それは悪い質問じゃないがね、だがそうすると焦点がずれてしまうんだよ。来月、ハリーが集中しなければいけないのは、良いトレードをして、それを君と確認すること、それから検証を続けて自分のシステムが有効かどうかを確認することなんだ。彼はまたウエークマンで働いているわけだから、今はトレードでいくら稼げるかは重要ではない。今稼げることが証明できれば、彼は将来も稼いでいけるということになる。それが重要なんだよ。

ジーニ　分かりました。今はまだトレードを学んでいる最中なので、できるだけ小さな金額でトレードをするのね。

僕　お金に責任を持つということも学んでいる最中だからね。もしまた5000ドルの損失を出しても、少なくともあと少しウエークマンに残れるって分かってるんだ。ある意味では負けてもいいお金だよ。

ウィンクルシュタイン　負けてもいいお金なんていうものはないぞ。

ジーニ　（沈黙）

僕　（沈黙）

ウィンクルシュタイン　新しい家に引っ越した人が、この家が火災で焼けてしまってもまあいいか、なんて言うかね？　君は焼けてもいい家なんかに引っ越すかい？

僕　いいえ。

ウィンクルシュタイン　君の取引口座は、君の次の家と同じだ。君が欲しがっているパークスロープにあるブラウンストーンの家だと想像してみなさい。そんな高い家を買うだけのお金をトレードで稼いでおいて、そのお金を失いたいと思うかな？　それはなくしてもいいお金と言えるだろうか？

ジーニ　まさか。ねえハリー？

僕　うわっ、すみませんでした！　そんなふうに考えたことはありませんでした。でも本当ですね。今口座の25％を失ったら、それは僕たちの未来の家の25％を失うのと同じようなものなんですね。まったくです。だから僕は最初の口座をあまり大切にできなかったんだ。それだけのお金を稼ぐのにどんな苦労をしたかとか、無責任に扱えば未来の夢を投げ捨てることになってしまうっていうことを、そもそも考えていなかった。

ウィンクルシュタイン　まったくの同感だな。100ドルしかない口座を大切にできるようになれば、100万ドルの口座だってきちんと管理できるんだよ。金額は関係なくなるんだ。それは君が自分の夢を台無しにするようなことはけっしてしないと心に決めるからだよ。

僕　なるほど。約束します。ジーニにも監督してもらいます。

ウィンクルシュタイン　ハリー。気持ちの面ではどうかね？　先週、トレードをしなかった間、どんな気持ちだったかな？

僕　今の今まであまり気になりませんでした。もう感情に任せてトレードをしなくちゃとは思いません。昨日になって初めて、トレードを再開したいと思った程度です。検証済みのシステムができて、そのシステムを使ってたくさんの例を見たけれど、これ以上そのシステムがどう使えるかは実際のお金でトレードをしてみないと分からないと思ったからです。

ウィンクルシュタイン　私が聞きたかったことをそのまま言ってくれたな。さて、最後のトレードの法則を教えよう。それは責任感を持つということだ。ハリー。君が責任を持ってこれまで話し合ってきたことにすべて従えるよう、ジーニに監督してもらおう。自分のトレードを記録するノートを作りなさい。そこに、トレードの枚数、仕掛け値、損切り、そして利益確定などのトレード計画を書き込むんだ。そのトレードについて考えたこと、それから今までにやったトレードと比べてどう思うかも書きなさい。トレードが手仕舞いされたら、また考察と反省点を書く。できればチャートのスクリーンショットを印刷して、そのノートに加えられるとなおいい。ジーニは、トレードが手仕舞いされるごとにそれを確認する。つまり、君が何を計画して、そしてその計画をきちんと実行できたか、彼女はすべて見ることになる。

ジーニ　それはいい考えだわ。トレードにかかわれるってことだもの。

僕　僕も気に入った。ある程度の自制心を維持するのに、かなりの役に立つと思う。

ウィンクルシュタイン　ジーニ。ハリーが今週からトレードを始めることをどう思うかね？

ジーニ　あなたが説明してくださった決まりを守ってやるんであれば、ぜひもう一度やらせてあげたいと思います。

ウィンクルシュタイン　それでは、ハリー・ベインズのお手並み拝見といこうか。実践のトレードでな。

第20章

研究結果の報告

Presenting Our Findings

次の日、ロディは一番年季が入った自前のスーツを身につけた。ジョージ・シスラーの前で立派に見せるためだ。でも実際にジョージ・シスラーの気を引けるのは、金利に関する大量のデータだけだろう。

僕たちはそのデータを用意していた。

ウィニペグのジョージとロディは土曜日も日曜日もほとんど寝ずに、気が遠くなるほどの情報をかき集めた。月曜日の朝、僕は半日休暇を取り、その時間を使って自分の調べ物をした。ロディもウィニペグのジョージも、その日の朝は僕に会わなかったから、僕が何を発表するのか知らないでいた。でもその内容は、僕たちが使っているシステムの利益を大幅に向上させるものだった。

昼休み、シスラー・アンド・カンパニーの薄暗いロビーに集まった僕たちは、トレーディングフロアへ入るように時間ぴったりに呼び出された。ロディとウィニペグのジョージはその仕事場を見てかなりがっかりした様子だった。僕よりも彼らのほうがシスラーさんの噂をいろいろと聞いていたから、ほとんど飾りつけすらされていない仕事場なんだろうということは想像していたらしい。でも、これほどまでに見苦しい場所だとは思ってもみなかったようだ。あとでロディが言っていたけれど、マーサ・スチュワート・リビングの定期購読をシスラーさんのために申し込んであげようかと思ったそうだ。

図20.1　金利差は3.75%――GBP/JPY直物相場対金利差

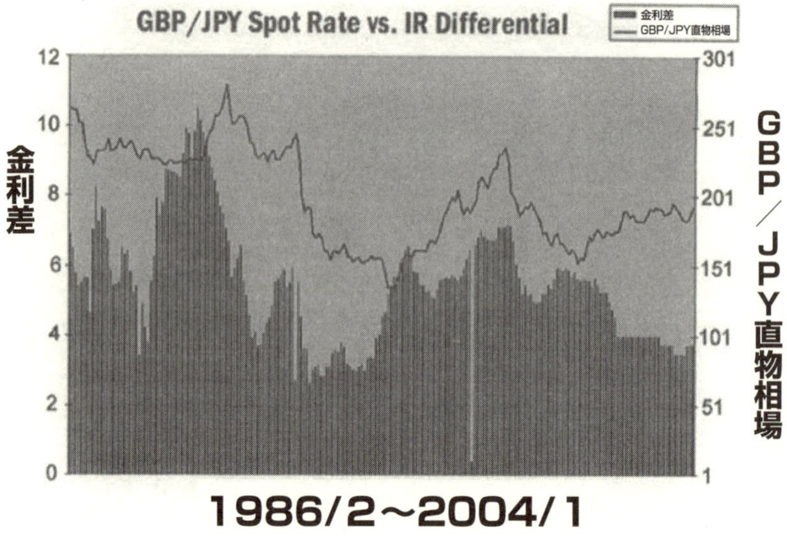

ジョージ・シスラーは僕たちのために１時間とってくれて、彼のトレーダーたちも集まっていた。シスラーさんいわく、彼らも金利についていろいろと調べているから、僕たちがどんなことを発見したのか興味があるんだそうだ。そしてウィニペグのジョージによって発表会の幕が切って落とされた。

「シスラーさん。基本的な結論から言いますと、金利差はクロス通貨の値よりも数カ月かそれ以上、先行します。この課題に僕たちがどのように取り組んだか、そしてこの情報をトレードにどうやって利用できるかを、少しまわりくどい方法ですがお見せしたいと思います」

「いいだろう。早速始めてもらおうか」

ウィニペグのジョージはノートパソコンを開いて、図表を立ち上げた。

「この図表から分かるのは、1986年２月から今年の１月の間に、イ

図20.2　金利差が縮小――GBP/JPY直物相場対金利差

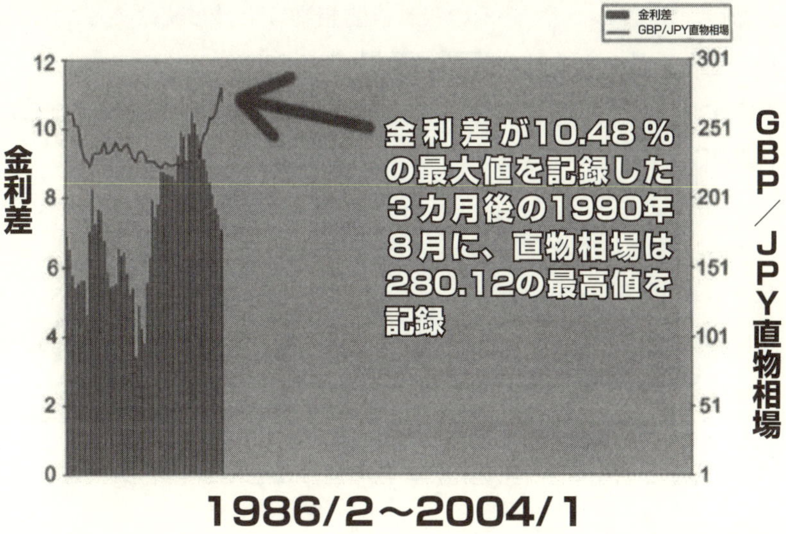

ングランド銀行と日本銀行が決定した両国の金利の差が何度か大きく変動したということです。図表の下から伸びている濃い灰色の棒グラフは、両国の金利差を数字で示しています。例えば、2004年の１月、この図表の一番右になりますが、イングランド銀行が決定した基準金利は3.75％でした。日本銀行はゼロ金利政策を始めて４年目に入っていました。つまり２国の金利差は3.75％だったわけです。これはお分かりいただけますか？」（**図20.1**参照）。

シスラーはうなずいた。

「ああ。ここまでは分かったよ」

「それでは」とウィニペグのジョージは続けた。「棒グラフの上にある細い線ですが、これはGPB/JPYの通貨ペアの直物相場です。ここまで分かれば、この図表を分析するのはとても簡単です。一番左から順に見ていきましょう。1990年、この両国の中央銀行の金利差は、過去最大になりました。この年の５月の両国の基準金利の差は10％以上もあったんです。ですがその後も直物相場は上昇し続けました。実に、1990年の５月から８月の間に、価格はさらに2200ピップスも上昇したんです。実際には金利差が小さくなり始めてからも上昇が続きました」（**図20.2**参照）。

「これと同じ動きは、現在に至るまで何度も繰り返されています。つまり、金利の変化に市場が追いつくのに時間がかかるため、この金利差を利用して直物相場の将来の動きを予想することが現実として可能になるというのが結論です」。ウィニペグのジョージは深く息を吸って反応を待った。

シスラーさんは何も言わなかった。

「みなさんはどう思いますか？」とウィニペグのジョージは周りに集まっていたトレーダーたちに聞いた。

１人のトレーダーが代表して口を開いた。

「かなりのデータ量だな。本当にすごいよ」。そう言って、ウィニペグのジョージを見たあと、トレーダーたち全員が聞きたくてウズウズしていた質問を投げかけた。

「そのコピーをもらえないかな？」

僕たちはみんなで笑った。

「もちろんです」とウィニペグのジョージが答えた。「いいですよ。GBP/USDとGBP/CADとGBP/CHFでも同じように調べました。全部差し上げましょう」

するとシスラーさんが口を開いた。

「それで、これを君たちが使っているシステムでどのように利用できるのかね？」

「はい」とロディが返答した。「それですが、僕たちにはずっと使ってきたシステムというようなものはありません。この金利の情報を、ハリーが研究している支持線や抵抗線と組み合わせれば、これから長期で使える良いシステムが出来上がるんじゃないかと考えています」

シスラーさんはうなずいた。

「良いものを見せてもらった。とても気に入ったよ。君たちはどこの学校に行ったんだい？」と彼が聞いた。

ウィニペグのジョージはエール大学だと答えた。ロディはロンドン・スクール・オブ・エコノミクスだと答えた。そしてシスラーさんは図表を見つめたまま、もう一度言った。

「良いものを見せてもらった」

今度は僕が話す番だった。

「僕も、この調査に貢献できそうなものを発見したんです」

みんなが僕を見つめ、どんなふうに貢献できるのかを聞きたがっていた。突然、僕は自分も彼らの仲間に入っていることに気がついた。僕も彼らの世界の一部なんだ。変な気分だったけれど、何だかしっくりときた。失敗しないことを願いながら、僕は発表を始めた。

「数週間前、シスラーさんに個人向け取引システムでキャリートレードをする方法を探しなさいと言われたんです。僕がこれから個人向け取引システムでトレードをするつもりでいるからです。そしてキャリートレードの目的は、とても低いリスクで利息を獲得することだと教えてくれました。そんなことがはたして可能なのか、最初は分かりませんでした。ヘッジファンドが行う通常のキャリートレードでは、日本の銀行から融資枠をもらっていること、あるいは通貨のオプション取引をしたり、通貨の将来の値動きを予測する難しい公式などを持っていることが必須だからです。僕にはそのどれもありません。でも銀行やヘッジファンドではできないある方法が、個人向け取引システムでならできるということを発見したんです。もしかするとこっちのほうが良いかもしれないと思うくらいです」

みんな座っていたいすの手前のほうに身を乗り出していた。彼らにとってこの発表会は映画よりも面白いんだろう。続きを聞きたければ

『ゆかいなブレディ家』の主題歌をひとりひとり歌ってみろと言えば、みんな歌い出すに違いない。

「まずオプション取引をする必要はないということが分かりました。先物取引や日本の銀行の融資枠も必要ありません。ひとつの口座でGBP/JPYを買って、もうひとつの口座で同じ通貨ペアを売る――つまり両建てをするんです。そうすれば、ピップスの損益はゼロになります。互いの口座が相殺し合うため、ピップスを獲得したり失うことはありません」

「でもハリー」とロディが口をはさんだ。「それじゃあ売りの口座のほうで金利を支払うことになるぜ」

「そこなんだ！」と僕は叫んだ。「僕もそう思ったんだ。本当に。でもそれは間違いだった。金利を課さないFX業者が３社あったんだよ」

「何だって？　そんなのあり得ない。カバー取引をして自分たちばかり金利を払っていたら、その業者は破産しちまう」

「そのとおり。僕が発見したことを説明するよ。今日、トレーディングフロアにいた販売業務に携わっているトレーダーに、どんな顧客がいるかを聞いてみたんだ。具体的に聞いたんじゃなくて、おおざっぱにね。すると彼は、僕が一度も聞いたことのない個人向け業者の名前を３つ４つ挙げた。そしてそういう業者には偏りが見られることも教えてくれた――彼らの会社のポートフォリオは複数通貨を組み合わせたり、リスクの分散をしたりということが少ないらしい。そのときはそれが何を意味しているか分からなかったから、どうしてそれが重要なのかを聞いてみたんだ。彼が言うには、そういう個人向けFX業者はおそらく、顧客が口座の資産を全部失うことになると見越しているんだろうって言うんだ。それはとても妥当で収益性の高い賭けだって」

ウィニペグのジョージの両目がぱっと輝いた。

「だからそもそもカバー取引なんてしていないってことか。スプレッドで利益を上げているわけじゃないんだ。ほとんどの顧客が口座の資産を失うだろうって予想しているもんだから、顧客と相対取引を直接やって、そして顧客のトレードが損失になれば自分たちがその分の利益を得るのか」

「そうなんだ」と僕は言った。「だから当然思ったのさ。ポジションのほとんどをカバー取引していないなら、金利の支払いだって気にすることはないはずだって。だから僕はその業者のひとつに電話をして、10万ドル前後の大口の口座を開きたいって言ったんだ。それから、金利は支払いたくないって」

「相手は了承したのか？」

僕はうなずいた。

「口座開設の担当者は上司と相談していたけど、すぐに電話口に戻ってきて了承してくれた」

シスラーさんは非常に感心していた。

「そういうトレードなら金利だけでかなりの金額が稼げるぞ。やってみるつもりかい？」

僕は笑った。

「冗談で聞いているんですか？　もう申込書類に記入までしましたよ」

「その方法がずっと継続して使えるって、どうして分かるんだい？」とシスラーさんのトレーダーのひとりが言った。

「それは分からないです」と僕は答えた。「でも使える間は最大限に利用させてもらうつもりですよ」（付録Ａ参照）

僕たちはそれからしばらく座ってシスラーさんと話をした。なかには、僕の個人向けキャリートレードに自分の資金を使わせてもらえないかと聞いてくるトレーダーもいたから、その相談はあとでしようと伝えた。でも彼らはそれまで待ちきれない様子だった――利益の分け前を取るためにできるだけ早く始めたいんだ。ここにいるのは、良いアイデアに飛びついては骨の髄までしゃぶりつくすことに慣れているトレーダーたちだ。シスラーさんは、図表にも感心していたけれど、それと同じくらい、僕が個人向けFX取引システムを利用する方法を見つけたことにも感心していた。

僕は個人向けキャリートレードを検証して近いうちに報告することを約束した。

発表会のあと、ウィニペグのジョージとロディが僕に昼食をごちそうしてくれて、今、あることに取り組んでいるんだと教えてくれた。それは相当大きなことらしくて、だれにも言えない秘密らしい。それを週末に僕に教えてくれると言う。

第21章

実践再び

Back in the Game

僕がウィニペグのジョージやロディと一緒に計画したり、仕掛けたトレードについて読者のみなさんにも紹介しよう。僕にとっては口座を破たんさせて以来、初の実践トレードだった。ウィンクルシュタインも賛成してくれていたけれど、それでも実践トレードをするのは気が進まなかった。彼には損失額と同じ5000ドルを口座に入金しなさいと強く勧められたけれど、つもり売買でしてきたのと同じようにうまく実践トレードも計画できるのか、僕は疑問に思っていた。

不安はあったものの、僕と妻は預金していた5000ドルを取引口座に振り込むことにした。そして月曜日、僕はロディとウィニペグのジョージに会った。

僕たちはEUR/USDが1.1850まで下落するのを何日も待っていた。このトレードは良い基盤を持っている。EUR/USDの1.1850の線に基づいているからだ。その前の週の水曜日の朝、ロディは僕の法律事務所に電話をしてきたかと思うと、大声で叫び始めた。ユーロの売りポジションを1.2200からずっと持ち続けていて（僕が初めて付せんに書いたあのトレードだ）、それが今ようやく1.1850に近づいてきたので大喜びしていた。ウィニペグのジョージも電話口にいて、どうしたらいいかを３人で話し合った。これは、前に話したほかのトレードをしている合間に起こった出来事だ。

図21.1　ロディの買い（EUR/USDの15分足）

短い話し合いを経て、ロディは、もしEUR/USDが1.1850の20ピップス手前まで下がったら、売りトレードを利食いし（そして巨額の利益を手にし）、そして反対方向のトレードをすることに決めた。ウィニペグのジョージと僕は、少なくとも価格が1.1855まで下落するのを待ってから買いたいと思っていた。午前９時30分、ロディの願いがかなって価格が1.1866まで下落したので、彼は買い注文を出した（**図21.1**参照）。僕はそのときはまだつもり売買をしていて実際のお金をつぎ込んではいなかったけれど、もう少し下落するまでは買いたくないなと思っていた。

そのトレードの利益目標を決めるのは比較的簡単だった――ロディは1.2200まで手仕舞いせずに持ち続けるつもりだ。つまり、利食ったばかりのトレードの正反対のトレードをすることになる。９月になるまでレンジ相場が続くだろうから、この２つの価格で繰り返し売ったり買ったりすればいい、そうロディは確信していた。最初は損切りを

116ピップスとって1.1750――つまり最初に仕掛けようと考えていた1.1850から100ピップス低いところ――にし、そこまでは安全に取引できるようにしていた。

僕はそれを見て、どうして彼が最初の1.1850まで買うのを待たなかったのか不思議に思った。まあそれはいいとして、ロディのトレード計画はこうだった。

EUR/USDを1.1866で買い
損切り――1.1750
利益目標――1.2200

さっき言ったように、ウィニペグのジョージと僕は、まだトレードをしないことにした。ほかに計画していたトレードの注文が入ったので、僕はそれをつもり売買していた。そして週末が過ぎ、そしてハーベイ・ウィンクルシュタインと会ったあの日曜日が過ぎ、そしてジョージ・シスラーと会ったあの月曜日が過ぎた。火曜日、EUR/USDは1.1850まで下落したので、僕は破たんして以来、初の実践トレードをやった。ウィニペグのジョージと僕は、ロディと同じように、損切りを1.1750に、そして利益目標を1.2200に設定した。

その５日後、僕は気が気じゃなかった。みんな僕のことを心配していた。最初は順調だったあのEUR/USDが、1.1800を切って下落して、損切りの価格にものすごい速さで近づいていたからだ（**図21.2**）。

でも価格が1.1757より下に落ちることはなく、僕たちはギリギリのところで損切りを免れた。価格は５月13日にもう一度危うい場面を見せたものの、５月27日にまるでロケット弾のように1.2200まで急伸した。僕たちは１カ月以上このトレードを続けた結果、350ピップスを獲得した。90ピップス以上のドローダウンが二度あったとはいえ、損切りに引っかかることはなかった。僕はミニ１枚、つまり１ピップ当

図21.2　口座を破たんさせて以来、初の実践トレード（EUR/USDの60分足）

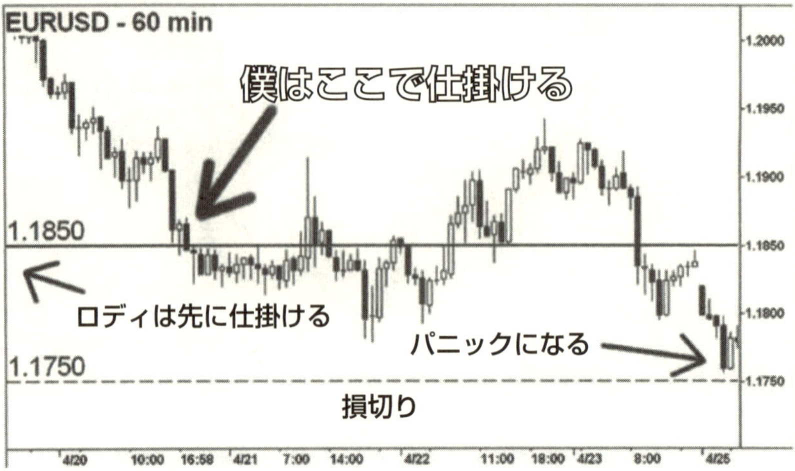

たり１ドルでトレードをしていた。口座のお金のうちリスクにさらしたのは100ドル（１ピップ当たり１ドルで損切りが100ピップスだったから——つまり口座の２％分）。このトレードで得た利益は350ドルだった。

つまり、一度のトレードで７％の利益を得たことになる。こんなこと、もう一度できるだろうか？　それとも自分の口座で利益を生んだなんて、ただのまぐれだったのかな？　これを続けられるだろうか？

第22章

31階へ戻る

Return to the Thirty-First Floor

その次の週、アンダーソンさんがどうしてあんなに親切にしてくれていたかを知ることになった。EUR/USDのトレードを手仕舞いしてからまだ間もないある日の夕方、法律事務所にいた僕が彼からの電話を受けると、彼は僕に下まで会いに来てくれないかと言った。僕は31階へ行き、トレーディングフロアから離れたところにあるガラス張りの会議室のなかで働いている彼を見つけた。ガラスを軽くたたくと、彼は手を振って僕を招き入れた。防音仕様のガラスの部屋に入ると、彼は僕によく来たねと言って出迎えて、最近の様子はどうかと聞いてきた。

「順調にやってます、アンダーソンさん。作業できる場所を与えてくださったことに感謝しています。おかげさまでとても助かっています。本当に、何とお礼を言っていいのやら」

彼は小さく笑った。

「いや、私だって君の立場だったら、何と言っていいか分からないと思うよ。だが、こちらが君にしてあげたばかりでもないんだよ。ハリー、君はいいトレードをいくつか計画してくれた。君のトレードのおかげで、なかなかの利益を得ることができたよ、ハリー。君がいなかったらやっていなかったトレードだ。ちょうどうちのロンドンの支店が大変だったときでね。それに君もよく知っているように、ここでも別の問題を抱えている。君がここにいてくれたおかげで、そういう難しい問題から少し気を紛らわすことができたよ」

「儲かる形の気晴らしになれて幸いです」と僕は言った。

「そうだな、ここでは儲かるという言葉には力がある」と彼は付け加えた。「だから君にこれを渡したかったんだ」と言って、僕に封筒をくれた。

「これは？」と僕は聞いた。

「君はここの社員じゃないから、君のやったトレードに対する歩合とか賞与というわけにはいかないのだがな。だが外部の相談役と考えることはできる」

すぐにその場で封筒を開けたくてたまらなかった。失礼なことは分かっている。でもそのなかにいくら入っているか、知りたくない人なんていないだろう。

「ありがとうございます。どうやってこの借りを返せばいいか分かりません。僕にできることがあるなら、どんなことでも言ってください。どうやって力になれるか分かりませんが、何だってしますよ」

きっと僕がそう言うのを待っていたんだろう、彼は即座に切り返してきた。彼はこう言った。

「もしよければ、頼みたいことがある」

「もちろんですとも。何でも言ってください」。僕は少し不安になってきた。

「上階にある書類で見たいものがある」

ふう。そんなのは大した頼み事じゃない。書類ならいくらでも入手できる。アンダーソンさんとアーネスト・ウエリントンの書類なら、上に山ほどあるんだ。彼が僕の仕事場に来て陣取ったところで僕の知ったことではない。朝までいくらでも書類とコーヒーを持ってきてあげるさ。

「どの書類が必要ですか？　明日の朝か、もしくはすぐに必要でしたら今夜にでも、コピーをしてここに持ってきますよ」

「今夜だと助かる、ハリー」と彼が答えた。「必要なのはファルケンバーグ対アメリカン・バンキング・カンパニーという名前の書類で、少なくとも２年前のものだ」

その書類のことは覚えている。アンダーソンの今の訴訟と同じくらい大きな訴訟だった。でもそんなものがどうして必要なんだ？

「よく意味が分かりません」

「いいかい、ハリー。厳密に言えば、私はその書類を見てはいけないことになってるんだ。だが私は見たいんだよ。その議事録のなかに裁判所の書類にはとじ込まれなかった情報がある。この会社で以前働いていたトレーダーたちの情報でね、その彼らに今悩まされているところなんだ」

「明日の朝、ジョンソンさんに聞いてみます。何と言うかは分かりませんが」

「ハリー、できればハーブの耳には入れないでほしいんだ。それから法律事務所のほかのだれにも」

「何ですって？」

「あのファルケンバーグ訴訟は、陪審員が審議に入る直前に和解で終わった。その和解の条件のひとつが、その書類を封印することだったんだ。ジョンソン氏には、力になれないとすでに言われている。だから君の出番というわけだ」

僕の出番、だって？　こんなのは僕の出番じゃないぞ！　退出する番の間違いだろう。アンダーソンさんが僕に親切だった理由がこれでよく分かった。僕に会社を裏切れって言っているんだ。もし僕がその書類を彼に渡せば、僕は会社との契約違反を犯すだけじゃなく、刑務所行きになる可能性だってあるのに。

「それはできません、アンダーソンさん」。僕は彼の目を見つめた。「それだけはどうしてもできません」

彼は、僕が手に持っていた封筒に目を落とした。僕も目を落とした。

そうか、トレードのアイデアに対して報酬をくれたんじゃなくて、封印された訴訟の書類を買収するためのお金だったのか！　彼はずっとその書類が欲しくて、僕を通してそれを手に入れようと思ったんだ。僕が数週間前のような不誠実な人間のままだったら、たぶんこのお金を受け取って彼に書類を渡していただろう。でも今はトレーダーとしての人生が待っているし、ジョンソンさんや法律事務所から取り戻した信頼をぶち壊す理由なんてどこにもない。

僕は彼に封筒を返した。

「これはいただけません。失うものが多すぎます」

彼は温かい笑顔を見せた。まるで、たった今僕が新車でも差し上げましょうか、肩もみでもしましょうかと聞いたかのように。彼はまったく気にしていないようだった。トレーダーがとんでもないトレードをしていようとも、ロンドンが損失を出していようとも、訴訟を起こされていようとも、いつも冷静でいられるという彼のあの評判は、こういうところからくるんだと知った。

「恨みっこなしさ、ハリー。この問題に対する君の考えは理解できた。それだけだよ」

そして僕はその場を去った。

第23章

ツケの清算

Settling My Tab

それから２週間がたった。会社で自分の後任を雇った僕は、円滑に引き継ぎができるように少なくとも１カ月はその新入社員について一緒に働くことにした。ロディとウィニペグのジョージとは事務所の僕の仕事場で毎晩会っては長期トレードを計画していた。下のトレーディングフロアで会うことはもうなかった。何かお返しをしないことには、アーネスト・ウエリントンの場所を使う気分にはなれないんだと彼らには説明した。彼らにとっては大した違いはなかった。だって毎日、１時間おきくらいに電話をしてきては、僕たちのトレードがどうなっているかを詳しく知らせてくれていたから。それどころか、僕が仕事に集中できるように、僕の個人向け取引口座も彼らが見てくれていた。

ロディとウィニペグのジョージの秘密も分かった。２人は顧客から2500万ドル近くの資金を集めて独立するんだと言う。彼らはヘッジファンドを立ち上げたらしく、その名称は、冗談抜きで、ペイチェック・パートナーズなんだそうだ。７月までには運用を始めるということで、僕をトレーダーの一員として迎えたいと誘ってくれた。僕は会社の一部を所有するわけじゃないけれど（そんなこと興味ないし）、僕がしたトレードの利益の30％を、年末に受け取れるという。

その仕事を受ける前にウィンクルシュタインに相談してみたら、彼はどうして自分の意見を聞くほど悩む必要があるのかと不思議がっていた。だれの目からも、これは人生に一度あるかないかの絶好の機会だった。

ウィンクルシュタインとは、彼がミサに現れたあの日から、毎日直接会って話をしていた。２週間もたったころには、彼は前に言ったことを何度も繰り返し言うようになっていた。いつも僕のノートを見ては、僕がやったトレードや背負い込んだリスクを妻が承認しているかどうかを確認していたけれど、僕がどんなトレーダーになるか、もう心配はしていないと繰り返し言っていた。

彼は僕に教えることよりも、僕が何をしているかを知りたがっているようだった。彼が僕のやっていることを知りたがるのは、僕と同じトレードをしたいからじゃない。僕が迷いなくやっているかを確認するために、僕から話を聞きたいからだ。

そして僕には迷いなんてまったくなかった！　僕は日足と４時間足のチャートを見ながら、支持線と抵抗線を使ったトレードだけをしていた。これには個人向けのキャリートレードは含まれていない。キャリートレードはこの翌週に２万ドルを投入して注文したので、付録Ａでもっと詳しく説明しよう。

それから少したったころ、僕は50回トレードをしてそのうちの35回がプラスに、15回がマイナスに終わったことをウィンクルシュタインに報告した。勝ちトレードの平均は164ピップスで期待していたよりも少なかった。自分は勝ちトレードを継続させるのが苦手なことに気がついた。勝ちトレードを長く続けていると、それが損失に変わってしまうのではないかとドンドン心配になってしまうからだ。まあ少なくとも、勝ちトレードをしているだけましだろう。

逆の見方をすると、僕の損失はとても小さくてすんでいた。一度の損失の平均は67ピップスで思っていたよりもずっと少なく、その理由も勝ちトレードと同じだった。自分のお金がなくなっていくのを見ていられない僕は、負けトレードになると、我慢して持ち続けて大きなドローダウンを食らうよりはと、すぐにトレードを損切って次のトレードをする傾向が強かった。

僕はまだ１ピップ当たり１ドルでトレードをしていたけれど、4774ピップスという、僕にとっては驚くほどのピップス数を獲得していた。僕の取引口座はほぼ２倍にまで増えた。次の段階としてやるべきことは、トレード量を２倍に増やすことだった。僕はウィンクルシュタインに連れられてリトル・イタリーに行き、オリーブ500グラム、イタリアン・ソーダ、それから山のようなパスタを食べながら２人でお祝いをした。

ウィンクルシュタインは、僕がトレード枚数を倍にすることを認めてくれた。

「君も会社でトレードをしたほうがもっと多くの金をもっと早く稼ぐことができることに気がつくだろう」と彼は言った。「だからそちらに集中するために、少しの間、自分でトレードをするのを休むのもひとつの手だ。あるいは、ヘッジファンドで働くのは合ってないから、場所だけ借りて自分のトレードをしたほうがいいと思うかもしれない。今は、どんな行動をとるかを必要以上に決めてかからないほうがいい。君は自力で素晴らしいことを達成できる。私はそんな気がしているよ」

「どうやってあなたにお返しをすればいいか分かりません」と僕は彼に言った。

「そうだな、清算してもらいたいツケが少しあるな」と彼は答えた。

「あなたが言うことなら何でもやります。いくらでも希望の額を支払います。でも、あなたが欲しいのはお金じゃないような気がしているんです」

「そうだな」と彼は言った。「欲しいのは、君の時間だけだよ」

「時間ならどうぞ。いくらでも望むだけ。どうやってあなたの力になれるかは分かりませんが、力になりたいという気持ちはあります」

彼は笑顔を見せた。

「明日、私の知り合いをニューヨークに連れてくるから、彼に市内観光をしてやって、それからペイチェック・パートナーズについて教えてやってほしいんだ」

それは良い考えだろうか。

「でも仕事場はブルックリンの古い倉庫にあるんですよ。本当にその人をそんな場所に連れて行っていいんですか？　きっと彼は、僕に殺されてイースト川に投げ捨てられると思ってしまいますよ」

「いや、そうは思わないよ。安くやっていけるところを彼に見てほしいんだ。2500万ドルもの資産を持った新しいヘッジファンドが、彼自身の仕事場よりもひどい場所で運営されているというところを見てほしい。規模を小さくすることを彼に教えたいのさ。そして無駄を減らしてハングリー精神を持つことをな」

「シスラーさんのヘッジファンドに連れて行ったほうがいいんじゃないですか？」と僕は聞いた。「あそこが管理しているお金のほうが、ずっと巨額ですごいのに」

「確かに、あそこに連れて行くこともできる。だがな、この男はもう君のことを知ってるんだよ。それに私は彼に振りまわされっぱなしだ。シスラーは３秒と我慢できないだろう。それに、２カ月前、君も彼に会いたいと言ったじゃないか。つまりだ、ハリー・ベインズ君、君は明日、ラリー・ホーに会うんだよ。君がいら立って両目をかきむしらずに昼まで過ごせたら、私は驚くがね。自分の口座を破たんさせない方法について、君が教えられることを教えてあげておくれ」

「できるかぎりのことをします」

「君ならやってくれると分かっているよ、ハリー」

そう言って、ウィンクルシュタインは立ち上がり、最後のオリーブを口に入れて、ディ・パロ料理店から歩き去った。

エピローグ

Epilogue

トレーダーを志望する人たちに、一番重要なトレードの法則はトレードの仕掛けや仕切りとは何の関係もないと言うと、みんな変な顔をして私を見る。たいていの場合、特に最新で最強のトレードシステムを知りたがっている人の場合、私に対してそれ以上何も言わなくなってしまう。ハーベイ・ウィンクルシュタインは、ハリーがほかでは学べなかったであろうことを３週間かけて彼に教え込む――それは、仕掛けや仕切りを考えるのはトレードの簡単な部分にすぎず、自制心や立ち居振る舞いといった部分こそが数多くの苦悩と勤勉をもってしか得られないものであるということだ。

専業主婦や組合の電気工や心臓専門医などが週に数時間、あるいは１日に数分間を費やすだけでFXトレードの腕を磨き、そして瞬く間に裕福になる――そんな神話のような話をちまたで耳にする。真実をお教えすると、そういう約束をうたい文句にしてトレードシステムを売っているようなやからは、みんなウソをついている。彼らは人間が生まれながらに持つ欲望に訴えているのだ。私も初めてトレードをしたころは強欲だった。ハリー・ベインズと何ら変わりない。楽をして何かを得ようとしていた。そしてほとんどの新人為替トレーダーがそうであるように、苦い経験をして初めて、トレードが世界一儲かる生業であると同時に世界一お金のかかる生業でもあるということを知ったのだ。

新人トレーダーの世界に広がるもうひとつの神話、それはトレードを始めてすぐに出す損失は現実社会の厳しさを味わうための“授業料”のようなものだというものだ。私に言わせれば、そんなバカな話はない。ある晩、親友があなたの家の扉をたたいてこう言ったらどうだろう。

親友　今晩おまえの車を走らせて事故っちまった。全損だよ。でも聞いてくれ。おれは本当に良い教訓を学んだぜ。

あなた　何だと！　なんてことをしてくれたんだ！　一体どんな教訓を学んだっていうんだよ！

元親友　大麻を454グラム吸ってビールを１ケース飲んだあとには高速道路の反対車線を走るなってことさ。まあ良かったことって言ったら、この教訓を学んだおかげで、おれはもう同じ間違いをしないだろうってことだな。二度とさ。

あなた　（絶句！）

殺してやりたい元親友　ああ、ところでさ、車のなかにおまえのiPodが入ってたんだ。新しいのに買い替えたほうがいいぜ。

どうして新人トレーダーというのは、口座の資金を失うことについてみんな同じように語るんだろう？　「一度のトレードで口座の半分のお金をリスクにさらしちゃいけないんだってやっと分かったわ」とか、「市場が動いていたからって安易にトレードに飛び込むもんじゃないって教訓を学んだよ」と口をそろえて言う。私は思う――彼らは本当にお金を失わなければ自分が間違ったことをしていると分からなかったんだろうか？　なかにはお金を失って初めてトレードを真剣に考えるようになったと言うトレーダーすらいる。

私に言わせれば、そんなのでたらめだ。確かに、ある程度のお金を失うのはトレーダーの通過儀礼なのかもしれない。それに、成功しているトレーダーたちはどこかでものすごい損失を経験しているのかもしれない。だが彼らは同じ過ちを何度も何度も犯したりしない。そうだろう？　だって同じ過ちを繰り返し犯していては成功するわけがないんだから。私は、新人トレーダーが口座を何度も何度も破たんさせては同じ過ちを犯しているのを多すぎるほど見ている。だからこうして、一番重要なトレードの法則はトレードの仕掛けや仕切りとは何の関係もないと言っているのだ。トレードの法則をここに書く。

●口座の25％以上を失うべからず
●トレードをする前に検証すべし
●自分のトレードについて説明責任を負うべし

ウィンクルシュタインはハリーにこれらの法則を教えた。ハリー、ウィンクルシュタイン、ロディ、ウィニペグのジョージ、そしてその他の登場人物は、すべて私が作り出した架空の人物だ。彼らの経験について読むことでみなさんが何か得るものがあればと願いながら書いた。

ウィンクルシュタインはハリーに支持線や抵抗線の引き方を教えなかった。そのことにはもうお気づきだろう。ハリーが検証の方法を学ぶ間も、ウィンクルシュタインはハリーのそばについてさえいなかった！　ハリーは大変な作業をすべて自力でやらなければいけなかった。だが、ハリーが上の３つの法則に従うと決心した瞬間、もう彼には心配事などなくなった。その事実には不思議な力が秘められている。もし支持線や抵抗線を使ったトレードシステムが使えなくなる日が来たとしても、彼はこの３つの法則を頼りにまったく新しいシステムを作ることができるだろう。

トレードで自立することは可能だ。生計だって立てられる。だが、この３つの法則に従うことを誓わなければいけない。自由を求めてトレードで生計を立てようと思っているのであれば、私はそんなあなたに拍手を送りたい。だれだって、経済的に自立したり１日の過ごし方を自分で決めて愛する人々と過ごす時間を増やすことを望んでいる。だがその自由を手に入れるには、犠牲を払う覚悟が必要だ。

犠牲を払うだけの価値はある。

あなたにもできる、そう私は信じている。あなたの進展状況をぜひとも聞かせてもらいたい。

追伸――巻末に収録された付録でハリーが紹介しているのは、彼がロディとウィニペグのジョージのヘッジファンドの一員となってから２年間に行ったトレードだ。さらに多くの例を見たい方、金利やキャリートレードに関する情報を得たい方は、 http://www.HarryBanes.com/（英語） をご覧いただきたい。

付録A――個人向けキャリートレード

個人向けキャリートレードっていうのは、世界中のヘッジファンドが行っているトレードに少し変化を加えたものなんだ。

おさらいをしてみよう。シスラー・アンド・カンパニーのようなヘッジファンドが日本から低金利のお金を借りる。そしてその融資で得たお金を高金利の金融商品に投資する。どうしてそういうトレードで大きな利益を上げられるかというと、実際には借りたお金の２倍、３倍、５倍、はたまた10倍以上という額で投資ができるからなんだ。これは個人FXトレーダーや信用取引をする株式トレーダーと同じで、レバレッジを利用しているからさ。

個人のFX取引では、各通貨ペアごとにスワップ金利や翌日物金利が設定されている。高金利の通貨を買って低金利の通貨を売ると――例えば、GBP/JPYを買うような場合（GBPは高金利でJPYは低金利）――、そのトレードを続けている間は毎日金利を受け取ることができる。実際には、東部標準時間の午後４時45分ごろまでに買って、同じ日の午後５時過ぎまでポジションを持っているだけで、金利を受け取ることができる。これと同じ通貨ペアを売る場合、高金利の通貨を売って低金利の通貨を買うことになる。つまり、金利を受け取る代わりに支払わなければいけなくなるというわけだ。

毎週水曜日は“金利３倍日”で、１回分の金利ではなく３回分の金利が課されたり支払われたりする。その理由？　それはFX取引には決済日というものがあって、水曜日の決済日は土曜日になるから。理論的には、為替市場は土曜日と日曜日は休場だ（東部標準時間で日曜日の午後５時くらいまでは）。だから水曜日に入った取引は月曜日まで完全に決済されない。だからこの取引から生じる金利の支払いおよび受け取りは３倍になる。金利に休みはないということを覚えておこう――クレジットカードに残高がある場合、単にカード会社が土曜日や日曜日に休みだからといって金利の発生が止まることはない、あれと同じさ。

金利の支払いも課金もしない口座を開かせてくれるというFX業者を3社ほど見つけたとき、僕にとってはすごいチャンス到来だったんだ。だって、GBP/JPYの売りポジションを注文しても、そのポジションから発生する金利をまったく払わなくていいんだから。

この無金利トレードを発見した直後のある晩、僕はウィンクルシュタインを自宅に招いて、彼とジーニにそのアイデアを発表したんだ。ウィンクルシュタインは、この無金利ゲームは永遠には続かないだろうとすぐに感づいた。そしてできるだけ早くこれを利用するよう僕に促してくれたのさ。この戦略には管理などもほとんど必要ない関係上、リスクはとても低いしね。

ウィンクルシュタインの賛成を得た僕は（彼自身もこの戦略がどれほどうまくいくか、僕と同じくらいに興味津々だった）、このトレードを発見した翌週、無金利FX業者（実名は伏せておく）に1万ドルを入金した。同時に、インターディーラーFXトレーディングで1万ドルを入金して口座を開いた。この会社は平均よりもほんの少し高いスワップ金利を提供していて、顧客サービスも充実していた。

無金利FX業者の口座で、僕はGBP/JPYを2枚売った。それとまったく同時に、インターディーラーの口座では、同じ通貨ペアを同じ枚数だけ買った。あとは待つだけだった。そのときの僕の気持ちを言い表すには、緊張なんて言葉ではとても足りないよ――結果がどうなるか、たまらなく気になっていたんだから。

このトレード戦略の最大の特徴でもあり安心材料――それはトレード中、完全に損益ゼロでいられるということだ。一方の口座のトレードが損失を出していても、もう一方の口座では利益が出ているからだ。そして僕は値幅に500ピップスの余裕を持たせていた。つまり、トレードが500ピップス動いて初めて、損失を出しているほうの口座に追証がかかるというわけだ。ロディとウィニペグのジョージは、勝っている口座から出金してそれを負けている口座に入金するタイミングのルール作りを僕と一緒に考えてくれた。そうすれば、追証から逃れられるかもしれないからね。

初日から、僕は思っていた以上の金利を受け取った。2004年当時、年利およそ１％しか支払ってくれない地元の銀行の預金口座の金利に慣れてしまっていた僕だけど、２つの取引口座で２枚ずつトレードをすることで、投資額である２万ドルの１％以上を、なんと５日ごとに受け取り始めたんだ。５日ごとだぞ！　２つのトレードを注文した際にスプレッドを支払ったけれど、ほんの１週間足らずのうちに、受け取った金利でその分を取り戻してしまった。

最初の12カ月の間に、僕は６回追証にかかってトレードを手仕舞った。そのたびに、金利を受け取るほうの口座で得た利益を再投資した。できるだけ頻繁に入金をするようにして、さらに多くのお金をこのトレードにつぎ込んだんだ。12カ月間で６万ドルをこのトレードに投資したよ。そのうちの２万5000ドルは金利で得た利益で、残りの３万5000ドルは僕が持ち出しで口座に入金した分だ。それ以上は入金しないまま、2006年の７月になるころには、投資した金額のおよそ２倍の11万6000ドルにまで口座は膨れ上がった。

でもそんなのは大した金額じゃなかったんだ。

2005年１月、ペイチェック・パートナーズの一員になって４カ月たったころ、実践でトレードを経験しながら２つの口座の均衡をとる戦略を十分に検証できた僕は、ロディとウィニペグのジョージに伝えた。ファンドのお金を100万ドル使ってこの個人向けキャリートレードをしたいって。こんな利益生み放題の戦略を独り占めにすることはできなかった。それに、僕が今こうしていられるのを可能にしてくれた仲間たちに大きな借りがあることを考えればなおさらだった。彼らは言った。どんな理由があろうとも100万ドルは僕にやれないと。

そして200万ドルくれた。

そう、200万ドルだ。無利息FX業者は僕たちのトレードを通してくれた、無条件で。思い出してほしい——無利息の口座では売りトレードをしていて、その通貨ペアの価格は常に上がり続ける傾向にあったことを。そして時には追証がかかるまで負けトレードを継続させていたわけだから、業者にとっては大金を稼ぐ良い機会だったわけだ。彼らはただ、僕と相対取引をして、そのカバー取引を銀行間取引市場でしなければいい。カバー取引をしなければ、僕の損失は彼らの利益になるんだから。

この200万ドルの個人向けキャリートレードは、今でもよく覚えている。2005年1月4日、売り側の口座に100万ドルを入金して、196.77でトレードを開始した。でもその数秒後に価格が急速に上昇してしまい、悪いことに196.90で買いトレードが始まった。

追証を防ぐために、僕は裏口座を使って50万ドルを売り側と買い側の口座にそれぞれ送金することで資金を増やした。

2005年2月4日には、このトレードで9万8000ドルの利益を得た。

3月と4月で、さらに22万ドルの利益を得た。これで資金がかなり増えたので、僕はいったんトレードを手仕舞って、実現利益で再度仕掛けた。すると無金利業者から電話が入った——そして僕が無金利口座でもっと活発な取引をするつもりはあるかと聞いてきた。僕は考えた。彼らはカバー取引をしていないから、トレードが売りに偏っているのを嫌っているんだ、それで僕が活発な取引をすればそれが少しは解消されると考えているんだって。そこで僕は、ヘッジファンド用に25万ドルの口座を開くことに決めた。そしてそれ以降、ヘッジファンドの通常の口座で為替取引をしたら、それとまったく同じものを無金利口座でもした。これで業者もトレードのスプレッドで少しは儲けられるから、僕に電話をかけてくることもなくなった。少なくともしばらくの間は。

2005年12月、キャリートレード口座の残高は合計で350万ドルになっていた。これは、最初に投資した200万ドルという額から比べると、その年50％以上の利益を出したことを意味していた。ロディは笑いが止まらないといった様子で、ヘッジファンドの全資金をキャリートレードにつぎ込みたいと言いだした。もちろん本気じゃなかったけど（たぶん）、ほかのトレードもかなり順調だったので、あえてそんなことをする必要はなかった。

この利益の僕の取り分はいくらだったかって？　ほかのトレードと同じように、30％さ。つまり、44万9543ドル。

この個人向けキャリートレードができすぎた話だって思ったとしたら、そう、そのとおりなんだ。少なくとも現在このトレードはできない。2006年７月、僕は４社の無金利FX業者で４つの口座を開きこのトレードをしていた。その時点でその年43％の利益を達成していたのに、僕たちは突然すべての業者から切り捨てられてしまったんだ。１社ずつ、２週間の間に、それぞれの業者が僕に電話をしてきて、普通のトレードもその口座でするつもりだと僕がどれだけ言っても、もう無金利の口座は提供できないと断ってきた。

僕たちはこの制度の穴を利用できるだけ利用した。最終的に、９つの口座を使って合計300万ドル以上を金利で稼ぎ出した。

付録B――僕が600ピップス取った方法

これは僕が2005年の後半にやったトレードだ。横線を利用したトレードにストキャスティックスのオシレーター指標を追加するようになってからしばらくたっていて、検証は順調に進んでいた。ここでは、僕がストキャスティックスを使ってトレードの有効性を確かめた初期の例をひとつご紹介しよう。

まず僕は、通貨ペアが上昇する途中で一瞬止まり、その後に下降する途中にも同じ線でまた止まるという動きを探していた。その形になる前に価格がその線をブレイクしてしまっても、抵抗線と支持線としてそれぞれ一度ずつ止まってくれればそれで良かった。

2005年８月にチャートを見ると、GBP/USDが１カ月前の７月に上昇した際、1.7800の辺りで止まっていることに気がついた。そして８月の終わりに、価格はその線を上から下にブレイクしようとして、その近くの1.7820で止まってしまった。実際このときは、支持線があまりにも強かったようで、価格はほんの３日ほどで600ピップスも上に跳ね返されている。これは僕が探していたような良い例だったので、それからは毎日、午後になるとこのペアを見ては、いつまた1.7820に近づくかを観察していた（**図B.1**参照）。

９月23日、価格は1.7820まで一気に下落した。ストキャスティックスをずっと見ていれば、この買いトレードのタイミングをもっとしっかりつかむことができることに僕は気がついた。オシレーターがこの通貨ペアの売られ過ぎを示せば、僕の考えを後押しする情報が２つになる――価格が重要な線に達しているということ、そして売られ過ぎを示しているということだ。

ストキャスティックスはこの通貨ペアが売られ過ぎだと示していたので、僕は最初のポジションを1.7810で買った（注文が入る前に価

図B.1　GBP/USDを観察（GBP/USDの日足）

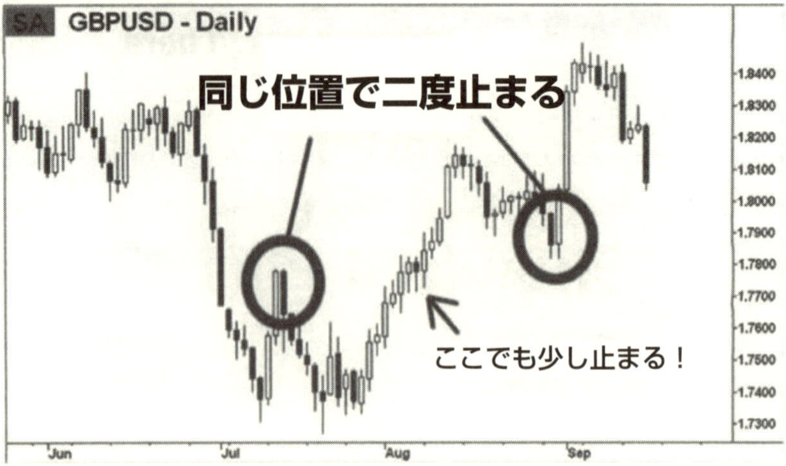

図B.2　僕のトレードは100ピップス落ちて損切りされた（GBP/USDの日足）

図B.3　買い時（GBP/USDの日足）

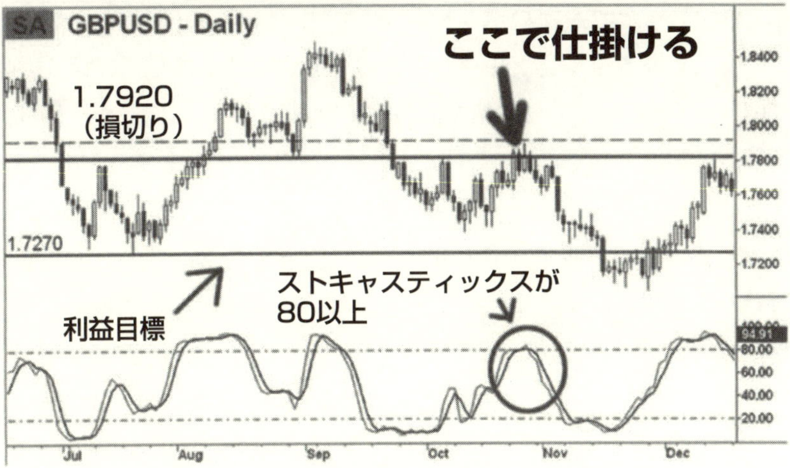

格がもう少し下がった）。もし1.7820の辺りの抵抗が強くて価格が跳ね返されると分かれば、もうひとつポジションを追加しようと決めていた。損切りを100ピップス下に、そして利益目標を直近の高値の1.8500に置き、そしてあとはただ見守った。

５日後、このトレードは100ピップス下がって損切りに引っかかった（**図B.2**参照）。

でもここであきらめたわけじゃない。この線がブレイクされたので、今度は２つの条件が整えば、この通貨ペアを売るつもりでいた――１つ目の条件は、少なくとも100ピップスさらに下がってから反転して上昇すること、２つ目の条件は、価格が1.7820まで戻ったときに、ストキャスティックスが80以上で買われ過ぎを示していること。10月６日、価格は1.7812まで上昇したけれど、ストキャスティックスは下のほうで停滞していて、80には程遠かった。

ところが10月26日、価格は1.7820の位置まで上がっただけではなく、買われ過ぎを示した。これは売りのタイミングを意味していた。僕は1.7820ちょうどで最初のポジションを売った。価格が100ピップス上がったらポジションを買い戻して損切りをすることにし、利益目標は600ピップス下で直近の安値を記録している1.7220に設定した（**図B.3**参照）。

このトレードはおよそ20日間続き、僕はまるまる600ピップスを獲得した。価格が下落する途中、勝ちトレードに数回ポジションを足していったので、僕がこのトレードで得た利益の合計は24万ドルだった。

■著者紹介

ロブ・ブッカー（Rob Booker）

現役のFXトレーダー兼ホームページ（https://www.robbooker.com/）運営者。また、世界中のトレーダーたちが自制心を持ち、利益を上げげられるようになるために指導もしている。これまでに弁護士、Tシャツ作成、雑誌販売、イタリア語教師、CPA採用業務、広告会社の経営、eコマース会社の運営、家の屋根葺きなど、さまざまな仕事に携わってきた。その経験から、自分はひとつの仕事にとどまってそこで働き続けることよりも、次々と新しい仕事に挑戦することのほうが自分に向いているということに気づいた。なぜ自分はやりたくない仕事をしているのか、数々の仕事を経験したあとに自分が本当に幸せだと感じられる仕事を見つけるにはどうすればいいのか、そして想像を超えるくらいの巨万の富を稼ぐ努力を続けながらも、ビデオゲームで遊んだり映画を見たり世界中の人々と話ができるようになるにはどうすればいいのかと自問自答しながら、世界中の人々と話をしてきた。そのなかで成功しているFXトレーダーたちの一団と出会い、彼らから可能なかぎり、FXトレーディングの技術を学んだ。そして、この仕事こそ、自分が生涯を賭してやるべき仕事だと思い、専念するようになった。現在、自宅の近くでFXトレーディングのアドバイスビジネスを経営し、「FX界のモトリーフール（Motley Fool of Foreign Exchange）」「ピップス首相（Prime Minister of Pips）」といった愛称で呼ばれるほどになっている。ロブのコラムには毎日3000人以上もの人たちが訪れている。eメールアドレスは、rob@robbooker.com。
講師DVDに『トレンドフォロー戦略とブッカーバンドの逆張り手法』［パンローリング］がある。

■監修者紹介

ブラッドリー・フリード（Bradley Fried）

Rob Booker Japan代表取締役社長。アメリカ・カリフォルニア州出身。メリーランド大学ロバート・H・スミス経営学院のMBAプログラムを卒業後、来日。外資系投資銀行系証券会社やファンド系証券会社においてビジネスアナリストとして活躍。2007年よりロブ・ブッカーの生徒として手法・知識を学び、ロブ・ブッカーのFXトレード助言サービスを日本でも提供するため、2009年にRob Booker Japan（株）を設立。同社代表取締役社長としてブッカーから学んだシステムと知識を活用して、FXトレードのアドバイス、FX市場のテクニカル分析を提供。Rob Booker Japan のホームページは、https://www.robbooker.co.jp/。

■訳者紹介

スペンサー倫亜（すぺんさー・ともえ）

高校時代に交換留学でアメリカ生活を体験したのち、独協大学外国語学部で英語を専攻。その後、再渡米し、社内翻訳者としてエンターテインメント系の雑誌翻訳に従事。仕事のかたわらヒューストンにあるIT専門学校に通い、ウエブデザイン学科を卒業。帰国後はフリーランス翻訳者としてビジネス分野の翻訳を幅広く手掛けながら、現在に至る。

2010年２月３日　初版第１刷発行
2010年４月３日　　　第２刷発行
2011年11月１日　　　第３刷発行

ウィザードブックシリーズ⑯162

FXトレーダーの大冒険
――トレーディングの心理と知識と正しい行動を学ぶ

著　者　ロブ・ブッカー
監修者　ブラッドリー・フリード
訳　者　スペンサー倫亜
発行者　後藤康徳
発行所　パンローリング株式会社
〒160-0023　東京都新宿区西新宿 7-9-18-6F
TEL 03-5386-7391　FAX 03-5386-7393
http://www.panrolling.com/
E-mail　info@panrolling.com
編　集　エフ・ジー・アイ（Factory of Gnomic Three Monkeys Investment）合資会社
装　丁　パンローリング装丁室
組　版　パンローリング制作室
印刷・製本　株式会社シナノ

ISBN978-4-7759-7129-1

マーケットの魔術師に学ぶ

ウィザードブックシリーズ19

マーケットの魔術師

著者：ジャック・D・シュワッガー

オーディオブックも
絶賛発売中!!

定価 本体 2,800 円＋税　ISBN:9784939103407

世にこれほどすごいヤツたちがいるのか、ということを知らしめたウィザードシリーズの第一弾。「本書を読まずして、投資をすることなかれ」とは世界的なトップトレーダーが口をそろえて言う「投資業界での常識」である！

ウィザードブックシリーズ13

新マーケットの魔術師

著者：ジャック・D・シュワッガー

オーディオブックも
絶賛発売中!!

定価 本体 2,800 円＋税　ISBN:9784939103346

知られざる“ソロス級トレーダー”たちが、率直に公開する成功へのノウハウとその秘訣。高実績を残した者だけが持つ圧倒的な説得力と初級者から上級者までが必要とするヒントの宝庫。

ウィザードブックシリーズ66

シュワッガーのテクニカル分析

著者：ジャック・D・シュワッガー

定価 本体 2,900 円+税　ISBN:9784775970270

あの『新マーケットの魔術師』のシュワッガーが、これから投資を始める人や投資手法を立て直したい人のために書き下ろした実践チャート入門。

ウィザードブックシリーズ134

新版 魔術師たちの心理学

著者：バン・K・タープ

定価 本体 2,800円+税　ISBN:9784775971000

儲かる手法（聖杯）はあなたの中にあった!!あなただけの戦術・戦略の編み出し方がわかるプロの教科書！「勝つための考え方」「期待値でトレードする方法」「ポジションサイジング」の奥義が明らかになる！

自然の法則で相場の未来がわかる！

ウィザードブックシリーズ146

フィボナッチ逆張り売買法

著者：ラリー・ペサベント　レスリー・ジョウフラス

定価 本体 5,800円+税　ISBN:9784775971130

従来のフィボナッチ法とは一味違う!!フィボナッチ比率で押しや戻りを予測して、トレードする！デイトレード（5分足チャート）からポジショントレード（週足チャート）まで売買手法が満載！

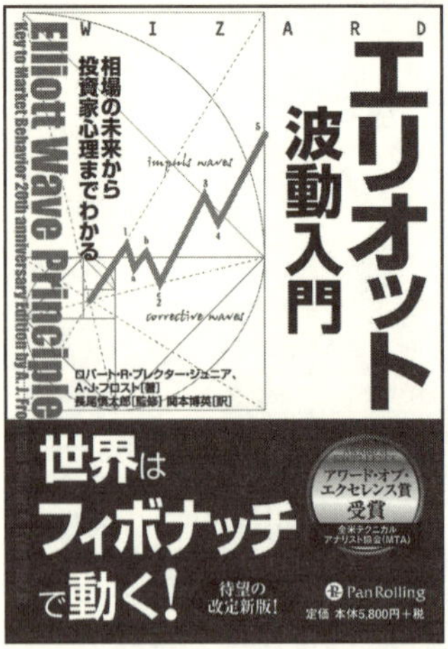

ウィザードブックシリーズ156

エリオット波動入門

著者：ロバート・R・プレクター・ジュニア　A・J・フロスト

定価 本体 5,800円+税　ISBN:9784775971239

全米テクニカルアナリスト協会（MTA）のアワード・オブ・エクセレンス賞を受賞。待望のエリオット波動の改定新版！相場はフィボナッチを元に動く！波動理論の教科書！

ウィザードブックシリーズ163

フィボナッチトレーディング

著者：キャロリン・ボロディン

定価 本体各 5,800円+税　ISBN:9784775971307

フィボナッチ級数の数値パターンに基づき、トレードで高値と安値を正確に見定めるための新たな洞察を提供。利益を最大化し、損失を限定する方法を学ぶことができる。

ウィザードブックシリーズ166

フィボナッチブレイクアウト売買法

著者：ロバート・C・マイナー

定価 本体 5,800 円+税　ISBN:9784775971338

フィボナッチとブレイクアウトの運命的な出合い！黄金比率だけでもなく、ブレイクアウトだけでもない！フィボナッチの新たな境地！

相場の未来を予測するために

ウィザードブックシリーズ78
スイングトレード入門
著者：アラン・ファーレイ

定価 本体 7,800 円+税　ISBN:9784775970409

あなたも「完全無欠のスイングトレーダー」になれる！大衆を出し抜け！200以上の豊富なチャートと典型的かつ著者が考案した多くのオリジナルトレード手法を公開。

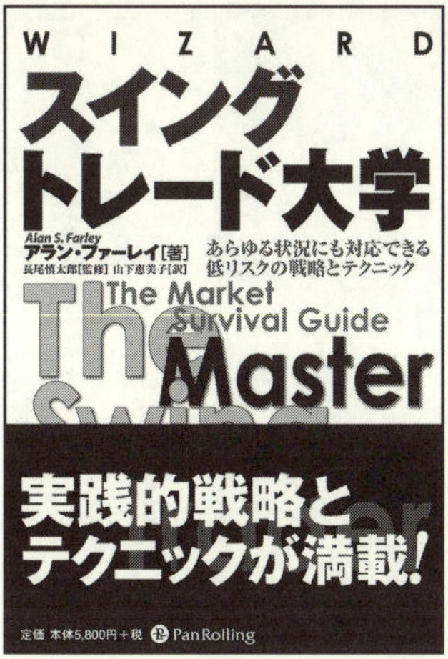

ウィザードブックシリーズ178
スイングトレード大学
著者：アラン・ファーレイ

定価 本体 5,800 円+税　ISBN:9784775971451

大衆から一歩抜け出せ だれにも教えたくない「トレードで暮らすための極秘ファイル」市場の大暴落から生みだされる絶好の機会を見つけ、資金を増大させるにはどうすればよいのか。

ウィザードブックシリーズ108
高勝率トレード学のススメ
著者：マーセル・リンク

定価 本体 5,800円+税　ISBN:9784775970744

トレーディングの現実を著者独自の観点からあぶり出し、短期トレーダーと長期トレーダーたちによる実際の成功例や失敗例をチャートとケーススタディを通じて検証する本書は、まさにトレーディングの生きたガイドブック。

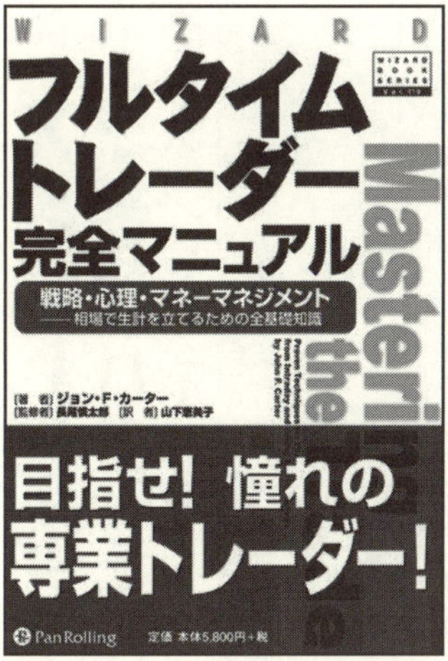

ウィザードブックシリーズ119
フルタイムトレーダー完全マニュアル
著者：トム・バッソ

定価 本体 5,800 円+税　ISBN:9784775970850

戦略・心理・マネーマネジメント——相場で生計を立てるための全基礎知識を得るこれからトレーダーとして経済的自立を目指す人の必携の書！

FXで勝ち抜くための知識の宝庫

ウィザードブックシリーズ123

実践FXトレーディング

著者：イゴール・トシュチャコフ

定価 本体 3,800円+税　ISBN:9784775970898

ソロス以来の驚異的なFXサクセスストーリーを築き上げた手法と発想！予測を排除した高勝率戦略！勘に頼らず、メカニカルで簡単明瞭な「イグロックメソッド」を公開。

ウィザードブックシリーズ118

FXトレーディング

著者：キャシー・リーエン

定価 本体 3,800円+税　ISBN:9784775970843

外為市場特有の「おいしい」最強の戦略が満載! テクニカルが一番よく効くFX市場!　今、もっともホットなFX市場を征服には……実際の取引戦略の基礎として使える実践的な情報が含まれている。

ウィザードブックシリーズ29

ボリンジャーバンド入門

著者：ジョン・A・ボリンジャー

定価 本体 5,800 円+税　ISBN:9784939103537

マーケットに限らず、絶対的な真実、尺度といったものは現実社会には存在しない。同じ事象に関しても、立場や考え方が異なれば理解や解釈の仕方が異なり、従ってそれに対する対応も異なってしかるべきなのである。

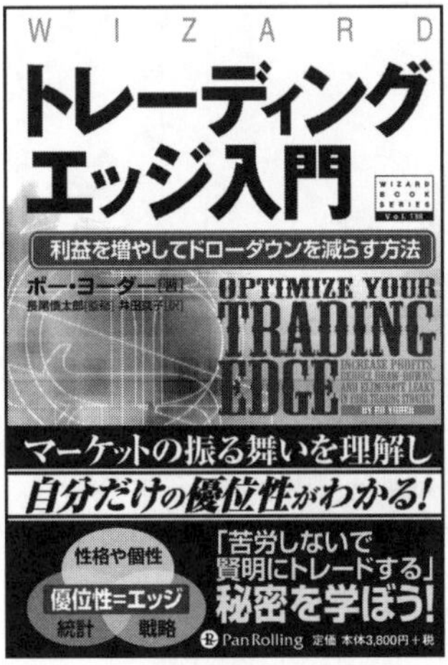

ウィザードブックシリーズ138

トレーディングエッジ入門

著者：ボー・ヨーダー

定価 本体 3,800 円+税　ISBN:9784775971055

マーケットの振る舞いを理解し、自分だけの優位性(エッジ)がわかる！「苦労しないで賢明にトレードする」秘密を学び、優位性を味方につけろ！トレーディングエッジを最大にする方法が明らかに！

心の鍛錬はトレード成功への大きなカギ！

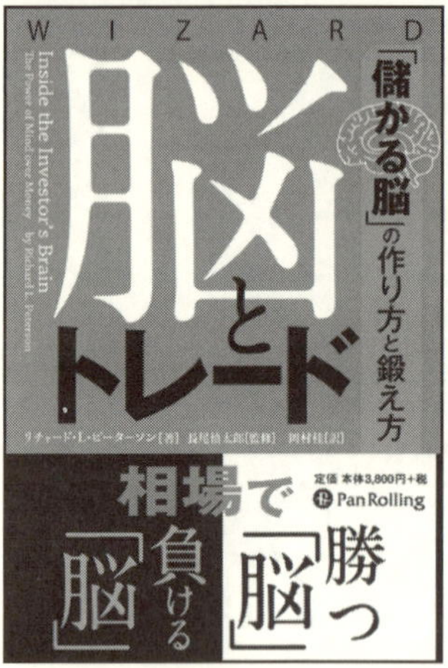

ウィザードブックシリーズ184

脳とトレード
「儲かる脳」の作り方と鍛え方

著者：リチャード・L・ピーターソン

定価 本体 3,800 円+税　ISBN:9784775971512

【相場で勝つ「脳」、負ける「脳」トレードで利益を上げられるかどうかは「あなたの脳」次第】本当に成功を収めるには、自分自身を管理する方法を身につける必要がある。

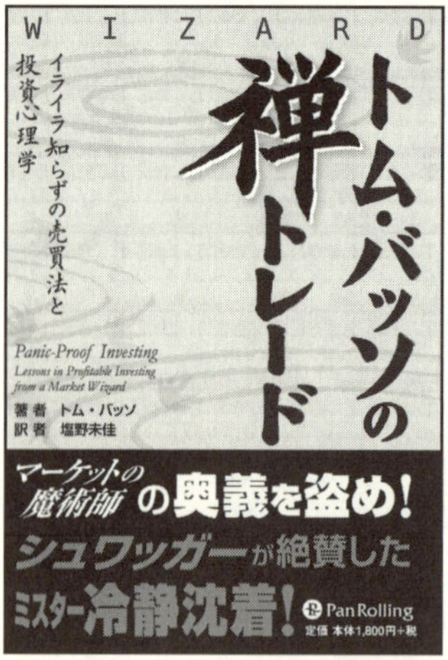

ウィザードブックシリーズ176

トム・バッソの禅トレード
イライラ知らずの売買法と投資心理

著者：ブレント・ペンフォールド

定価 本体 1,800 円+税　ISBN:9784775971437

プロのトレーダーとして世界屈指の人気を誇り、さまざまなメディアでも取り上げられるトム・バッソ。本書は機知や英知に富んでいるだけでなく、実践的なアドバイスにも満ちている。

ウィザードブックシリーズ32

ゾーン　相場心理学入門

著者：マーク・ダグラス

オーディオブックも
絶賛発売中!!

定価 本体 2,800円＋税　ISBN:9784939103575

恐怖心ゼロ、悩みゼロで、結果は気にせず、淡々と直感的に行動し、反応し、ただその瞬間に「するだけ」の境地、つまり、「ゾーン」に達した者が勝つ投資家になる！

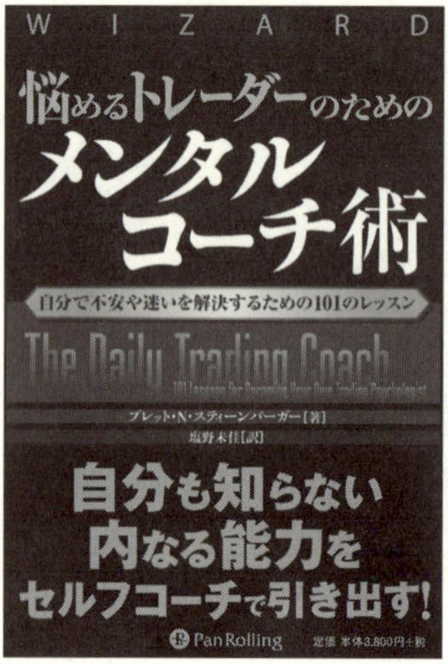

ウィザードブックシリーズ168

悩めるトレーダーのためのメンタルコーチ術

著者：ブレット・N・スティーンバーガー

定価 本体 3,800 円+税　ISBN:9784775971352

自分で不安や迷いを解決するための101のレッスン。自分も知らない内なる能力をセルフコーチで引き出す！不安や迷いは自分で解決できる！

動画で勝ち組のトレード方法を学ぶ

DVD トレンドフォロー戦略とブッカーバンドの逆張り手法

講師：ロブ・ブッカー

定価 本体 5,800 円+税 ISBN:9784775963081

これまではプライベートトレーニングセッションを受講した生徒にのみ限定して教えてきたトレンドフォロー戦略を本DVDで遂に公開！！

DVD 15時からのFX ボリンジャーバンドとフォーメーション分析

講師：バカラ村

定価 本体 3,800 円+税 ISBN:9784775963296

「ボリンジャーバンド」と「フォーメーション分析」を使ったデイトレード・スイングトレードの手法について、多くの実践例や動くチャートをもとに詳しくご解説。

DVD もう一歩先の待つFX 通貨の相関性とV字トレンド

講師：えつこ

定価 本体 4,800 円+税 ISBN:9784775963395

通貨の相関性と、勢いを掴むテクニカルと、PIVOTの考え方で、勢いがついたチャートは何処まで動くのか、そしてどこまでポジションを持つのが安全なのかを説明。

DVD FX短期トレードテクニックの極意

講師：鈴木隆一

定価 本体 3,800 円+税 ISBN:9784775962770

市場の先を読むのではなく、テクニカル分析により勝てるパターンを決め、短期トレードで小さな利益を数多く積み上げるための、普遍的に欠かせない特徴を分かりやすく解説。